wk

Jörg K. Hoensch

Geschichte der Tschechoslowakischen Republik 1918–1978

Zweite, verbesserte und erweiterte Auflage

Verlag W. Kohlhammer
Stuttgart Berlin Köln Mainz

CIP-Kurztitelaufnahme der Deutschen Bibliothek

Hoensch, Jörg K.:

Geschichte der tschechoslowakischen Republik : 1918–1978
Jörg K. Hoensch. – 2., verb. u. erw. Aufl.
Stuttgart, Berlin, Köln, Mainz : Kohlhammer, 1978.
ISBN 3-17-004884-8

Stuttgart Berlin Köln Mainz
Verlagsort: Stuttgart
Umschlag: hace
Gesamtherstellung: W. Kohlhammer GmbH
Grafischer Großbetrieb Stuttgart
Printed in Germany

Vorwort

Als Ergebnis der politisch-diplomatischen Aktionen einer kleinen Gruppe einsatzfreudiger, patriotischer Emigranten um den »Präsident-Befreier« Tomáš G. Masaryk und seinen Schüler und Nachfolger E. Beneš gaben die Entente-Mächte 1918/19 die Zustimmung zur Errichtung der Tschechoslowakischen Republik aus der Erbmasse der österreichisch-ungarischen Doppelmonarchie in strategischen, nicht ethnischen Grenzen. Unter Mißachtung des vom amerikanischen Präsidenten Wilson als Richtlinie der neuen Friedensordnung proklamierten »Selbstbestimmungsrechts der Völker« wurden neben dem »tschechoslowakischen Staatsvolk« fast fünf Millionen Deutsche, Ungarn, Ruthenen und Polen der ČSR einverleibt. Die Konzeptionslosigkeit in der Entschärfung der politischen Sprengkraft dieser Minderheitenfrage und fehlender guter Wille, das slowakische und das ruthenische Autonomiebegehren einer gerechten Lösung zuzuführen, trugen ebenso wie ein während der Weltwirtschaftskrise sprunghaft unter den Minoritäten erwachender, von den Regierungen der Nachbarstaaten unter der Führung Hitlers pervertierter Nationalismus zu der Verstümmelung der ČSR im Münchener Abkommen 1938 und zu ihrer Liquidation nach der Errichtung des »Schutzstaates« Slowakei und des »Protektorats« Böhmen-Mähren im März 1939 bei. Von einer Restauration der Republik in ihren Vorkriegsgrenzen durch die Westmächte nach der Niederwerfung Hitlers nicht überzeugt, suchte die tschechische Emigration um Beneš verhängnisvoll engen Rückhalt bei der UdSSR. In einem Modellfall für die gleitende kommunistische Machtübernahme wurden schließlich durch den »Coup de Prague« im Februar 1948 die demokratisch-bürgerlichen von den kommunistischen Kräften unter K. Gottwald ausgebootet und das Land gegen Tradition und bisherige Geschichte in das sozialistische Lager eingebracht. Wenn auch der Terror des Stalinismus seine Opfer forderte und die Sozialisierung der Bevölkerung schwerste Lasten auferlegte, haben Tschechen und Slowaken seit 1956 zunehmend ihren Selbstbehauptungswillen und ihren Nationalstolz dokumentiert und konnten, vornehmlich auf kulturellem Gebiet, eine beachtliche, auf hohem Niveau stehende Eigenständigkeit erreichen. Als im Frühjahr 1968 jedoch im Ansatz grundlegende Reformen des politischen und wirtschaftlichen Lebens eingeleitet wurden, die unter Aufgabe des bisher verpflichtenden sowjetischen Vorbilds eine Demokratisierung von Staat und Gesellschaft zum Ziele hatten, fürchtete die UdSSR um den Bestand ihres ostmitteleuropäischen Hegemonialbereichs und intervenierte militärisch am 21. August 1968. Die danach von Moskau erzwungene »Normalisierung« hat unter Tschechen und Slowaken Resignation Raum greifen lassen und zu einem Verlust jedweder Eigeninitiative auf politischem, ökonomischem und kulturellem Gebiet geführt.

Der bereits 1965 unternommene Versuch, auf knappem Raum die Geschichte der Tschechoslowakischen Republik von der Staatsgründung bis zur Gegenwart zu skizzieren, barg angesichts der Vielfalt der zu schildernden Vorgänge und der weniger als dreißig Jahre zurückliegenden, das deutsch-tschechoslowakische Nachbarschaftsverhältnis tragisch belastenden Ereignisse die – damals durchaus erkannte – Gefahr, Emotionen nachzugeben, nach Rechtfertigungen zu suchen und eine idealisierende Interpretation des Geschichtsablaufs vorzulegen. In der ernst zu nehmenden wissenschaftlichen Kritik hat dieser ursprünglich in der Urban-Reihe des Verlags W. Kohlhammer vorgelegte Band wohl gerade deshalb eine zwiespältige Aufnahme gefunden. Tschechische und slowakische Kollegen haben den unmarxistischen Ansatz und das Fehlen einer systematischen Analyse der sozio-ökonomischen Voraussetzungen der bürgerlichen Klassengesellschaft in der Ersten Republik gerügt und die Darstellung der Jahre nach 1945 als antikommunistische Stimmungsmache gewertet. Aus sudetendeutschem Lager stammte der Vorwurf, die moralische Rechtfertigung des Kampfes der deutschen Minderheit um die Territorialautonomie nicht begriffen und das »Verbrechen der Vertreibung« nicht mit dem notwendigen Abscheu angeprangert zu haben. Aus der Verwendung des Begriffs »Führer« als Synonym für Hitler wollte der Rezensent einer angesehenen überregionalen deutschen Tageszeitung Schlüsse auf den »faschistoiden Charakter« des Buches ziehen. Die Vertreter der tschechischen Emigration aus dem Jahre 1948 konnten sich mit der harschen Kritik der Politik Benešs und der angeblich unterschwelligen Sympathie für die kommunistischen Herrschaftsmethoden nicht abfinden. Die meisten Rezensenten hatten bei ihrer Schelte der im Vorwort der ersten Auflage gemachten, auch für diesen neuen Anlauf geltenden Einschränkung jedoch keine Aufmerksamkeit gezollt: »Im Bewußtsein der durch beschränkende Auswahl von Ereignissen und Zusammenhängen gegebenen Schwierigkeiten rückt hier das Phänomen der trotz geographischer und historischer Nachbarschaft auch heute erst oberflächlich bereinigten deutsch-tschechoslowakischen Beziehungen zwangsläufig in den Brennpunkt dieser von den innenpolitischen Voraussetzungen ausgehenden Darstellung«.

Zwar haben der zeitliche Abstand zu den Ereignissen der Jahre 1933–1948 und die Anteilnahme, die der mutige Versuch der Tschechen und Slowaken während des »Prager Frühlings« 1968 fand, einen »Sozialismus mit menschlichem Antlitz« zu verwirklichen, das deutsch-tschechoslowakische Verhältnis etwas entkrampft; der im November 1973 in Prag unterzeichnete Vertrag zwischen der ČSSR und der Bundesrepublik Deutschland kann als Schritt auf dem Wege der Normalisierung gelten. Zu einer wirklichen Annäherung – das wurde durch den Besuch des tschechoslowakischen Staats- und Parteichefs Husák im April 1978 in Bonn dokumentiert – ist es indessen nicht gekommen. »Aus Kenntnis wächst Verständnis«, lehrt ein osteuropäisches Sprichwort. Doch um das Hintergrundwissen über die Tschechoslowakische Republik, die allein in diesem Jahr vier nationale Gedenktage – den 60. Staatsgründungstag, die 40. Wiederkehr des Münchener Abkommens, die kommunistische Machtübernahme vor dreißig Jahren und den 10. Jahrestag der militärischen Intervention der fünf Warschauer Paktstaaten – zu bewältigen hat, ist es im deutschen Sprachraum schlecht bestellt. Das höchste Anerkennung verdienende Handbuch der Geschichte der böhmischen Länder deckt in seinem 4. Band ebenso wie A History of the Czechoslovak Republic 1918–1948 wesentliche Teile der hier geschilderten Vorgänge ab; eine zusammenfassende, den neuesten Forschungsstand berücksichtigende und die Entwicklung bis zur Gegenwart verfolgende Interpretation gibt es gegenwärtig in deutscher Sprache nicht. Die erste Auflage dieses Buches war seit 1970 beim Verlag vergriffen. So bot sich an, die dort zusammengefaßten Ergebnisse bisheriger Untersuchungen und eigener Forschungen gewissenhaft zu überarbeiten und durch die Aufnahme eines neuen Schlußkapitels mit der Schilderung der Vorgeschichte, des Verlaufs und der Folgen des Prager Frühlings bis in das Jahr 1978 zu ergänzen. Das Schwergewicht der Darstellung, die neue Zugänge für weiteres Nachdenken eröffnen und hemmende Vorbehalte abbauen helfen soll, liegt ihrem Zweck entsprechend im Bereich der Fakten. Ein Anmerkungsapparat über die mit kritischer Sorgfalt ausgewählten Quellen wäre dem sprachunkundigen Leser kaum dienlich gewesen. Stattdessen soll eine Auswahlbibliographie vornehmlich westsprachiger Literatur den Weg zu vertiefendem Studium erleichtern.

z. Zt. Institute on
East Central Europe,
Columbia University,

New York, Frühjahr 1978 *Jörg K. Hoensch*

Inhalt

I. Die Entstehung der Tschechoslowakischen Republik im Ersten Weltkrieg (1914–1918)

Die politischen Voraussetzungen vor 1914

Am Vorabend des Ersten Weltkriegs glaubten selbst optimistische Patrioten in Böhmen und Mähren nicht ernsthaft an die Möglichkeit der Errichtung eines souveränen tschechischen oder gar tschechisch-slowakischen Staatswesens. Ihre politischen Aspirationen reichten nicht über eine Reform der österreichisch-ungarischen Monarchie unter Gewährung einer nationalen Autonomie im Rahmen einer Föderation der habsburgischen Erblande hinaus. Doch kaum fünf Jahre danach war die Tschechoslowakische Republik (ČSR), auf der Pariser Friedenskonferenz in allen Territorialfragen großzügig ausgestattet, eine politische Realität und ein beherrschender Faktor in Ostmitteleuropa. Ein kleiner Emigrantenzirkel, angeführt von T. G. Masaryk, E. Beneš und M. R. Štefánik, hatte es während des Krieges verstanden, die Westmächte von der Notwendigkeit der Errichtung eines starken slawischen Blocks von »Nachfolgestaaten« als Riegel zwischen dem Deutschen Reich und Österreich, als Barriere gegen das weitere Ausgreifen des Kommunismus und zugleich als Ordnungsfaktor in Ostmitteleuropa zu überzeugen.
Die Startposition der tschechischen Emigration war wesentlich ungünstiger als die der Polen, die sich als »historische Nation« bis zu den Teilungen im späten 18. Jahrhundert ihre Selbständigkeit und ihren nationalen Adel bewahrt hatten und bereits bei Kriegsausbruch mit der Bereitschaft der drei Teilungsmächte rechnen konnten, die Wiederherstellung eines polnischen Nationalstaates – etwa in den Grenzen Kongreßpolens – zuzulassen. Dagegen hatten die Gebiete, die 1918 dann in der ČSR aufgingen, in der Neuzeit nie ein gemeinsames Staatswesen oder auch nur eine Verwaltungseinheit gebildet. Böhmen, Mähren und Österreich-Schlesien, die »historischen Länder«, waren nach der Niederlage von 1620 am Weißen Berg zu Erblanden des Hauses Habsburg abgesunken; der am Aufstand beteiligte tschechische Adel verlor mit seinen Gütern weitgehend auch seinen Einfluß an deutsche und italienische Familien. Das Königreich Böhmen gehörte als Kronland mit seiner dem Deutschen Reich gegenüber bereits vor Jahrhunderten festgelegten Grenze ebenso wie die Markgrafschaft Mähren und die Reste des Herzogtums Schlesien in ihren anerkannten Verwaltungs- bzw. natürlichen Grenzen entlang der March zum cisleithanischen Teil der Doppelmonarchie. Die Slowakei und Karpato-Rußland (Ruthenien), die bereits um das Jahr 1000 nach dem Zerfall des Großmährischen Reiches durch Stephan I. dem Königreich Ungarn eingegliedert worden waren, bildeten einen integralen Teil Transleithaniens, ohne selbst bescheidene administrative und politische Sonderrechte wie Siebenbürgen oder Kroatien zu besitzen.
Bereits zu Beginn des 19. Jahrhunderts waren Stimmen in Böhmen laut ge-

worden, die für die »historischen Länder« politische Autonomie und größere Unabhängigkeit von der österreichischen Verwaltung forderten. Der Adel wollte unter Betonung des Landespatriotismus seine Rechte und Privilegien gegenüber der Krone eher im Rahmen einer Provinzialverfassung sichergestellt sehen, während das durch den Wirtschaftsaufschwung selbstbewußt gewordene Bürgertum seine politischen Ambitionen auf einen romantischen Nationalismus gründete und das nationale Selbstbestimmungsrecht betonte. Ein von den österreichischen Behörden seit der Mitte des 18. Jahrhunderts geduldeter »literarischer Nationalismus«, der die Voraussetzung für die nationale Differenzierung der tschechischen von der deutschen Intelligenz und für eine eigenständige Entwicklung der tschechischen Kultur schuf, bereitete auch die politische Aktivität vor. In der Mittelklasse und unter den Gebildeten wurde dann im Vormärz die Forderung nach Konstitutionalismus und Demokratie mit dem Ruf nach nationaler Autonomie und der Wiedergewährung der Selbstverwaltung für die Länder der böhmischen Krone verbunden.

Am 11. März 1848, zwei Tage vor dem Ausbruch der Revolution in Wien, stimmte eine Versammlung der tschechischen Bürgerschaft im Prager Wenzelsbad einem Programm zu, in dem unter Berufung auf die frühere staatliche Selbständigkeit die Verwirklichung des »böhmischen Staatsrechts« durch einen engeren Zusammenschluß der »historischen Länder« mit eigenen Zentralbehörden verlangt wurde. Dem im Namen eines Nationalausschusses von dem Historiker F. Palacký auf dem Prager Slawenkongreß und auf dem Reichstag von Kremsier eingebrachten radikalen Vorschlag, die österreichischen und ungarischen Gebiete in ethnisch homogenen Einheiten zu reorganisieren, war kein Erfolg beschieden. Bei den geographischen Gegebenheiten des böhmischen Kessels sah Palacký keine Möglichkeit, eine Abtrennung der von Deutschen besiedelten Gebiete vorzunehmen; sie sollten nur mit einer lokalen Selbstverwaltung ausgestattet werden. Um das slawische Element zu stärken, schlug Palacký die Vereinigung der Slowakei in Nord-Ungarn mit den böhmischen Ländern vor, konnte die Slowakei doch als Brücke von den isolierten Tschechen zu den Ost- und Südslawen dienen und über die Donau auch den Weg zum Meer sicherstellen.

Nach der Niederwerfung der Aufstände in Wien, Prag und Budapest, der Aufhebung des Kremsierer Beschlusses, innerhalb der Kronländer national abgegrenzte Kreise als Selbstverwaltungseinheiten einzuführen, sowie dem 1849 erfolgten Oktroi einer nie praktizierten Gesamtstaatsverfassung fiel Österreich-Ungarn wieder in den dynastischen Absolutismus zurück. Das Oktober-Diplom von 1860 versprach zwar den Übergang zu einem Landesföderalismus, doch die Opposition der Deutschen und Magyaren ließ seine Durchführung ebenso scheitern wie die Realisierung der zentralistischen Verfassung vom 26. Februar 1861, die wegen der Obstruktion der Ungarn und Tschechen 1865 sistiert werden mußte. Die Begründung des Dualismus und die gemäßigt zentralistische Verfassung vom Dezember 1867, die bis 1918 Geltung besaß, machten dann eine allmähliche Erweiterung der nationalen Rechte und die politische Mitarbeit größerer Bevölkerungskreise möglich. Jedoch erst die – nach der russischen Februarrevolution von 1905 – unaufschiebbar gewordene Gewährung des allgemeinen, gleichen und direkten Wahlrechts im Jahre 1907 schuf die Voraussetzung, um das Mitspracherecht aller Nationalitäten bei dem Umbau der k. u. k. Monarchie sicherzustellen. Das Ausscheiden Österreichs aus dem Deutschen Bund im Jahre 1866 und die Einführung des Dualismus hatten die Hoffnung der tschechischen Nationalisten genährt. Einmal gestand die neue Verfassung den Landtagen, in welche die Tschechen das Schwergewicht der Legislative zu verlegen gedachten, einen beträchtlichen Anteil an der Gesetzgebung zu; zum anderen wurde den mit Exekutivfunktionen ausgestatteten Landesausschüssen die Beteiligung an der Verwaltung eingeräumt. Der Rückgriff auf das »historische Staatsrecht« der böhmischen Krone sollte – wie zuvor bei den Ungarn – die Begründung für die tschechische Forderung nach Abbau des Zentralismus und die Gewährung der nationalen Autonomie liefern. Obwohl das Verlangen nach der staatlichen Vereinigung der Länder Böhmen, Mähren und Schlesien keineswegs eine durch die Jahrhunderte aufrechterhaltene Kontinuität besaß, wurde das »historische Staatsrecht« zum Symbol für die freie tschechische Nationsentwicklung und für eine Restauration der »historischen Länder« in ihren traditionsreichen geographischen, nicht siedlungsgeschichtlichen Grenzen. Zwar mußte hierfür die aus ethnischen Erwägungen entwickelte Konzeption eines Anschlusses der Slowakei aufgegeben werden. Es galt jedoch, die Autonomieforderungen der Deutschen in den Sudetenländern zu durchkreuzen, eine Teilung des Landes in deutsche und tschechische Rayons zu verhindern und – als erklärtes Ziel der tschechischen Nationalpolitik – auch in den überwiegend deutsch besiedelten Gebieten möglichst bald die Suprematie zu gewinnen. Palacký gab nach 1867 sein 1848 vorgetragenes Programm, den »Nationen« innerhalb ihres Siedlungsgebiets Autonomie zu gewähren, auf und näherte sich den Vorstellungen des tschechischen Hochadels an, um den »Föderalismus der historisch-politischen Individualitäten der Kronländer« sicherzustellen. Beachtung verdient die Tatsache, daß das tschechische Nationalprogramm den bestehenden politischen und geographischen Rahmen der k. u. k. Monarchie nicht in Frage stellte. Kein tschechischer Politiker – selbst T. G. Masaryk und seine Realistenpartei nicht – arbeitete nach der Jahrhundertwende auf die Wiedererrichtung des Königreichs Böhmen als eines unabhängigen Staates außerhalb Österreich-Ungarns hin. Palackýs Überlegungen aus dem Jahre 1848 aufgreifend, trat der Prager Soziologe Masaryk nach 1908 für eine österreichische Föderation, bestehend aus nationalen, nicht aus territorialen autonomen Einheiten, ein. Sein Schüler E. Beneš legte im gleichen Jahr in einer juristischen Dissertation an der Universität Dijon bei der Analyse der nationalen Programme der tschechischen Parteien seine Auffassung nieder, daß der tschechisch-deutsche Konflikt durch die Abgrenzung von national homogenen Siedlungsgebieten und durch die Gewährung von Autonomie innerhalb Österreich-Ungarns einer Lösung zugeführt werden könne.

Die beiden Grundströmungen des tschechischen politischen Lebens konnten vor Kriegsausbruch nicht mehr in einem gemeinsamen Programm verschmolzen werden. Unter Berufung auf das »nationale Selbstbestimmungsrecht« verlangte eine Richtung erneut die Vereinigung der tschechisch besiedelten Teile der »historischen Länder« mit den unter ungarischer Oberhoheit stehenden slowakischen Gebieten im Nordkarpatenbogen; ihre Gegner bezogen sich auf das »historische Staatsrecht« und betonten die Notwendigkeit, durch die »nationale Wiedergewinnung« der germanisierten Grenzgebiete die geographische und ethnische Einheit der Länder der böhmischen Krone wiederherzustellen. Erst der Krieg eröffnete überraschend den Weg zu einer Synthese dieser beiden Auffassungen.
Neben den konzilianteren, von Palackýs Schwiegersohn L. Rieger geführten und den politischen Vorstellungen des Hochadels nahestehenden bürgerlichen Kräften, den Alttschechen, traten seit 1870 die weit nationaler und zugleich panslawistisch, humanistisch-demokratisch ausgerichteten Jungtschechen als kompromißlose Verteidiger des »historischen Staatsrechts« auf. Der von der tschechischen und deutschen Sozialdemokratie auf dem Brünner Parteitag 1899 gebilligte Gedanke des »Föderalismus der Nationen« scheiterte an der Weigerung der tschechischen Parteien, der Einrichtung von tschechischen, deutschen und gemischtsprachigen Verwaltungsgebieten in Böhmen zuzustimmen. Nur in Mähren gelang 1905 durch die Einführung des Systems der nationalen Kataster – als Ansatz für eine nationale Personalautonomie – ein »Ausgleich«. Da gleichzeitig die deutsche Bevölkerung stetig politische und wirtschaftliche Einbußen hinzunehmen hatte und sich bei ihr ein Syndrom der nationalen Bedrohung durch die Tschechen auszubilden begann, konnten kleine, nationalistische Gruppen wie die Alldeutschen und die Deutschradikalen aus der Verhärtung der nationalen Auseinandersetzung ebenso Kapital schlagen wie auf tschechischer Seite die freisinnigen National-Sozialisten. Das Erbe aus dem Kampf um die Zweisprachigkeit in Verwaltung und Schule, um Minderheitenschutz und eine Abgrenzung der Siedlungsgebiete hat die politische Auseinandersetzung in der ČSR nach 1918 erneut schwer belastet und schließlich zum Auseinanderbrechen der Ersten Republik mit beigetragen.
Hatten sich die Tschechen in der zweiten Hälfte des 19. Jahrhunderts nach zähem Ringen Gehör für ihre politischen Forderungen verschaffen können und eine gewisse Berücksichtigung ihrer Interessen im Wiener Reichsrat sichergestellt, so verstummten im gleichen Zeitraum die politischen Willensäußerungen der Slowaken. Am 10. Mai 1848 hatte zwar eine kleine Gruppe um L. Štúr, J. Hurban und M. M. Hodža in Liptovský Svätý Mikuláš den Wunsch des slowakischen Volkes nach einer Föderalisierung Ungarns und der Gewährung politischer, kultureller und sprachlicher Rechte erhoben. Ihren 1849 an Kaiser Franz Joseph gerichteten Bitten um Realisierung einer Autonomie wurde jedoch ebensowenig entsprochen wie 1861 dem »Juli-Memorandum« von Turčianský Svätý Martin, in dem die Errichtung einer autonomen »oberungarischen slowakischen Provinz« vorgeschlagen wurde.

Der österreichisch-ungarische Ausgleich legalisierte die nach 1867 konsequent vorangetriebene Magyarisierungspolitik; eine vom Dichter S. Hurban-Vajanský gepredigte allslawische Romantik mit der Erwartung einer nationalen Errettung der Slowaken durch den russischen Zaren oder aber Pessimismus und politische Abstinenz griffen Raum. Erst um die Jahrhundertwende setzte unter dem Einfluß der Lehren Masaryks eine von M. Hodža und V. Šrobár initiierte bescheidene Volkstumsarbeit ein. Slowakische Parteigründungen – so 1905 die klerikale Volkspartei – wurden von den ungarischen Behörden bald verboten. So besaßen die Slowaken vor dem Ersten Weltkrieg, ja selbst im Jahr 1918 weder eine nationale politische Organisation noch ein Programm, das über eine gewisse autonome Landesselbstverwaltung im Rahmen der k. u. k. Monarchie hinausgehend die Vereinigung mit den Tschechen oder gar die nationale Unabhängigkeit gefordert hätte.

Organisation, Programm und Erfolg der Auslandsrevolution

Der Kriegsausbruch von 1914 kam für die Tschechen und Slowaken völlig überraschend. Es bestand weder ein Plan noch eine Absprache der tschechischen Parteien untereinander, welcher Kurs bei der Sicherstellung der tschechischen Nationalinteressen verfolgt werden sollte. K. Kramář, der Führer der einflußreichen Jungtschechen, hatte vor 1914 die Ansicht vertreten, daß ein Interessenausgleich und eine danach einsetzende engere Zusammenarbeit zwischen Österreich-Ungarn und Rußland den politischen Zielen der Austroslawen nur dienlich sein könnten. Der Ausgang der Balkankriege hatte ihn überzeugt, daß die Zukunft der tschechischen Nation nur im Rahmen einer Allslawischen Föderation abgesichert werden könne; in einem im Mai 1914 konzipierten Entwurf für einen künftigen slawischen Gesamtstaat schlug er die Zusammenfassung Rußlands, Polens und der böhmischen Länder unter der Zarenkrone vor, der Bulgarien, Serbien und Montenegro unter ihren Dynastien als assoziierte Mitglieder beitreten sollten. Neben den »historischen Ländern« faßte Kramář die Lausitz, die Grafschaft Glatz, den Westteil des Herzogtums Teschen, die Slowakei bis zur Donau und West-Ruthenien als integrale Teile dieser »böhmischen Provinz« auf. 1915 forderte er bereits die Einbeziehung aller Gebiete, die im 14. Jahrhundert – während der größten Expansion – der böhmischen Krone angehört hatten. Im Süden sollte das um das Burgenland vergrößerte Serbien der Nachbar Böhmens werden. Durch Vermittlung des russischen Außenministeriums bat Kramář die Alliierten nach Ausbruch der Feindseligkeiten weit realitätsbezogener, bei einem Fortbestand Österreich-Ungarns nach einem Verhandlungsfrieden wenigstens den Zusammenschluß der »historischen Länder« anzustreben. Seine Verhaftung im Mai 1915 und die Verurteilung wegen Hochverrats im Mai 1916 schlossen ihn bis Mitte 1917 von einer Teilnahme am politischen Leben aus.
T. G. Masaryk dagegen machte keinen Hehl aus seiner Skepsis gegenüber

dem panslawistischen Programm und aus seiner Kritik am zaristischen System. Überzeugt davon, daß die Doppelmonarchie den Krieg nicht überdauern werde, wollte er die Zukunft der Tschechen und Slowaken von den Westalliierten bestimmt sehen. Im Oktober 1914 vertraute er dem besten englischen Kenner der Nationalitätenprobleme im Donauraum, dem Historiker und Publizisten R.W. Seton-Watson sein Programm an, nach einer entscheidenden Niederlage der Mittelmächte auf die Vereinigung der »historischen Länder« mit der Slowakei in einem unabhängigen Nationalstaat zu drängen. Weniger ambitiös als Kramář sah er im Erreichen der natürlichen Grenzen im Norden eine Lebensnotwendigkeit für den neuen Staat; er schloß Grenzkorrekturen in Österreich-Schlesien, in Südwest-Böhmen und Oberösterreich unter Aufgabe deutscher Siedlungsgebiete nicht von vornherein aus und wollte sich mit dem ethnisch einwandfrei slowakischen Territorium unter Verzicht auf die Donaugrenze begnügen. Auf die Einbeziehung der Ruthenen in der Ostslowakei und in Karpato-Rußland versteifte sich Masaryk im Interesse der Gewinnung der russischen Fürsprache für seine Pläne ebenfalls nicht. Dieser Entwurf wurde den Außenministerien der Ententemächte zugeleitet, die dadurch erstmals Kenntnis von den konkreten Zielvorstellungen einer Richtung der tschechischen Nationalbewegung erhielten.

In dem Bestreben, die Unterstützung aller tschechischen Parteien für sein Programm zu erhalten, machte sich Masaryk sogar daran, die von ihm mißbilligte Konzeption Kramářs in seinen Überlegungen zu berücksichtigen. Als er sich im Dezember 1914 entschloß, seine politische Arbeit im Exil fortzusetzen, betrachtete er sich als Repräsentant aller tschechischen Parteien. In seinem im April 1915 verfaßten vertraulichen Memorandum für den britischen Außenminister Grey über »Das unabhängige Böhmen« (Independent Bohemia) schraubte Masaryk die Gebietsforderungen um weite Landstriche in der Südslowakei herauf; einer Teilung Teschens oder der Abtretung der deutschen Siedlungsgebiete außerhalb des böhmischen Kessels stand er bereits ablehnend gegenüber. Zur Absicherung des Staates hielt er eine Landbrücke nach Serbien und eine Personalunion mit dem vergrößerten südslawischen Königreich für notwendig. Im Gegensatz zu Kramář verzichtete er aber eindeutig auf die Inkorporation deutschen Reichsgebiets. Diese Linie hielt Masaryk im Prinzip bis zur Verwirklichung seines Programms auf der Pariser Friedenskonferenz bei; nach der russischen Revolution zeigte er sich Plänen zur Einbeziehung Karpato-Rußlands in einen tschecho-slowakischen Staat nicht abgeneigt.

Masaryk ließ in den Jahren der Emigration nichts unversucht, um seinen politischen Vorstellungen eine weite publizistische Verbreitung zu sichern und um im persönlichen Kontakt die Zustimmung und Unterstützung der westlichen Staatsmänner zu erhalten. Die in Frankreich lebenden Tschechen und Slowaken hatten von Anfang an Freiwillige für die französische Armee gestellt und einen Nationalrat organisiert, der seit Januar 1915 die Zeitung »L'Indépendence tchèque« herausgab. Der französische Historiker E. Denis redigierte nach Masaryks Anweisungen seit Mai 1915 die Revue »La Nation Tchèque«, die ebenso wie die im August 1915 in der Schweiz gegründete Zeitschrift »Československá Samostatnost« die Verbindung zu den in Frankreich, England, Amerika und Rußland lebenden tschechischen und slowakischen Auswanderern aufrechterhalten sollte. In einem am 14. November 1915 in Paris von Vertretern der tschechischen und slowakischen Auslandsgesellschaften unterzeichneten Manifest gab Masaryk die Gründung eines ausländischen Aktionskomitees zur Errichtung eines unabhängigen tschechisch-slowakischen Staates bekannt. Nach einer Unterredung mit dem französischen Ministerpräsidenten Briand am 3. Februar 1916, in der Masaryk geschickt das französische Interesse an einer Schwächung Deutschlands durch eine Aufsplitterung Österreichs in seine geographisch und historisch vorgegebenen Teile zu wecken wußte, stimmte Frankreich der Konstituierung eines Nationalrates zu. Solange die Auflösung der Donaumonarchie jedoch nicht eines der erklärten Kriegsziele der Ententemächte war, also bis zum Frühjahr 1918, hing ein Erfolg der von Masaryk und dem Slowaken M. R. Štefánik geleiteten Auslandsaktion von zahlreichen Imponderabilien ab. Als Masaryks begabtester Schüler, der junge Dozent E. Beneš, als Generalsekretär die praktische Arbeit und die Propagandaaktionen des Nationalrates energisch intensivierte, stellten sich bald erste politische Erfolge ein. Am 16. September 1916 anerkannte Poincaré für Frankreich, kurz danach auch Lord Asquith für Großbritannien den »Conseil National des pays tchèques« offiziell an, der sich zum organisatorischen Zentrum der Auslandsaktion und zur Provisorischen Regierung weiterentwickelte. Das permanente Sekretariat, von Beneš zu einem »stets funktionierenden Exekutivorgan ... als Ausdruck der Einheitlichkeit und Stabilität der Bewegung gegenüber den verbündeten Regierungen und ihrer öffentlichen Meinung« ausgebaut, hat die Gründung der Tschechoslowakischen Republik entscheidend vorangetrieben.

Einfluß und bald auch Mitspracherecht des Nationalrates bei den Entscheidungen der Alliierten sollten die aus tschechischen und slowakischen Freiwilligen gebildeten Legionen sicherstellen. Bereits am 20. August 1914 hatte der russische Ministerrat der Bildung einer Freiwilligenabteilung zugestimmt, die im November, ganze 800 Mann stark, an der österreichischen Front eingesetzt wurde. Als während der schweren Karpatenschlachten im Winter 1915/16 tschechische Einheiten geschlossen zum Feinde überliefen, schlugen die Führer der tschechischen Kolonie in Rußland die Bildung einer tschechoslowakischen Armee aus angeworbenen Gefangenen vor. Erst nach der März-Revolution von 1917 wurde diesem Vorschlag nach der persönlichen Intervention Masaryks stattgegeben, und in wenigen Monaten konnten 22000 Freiwillige rekrutiert werden. Die kommunistische Revolution ließ den Plan, 30000 Legionäre nach Frankreich zu bringen, scheitern. Als Politikum hat die tschechische Legion in Rußland, die im Bürgerkrieg zwischen Weiß und Rot eine zwielichtige Rolle spielte und erst ab 1920 nach der »Anabasis« durch Sibirien über Wladiwostok in die Heimat zurückgeführt

wurde, Masaryk bei der Anerkennung des tschecho-slowakischen Staates durch Frankreich und England einen großen Dienst erwiesen.
Die Aufstellung eigener Verbände in Frankreich und Italien, die erst in den letzten Kriegsmonaten in die Kämpfe eingriffen, war der Initiative Benešs und des Generals Štefánik zuzuschreiben. Erst nach langen Verhandlungen setzte Beneš am 16. Dezember 1917 seinen Standpunkt durch, so daß die »tschechoslowakische nationale Armee ... als autonome militärische Einheit im Rahmen der französischen Armee unter oberster politischer Führung des tschecho-slowakischen Nationalrates« organisiert werden konnte. Vier Regimenter in einer Gesamtstärke von 10 000 Mann nahmen an den Gefechten im Elsaß und in der Champagne teil. Unter analogen Voraussetzungen stimmte die italienische Regierung am 21. April 1918 der Aufstellung von 11 500 Soldaten in einer tschechischen Legion unter italienischem Oberbefehl zu. Diese Truppen, insbesondere die Legion in Rußland, die nach dem Separatfrieden von Brest-Litovsk den einzigen alliierten Verband auf russischem Boden ausmachte und einen Ansatz zur Verwirklichung des britischen Interventionsplans bot, verbesserten die Verhandlungsposition Masaryks nicht unerheblich, als er 1918 die Anerkennung des Nationalrates als Treuhänder einer künftigen Regierung und die Einlösung der tschechischen Kriegsziele von der Entente verlangte.
Kaiser Karl, der am 21. November 1916 nach dem Ableben von Kaiser Franz Joseph die Regierung angetreten hatte, versuchte zunächst, einen Separatfrieden mit den Alliierten abzuschließen. Ein Erfolg dieser Pläne hätte das politische Konzept Masaryks gefährden können. Noch 1917 herrschte in Frankreich die Bereitschaft vor, mit der k. u. k. Monarchie zu einem Übereinkommen zu gelangen. In der englischen öffentlichen Meinung besaß Österreich unbestreitbare Sympathien. Die Vermittlungsbemühungen des Prinzen Sixtus von Parma (zwischen März und Mai 1917) näherten bis zum Jahresbeginn 1918 die Hoffnung der Ententemächte, das Deutsche Reich militärisch isolieren zu können. Am 5. Januar 1918 sprach der britische Premier Lloyd George offen aus, daß sich seine Regierung für die Gewährung einer nationalen Autonomie für die Völker Österreich-Ungarns, aber nicht für die Zerschlagung des Staates einsetzen werde. In seiner Botschaft an den Kongreß vom 8. Januar 1918, den Vierzehn Punkten, verlangte der amerikanische Präsident Wilson im Punkt Zehn nur »die freieste Gelegenheit autonomer Entwicklung« für die Völker der Donau-Monarchie, nicht aber die Auflösung des Habsburger Reiches. Das Ziel der von Beneš ab Mai 1918 mit dem französischen und dem britischen Außenministerium geführten Verhandlungen mußte also sein, einmal die verbindliche Verpflichtung der Alliierten zur Errichtung eines unabhängigen Staates in den von Masaryk bereits 1915 vorgeschlagenen Grenzen zu erhalten und dann mit der formalen Anerkennung des Nationalrates als Regierung dieses souveränen tschechischen Staates die gleichberechtigte Teilnahme an den Friedensverhandlungen sicherzustellen. Einen ersten Erfolg konnte er am 3. Juni 1918 verzeichnen, als die britische Regierung den Nationalrat als »verantwortliches Organ der

tschecho-slowakischen Regierung« anerkannte und der französische Außenminister Pichon in einem Brief vom 29. Juni Beneš versicherte, daß Frankreich den Nationalrat als »das oberste Gremium, das alle Interessen der Nation verwaltet, und die erste Grundlage einer kommenden tschechoslowakischen Regierung« ansehe. Beinahe noch wichtiger war die Zusage, entsprechend Masaryks Konzeption das Erreichen der Unabhängigkeit in den historischen Grenzen vorbehaltlos unterstützen zu wollen und die tschecho-slowakische Armee als Verbündeten zu betrachten. Am 11. August räumte das Foreign Office dem Nationalrat das Recht zur Teilnahme an den Konferenzen der Alliierten ein und versprach, die Vereinigung von Tschechen und Slowaken in einem gemeinsamen Staat zu fördern. Masaryks persönlichem Einfluß war es zu danken, daß auch Präsident Wilson nach langem Zögern am 3. September den Nationalrat als kriegführende Macht und De-facto-Regierung anerkannte und der Einbeziehung der Slowakei zustimmte, obwohl sich damals weder der Präsident noch seine Berater über die Schwierigkeiten bei der Abgrenzung des slowakischen Territoriums gegenüber Ungarn bewußt waren. Allgemein zeigten die Alliierten in den letzten Kriegsmonaten wenig Interesse an einer frühzeitigen Klärung der Minderheitenfrage und wollten alle Entscheidungen der Friedenskonferenz vorbehalten.

Während Masaryks langem Aufenthalt in Rußland (Mai 1917–März 1918) und den Vereinigten Staaten (April–Dezember 1918) hatte Beneš selbständig die Leitung des Nationalrates übernommen. Sein Verhandlungsgeschick und sein Durchsetzungsvermögen wurden einmal mehr bestätigt, als sich die französische Regierung am 28. September 1918 in einem Vertrag neuerlich verpflichtete, für den Einsatz der tschechischen Legionen den Nationalrat als Provisorische Regierung anzuerkennen und ihn bei der Gründung eines unabhängigen Staates innerhalb der historischen Grenzen diplomatisch zu unterstützen. Unter Berufung gerade auf diese Vereinbarung nahmen Tschechen und Slowaken während der kritischen Tage der Waffenstillstandsverhandlungen ihre Staatsgründung vor. Im Ansatz ließ diese Abmachung bereits die spätere Ausrichtung der französischen Ostmitteleuropapolitik erkennen; sie stellte auch die Basis für das französisch-tschechoslowakische Bündnis dar. Beneš hielt jedoch erst am 14. Oktober den Zeitpunkt für gekommen, um die Bildung einer Provisorischen Regierung der Tschecho-Slowakei mit dem vorläufigen Sitz in Paris bekanntzugeben. Masaryk waren das Präsidium und die Finanzverwaltung vorbehalten, Beneš übernahm die Ressorts des Äußeren und des Inneren, Štefánik das Kriegsministerium. Mit der formellen Anerkennung dieser Regierung am 15. Oktober 1918 durch Frankreich, am 17. durch Rußland, am 19. durch die Vereinigten Staaten, am 21. durch Italien und am 23. durch Großbritannien war, wie Beneš es formulierte, »der Kampf der tschechoslowakischen Nation um ihren selbständigen Staat siegreich« beendet worden.

Mit dem Zusammenbruch Bulgariens Ende September 1918 war die Stellung der Mittelmächte militärisch unhaltbar geworden. Erst am 3. Oktober hatte

Italien, das als letzte der Entente-Mächte der Aufteilung der Habsburger Monarchie zustimmte, den tschecho-slowakischen Nationalrat de facto anerkannt. Am 4. Oktober hatte die österreichisch-ungarische Regierung Präsident Wilson um die Vermittlung eines Waffenstillstands und die Eröffnung von Friedensverhandlungen auf der Grundlage der in seiner Botschaft an den Kongreß enthaltenen Vierzehn Punkte ersucht. Ein letzter Versuch Kaiser Karls, durch die Anerkennung des Selbstbestimmungsrechts und den Umbau des Reiches in eine nationale Föderation den Fortbestand der k. u. k. Monarchie zu retten, schlug fehl. Als am 17. Oktober ein kaiserliches Manifest mit der Aufforderung an die Nationen Österreich-Ungarns erging, Nationalräte zu bilden, sich auf dem Siedlungsboden als Staaten zu konstituieren und diese in einem Staatenbund zusammenzuschließen, beantwortete Masaryk diese verzweifelte Initiative am 18. in Washington mit einer eilig konzipierten, aber folgenlosen Deklaration der tschechisch-slowakischen Unabhängigkeit. Seine Eile entsprang der Einsicht, daß die auf Drängen des ungarischen Ministerpräsidenten Wekerle in das Manifest aufgenommene Beteuerung der Integrität des Stephansreiches den Zusammenschluß der Tschechen und Slowaken in einem Nationalstaat ausschloß; zudem wollte Masaryk auch einer Entscheidung Wilsons zuvorkommen. Tags darauf trat der amerikanische Präsident in seiner Antwortnote in der Tat vorbehaltlos für die volle Berücksichtigung der tschecho-slowakischen und jugoslawischen Nationalinteressen ein. Als Kaiser Karl in der am 29. Oktober in Washington eintreffenden Erwiderung (Andrássy-Note) diesen Vorbehalt anerkannte und um den unverzüglichen Abschluß eines Waffenstillstands nachsuchte, hatte der tschechische Nationalausschuß in Prag bereits die Macht ergriffen und die Republik ausgerufen.

Inlandpolitik und Staatsgründung

In Böhmen und Mähren selbst hatte der Kriegsausbruch anfangs keine einschneidenden Änderungen ausgelöst. Die tschechischen Reservisten folgten willig, wenn auch nicht begeistert den Einberufungsbefehlen; im allgemeinen schlugen sich die tschechischen und slowakischen Verbände – außer in der Karpatenschlacht im Winter 1915/16 und bei den Piave-Kämpfen an der italienischen Front – tapfer. Offener Widerstand im Lande blieb eine Seltenheit; erst gegen Kriegsende kam es zu einzelnen Streiks, Attentaten und Sabotageakten in den Waffen- und Munitionsfabriken.
Auch die Parteien nahmen vor 1918 in geschlossener Front keine bewußt staatsfeindliche Haltung ein. Die gut österreichisch gesinnten Klerikalen ausgenommen, predigten viele jungtschechische und national-sozialistische Parteigänger den passiven Widerstand, trieben aber insgesamt – solange noch Zweifel über den Kriegsausgang bestanden – eine opportunistische Politik. Als sich Ende 1915 in Massendesertionen erste bedenkliche Folgen der panslawistischen Agitation bei einigen tschechischen Truppenteilen zeigten,

erzwang das österreichische Oberkommando ein energisches Vorgehen gegen die Verantwortlichen der subversiven Propaganda. Der Verhaftungswelle fielen auch Kramář, Rašín und Klofáč zum Opfer, die, nach ihrer Verurteilung wegen Hochverrats, schließlich am 2. Juli 1917 begnadigt wurden. Die nationale Sokol-Turnvereinigung wurde aufgelöst und die Pressezensur verschärft. Dennoch hielten tschechische Politiker über das neutrale Ausland und durch Vermittlung ihrer in den Entente-Staaten lebenden Landsleute engen Kontakt mit dem Nationalrat in Paris. Unterstützt und gedeckt von Sympathisanten in den Zentralministerien und am kaiserlichen Hofe, berichtete diese »Maffia« über die Stimmung und Lage im Lande, erhielt Nachrichten über die Kriegslage und taktisch-politische Anweisungen, die sie seit 1916 in zwei illegalen Nachrichtenblättern verbreitete. Mit der Abkehr von der österreichfreundlichen Politik Ende 1917 identifizierten sich die tschechischen Abgeordneten des Reichsrats zunehmend mit den Zielen der Maffia und dem Programm des Pariser Nationalrates.
Durch die von der Regierung verfügte Sistierung der Verfassung bis 1917 von der Beteiligung an der Gesetzgebung und der Kontrolle des Staatsapparats ausgeschaltet, schlossen sich am 19. November 1916 in Wien die tschechischen Abgeordneten aller Richtungen im Tschechischen Verband (Český svaz) unter Vorsitz des Agrariers F. Staněk zur tatkräftigeren Vertretung ihrer Nationalinteressen zusammen. Ein Nationalausschuß (Národní výbor) mit dem Sitz in Prag sollte die Koordination aller Inlandsaktionen übernehmen. Dennoch fehlte es bis Mitte 1917 nicht an tschechischen Loyalitätserklärungen für die Doppelmonarchie und an kritischen Stellungnahmen gegenüber den Aktionen Masaryks und des Pariser Nationalrates; der Tschechische Verband legte am 23. Januar 1917 sogar im Namen der tschechischen Nation ein Treuebekenntnis zum Hause Habsburg ab. Die Wiederaufnahme der Parlamentsarbeit beantworteten die tschechischen Parteien am 30. Mai 1917 mit einer Erklärung, in der sie die k. u. k. Monarchie bejahten, aber mit einer naturrechtlichen Begründung zugleich deren Umgestaltung in einen Bundesstaat und die Vereinigung der slowakischen Teile Ungarns mit den »historischen Ländern« anregten. Nicht der Habsburgermonarchie, sondern dem Dualismus und der Integrität des Stephansreiches galt ihre politische Gegnerschaft. Die Erwähnung der Slowakei war dem Insistieren des Slowaken Dr. V. Šrobár zu danken, der die Bedenken der Klerikalen, der Alt- und Jungtschechen, die einer Vereinigung mit großer Skepsis gegenüberstanden, beschwichtigt hatte. Nur die National-Sozialisten, Agrarier und Sozialdemokraten hatten bisher lose Fühlung mit einigen tschechisch gesonnenen Slowaken gehalten. Diese Loyalitätsbekundungen dürfen nicht darüber hinwegtäuschen, daß es außerhalb der Armee, besonders in den Reihen der Politiker, keine »Österreicher« mehr gab. Zur Verhärtung der Fronten trug bei, daß die Deutschnationalen ebenfalls von der Kriegspsychose erfaßt wurden und ihr Eintreten für einen »Siegfrieden« den offen ausgebrochenen Nationalitätenkonflikt institutionalisieren mußte.

Nach dem 30. Mai 1917 kam es zu keiner offiziellen Verlautbarung der tschechischen Abgeordneten mehr, ihre nationalen Ziele im Rahmen der Donaumonarchie verwirklichen zu wollen. Ein am 8. Juli vom Nationalausschuß von mehreren Professoren erbetener Verfassungsentwurf erwähnte zwar noch die Möglichkeit des Verzichts auf die rein deutschen Gebiete der »historischen Länder« und sah zugleich die Vereinigung der Slowakei in einem tschecho-slowakischen Bundesstaat innerhalb einer »Föderation der Donaustaaten« vor. Doch die zunehmend österreichfeindliche Einstellung der Bevölkerung veranlaßte die Führer der jungtschechischen, alttschechischen, realistischen und staatsrechtlichen Parteien, sich in der »Tschechischen staatsrechtlichen Demokratie« unter dem Vorsitz von Dr. A. Rašín zusammenzuschließen und als Programm die uneingeschränkte staatliche Selbständigkeit der Nation zu proklamieren. Auch bei den National-Sozialisten übernahmen mit Stříbrný und Klofáč, bei den Sozialdemokraten mit Habrman Politiker mit national-radikaler Ausrichtung die Führung. Die National-Sozialisten, 1897 als national-tschechisches Gegengewicht gegen die klassenkämpferische, der II. Internationale angehörende Sozialdemokratie gegründet, verabschiedeten am 31. März 1918 ein Programm, in dem der Kampf um die nationale Freiheit und um die Verstaatlichung kapitalistischen Eigentums an führender Stelle propagiert wurde.
Dieser Neuausrichtung der Parteien trug im Winter 1917/18 auch der Gesamtverband der tschechischen Abgeordneten im Wiener Reichsrat Rechnung. Während der Waffenstillstandsverhandlungen mit Rußland forderten Tschechen und Südslawen ihre Beteiligung; der Antwort des Außenministers Graf Czernin vom 25. Dezember 1917, daß die nationalen Streitpunkte der Völker der Monarchie nicht auf internationaler Ebene geregelt werden könnten, sondern ausschließlich innenpolitischer Natur seien, setzten alle tschechischen Reichsrats- und Landtagsabgeordneten ihre »Dreikönigsdeklaration« entgegen. Der früher erwogene Gedanke der Einbringung des geforderten »souveränen, demokratischen Staates innerhalb der geschichtlichen Grenzen und Siedlungen des (tschechischen) Volkes und seines slowakischen Stammes« in eine Donauföderation wurde fallengelassen. Trotz einiger verbindlich gehaltener Einleitungspassagen beinhaltete diese Resolution des »Generallandtages der Abgeordneten der böhmischen Länder« vom 6. Januar 1918 die bislang eindeutigste Absage an Österreich und die Monarchie habsburgischer Prägung.
Die Erfolge des Pariser Nationalrats und die durch die Kriegsentbehrungen radikalisierte Öffentlichkeit beeinflußten die Politik der tschechischen Parlamentarier zunehmend. Am 13. April 1918 nahm der Schriftsteller A. Jirásek den Volksvertretern einen selbstbewußt und siegessicher formulierten »Nationaleid« ab, in dem als übereinstimmendes Ziel der Auslandsrevolution und der Inlandspolitik die volle nationale Selbständigkeit des tschechoslowakischen Volkes gefordert wurde. Die »Kongresse der unterdrückten Völker« Anfang Mai in Rom und Prag sollten dann den Staatsmännern der Entente deutlich machen, daß ein Fortbestand der k. u. k. Monarchie auf die

entschiedene Opposition des slawischen Bevölkerungsteils des Habsburgerreiches treffen werde.
Eine noch entschiedenere Absage bedeutete die Gründung eines Nationalausschusses am 13. Juli 1918, der nur den Namen mit dem habsburgfreundlichen Národní výbor aus dem Jahre 1916 gemein hatte. In das von Dr. K. Kramář geleitete Gremium entsandten alle politischen Parteien nach dem Schlüssel der Parlamentswahlergebnisse von 1911 30 Mitglieder, die systematisch die Vorbereitungen für die im Winter oder Frühjahr 1918/19 erwartete »nationale Revolution« in die Hand nahmen. Die Einsetzung von Bezirks- und Ortsnationalausschüssen, die Ausschreibung einer Nationalsteuer und die Planung für eine militärische Organisation sollten die »Machtübernahme« am Staatsgründungstag erleichtern. Ein am 6. September 1918 aus Vertretern der sozialistischen Parteien gebildeter »Sozialistischer Rat« nahm sich vorsorglich der Lösung der sozialen Frage an. Da Beneš sowohl ein verfrühtes Losschlagen und unnötiges Blutvergießen verhindern als auch die Respektierung der Autorität des Nationalrates gewährleistet sehen wollte, verpflichtete er am 11. September die Führer des Inlandkampfes, alle Aktionen nur auf ausdrückliche Weisung aus Paris hin zu unternehmen.
Erst der sich abzeichnende militärische Zusammenbruch veranlaßte in den letzten Septembertagen die österreichische Regierung, hektisch nach Lösungen zu suchen, die in irgendeiner Form den Fortbestand der Habsburgermonarchie sicherstellen konnten. Das Angebot des Ministerpräsidenten Dr. Hussarek vom 26. September, der tschechischen Nation politische Autonomie einräumen zu wollen, wiesen die tschechischen Abgeordneten geschlossen als unzureichend zurück. Ein letzter Vermittlungsversuch Kaiser Karls scheiterte am 12. Oktober, als die tschechischen Fraktionsführer die Forderungen nach sofortiger Einsetzung einer nationalen tschechischen Regierung, ihrer Heranziehung zu den Friedensverhandlungen und der Rückführung aller tschechischen Truppenteile in die »historischen Länder« erhoben. Die vom »Sozialistischen Rat« am 14. Oktober veranstalteten Kundgebungen heizten die anti-österreichische Stimmung im Lande weiter an; der Lieferstopp für Agrar- und Industrieprodukte kam praktisch einer Wirtschaftsblockade gegen die Alpenländer und die Front gleich.
Das Manifest Kaiser Karls vom 17. Oktober an »seine getreuen österreichischen Völker« lehnte der tschechische Nationalausschuß zwei Tage später rundweg ab. Die Mission des letzten k. u. k. Ministerpräsidenten Lammasch, Nationalstaaten mit einer selbständigen Verwaltung im Rahmen der föderalisierten Monarchie zu schaffen, war ebenfalls zum Scheitern verurteilt. Am 26. Oktober wurde die Einführung der tschechischen Amtssprache in der inneren Verwaltung genehmigt; am gleichen Tag nahm der Nationalausschuß mit den Militärbehörden Verhandlungen über die Rückführung der Truppen auf. Gleichzeitig reiste eine Delegation unter Führung Kramářs nach Genf ab, um in Beratungen mit Beneš die Modalitäten bei der Überleitung der Staatsmacht festzulegen. Aber während in Genf noch verhandelt wurde, erfolgte in Prag bereits der Umsturz.

Als der Inhalt der Andrássy-Note am Abend des 27. Oktober in Prag bekannt wurde, veranlaßte Dr. Rašín die Einberufung des Nationalausschuß-Präsidiums für den Morgen des 28. Švehla, Soukup, Stříbrný und Rašín, die »Männer des 28. Oktober«, beschlossen auf dieser Sitzung anfangs nur, die Kriegsgetreide-Verkehrsanstalt, die zentrale Lebensmittelversorgungsstelle, in die Verwaltung des Nationalausschusses zu überführen. Als sich nach der Veröffentlichung der Andrássy-Note in den Prager Straßen Demonstrationszüge unter Hochrufen auf Masaryk, Wilson und den gemeinsamen Staat der Tschechen und Slowaken bildeten, entschied der Nationalausschuß, die Gunst der Stunde zur Übernahme der Verwaltung des Landes zu nutzen. Der Vertreter des Statthalters in Prag, Vizepräsident Kosina, und die österreichische Militärverwaltung glaubten im Sinne des kaiserlichen Manifests zu handeln, als sie der Überführung der Landesadministration in tschechische Hände zustimmten. Das von Rašín konzipierte Gesetz über die »Errichtung des tschecho-slowakischen Staates« und das »Manifest an das tschechoslowakische Volk« verkündeten unter Berufung auf die Bestrebungen der Auslandsrevolution und des Pariser Nationalrates die Existenz eines souveränen tschecho-slowakischen Nationalstaates. In der Ungewißheit, ob der Nationalrat den Entente-Mächten gegenüber Verpflichtungen über die Staatsform und die Absetzung der Habsburger eingegangen war, blieben diese beiden Punkte vorerst ausgeklammert. Zur gleichen Stunde beschlossen die über die Prager Vorgänge uninformierten Unterhändler in Genf, eine republikanische Staatsverfassung einzuführen, Masaryk als »Haupt der Vollzugsgewalt« (Präsident) einzusetzen und eine Regierung unter dem Vorsitz von Kramář mit vierzehn Ministern – darunter auch vier Slowaken und ein Deutscher – mit der Verwaltung des Staates zu beauftragen. Für die Slowaken unterzeichnete Dr. V. Šrobár nachträglich das Staatsgründungsgesetz und das Manifest.

Mit ungeheurem Jubel nahm das tschechische Volk die Ausrufung des Staates zur Kenntnis. Was vor fünf Jahren ein Phantom und noch vor eineinhalb Jahren nur eine zaghafte Hoffnung der tschechischen Politiker gewesen war, konnte, durch die Kriegslage bedingt und vom Pariser Nationalrat in kühner Weitsicht mit diplomatischem Geschick gefördert, im »tschechoslowakischen Nationalstaat« realisiert werden. Es war kein von elementar-revolutionären Kräften getragener, sich unter dem Einsatz der Bevölkerungsmehrheit im eigenen Lande vollziehender »Umsturz«; das Entstehen des Staates war vornehmlich dem unermüdlichen Einsatz und der politischen Weitsicht einiger weniger zu danken. Nicht zuletzt hatten die Legionen auf fernen Kriegsschauplätzen diesen Staat erstritten. Die breite Öffentlichkeit aber stand bis kurz vor Kriegsende dem Ringen um die staatliche Selbständigkeit weitgehend verständnis- und tatenlos gegenüber. Der überraschende Erfolg dieser unblutig verlaufenen Revolution löste eine überschwappende Welle des Nationalismus aus, unter der vor allem der entmutigte und in seinem Selbstbewußtsein schwer getroffene deutsche Bevölkerungsteil zu leiden hatte. Die im – durchaus verständlichen – Taumel des Erfolgs begangenen Fehler bei der Behandlung der 3,3 Millionen Sudetendeutschen trugen mit dazu bei, das künftige Zusammenleben von Deutschen und Tschechen in einem Staat unnötig zu belasten.

Komplexe Problemkreise harrten einer raschen Lösung: so mußte die Verwaltung in Gang gehalten und die schwierige Nahrungsmittelversorgung sichergestellt werden. Durch den Erlaß einer Provisorischen Verfassung waren die Voraussetzungen für die Arbeitsaufnahme der Regierung, des Parlaments und des Staatspräsidenten zu schaffen. Vor allem mußte das beanspruchte Territorium der Kontrolle der neuen Staatsmacht unterstellt und die Konsolidierung nach innen und nach außen vorangetrieben werden. Noch endete die Macht der neuen Regierung 40 km nördlich von Prag: Die Sudentendeutschen verlangten unter Hinweis auf den von Wilson proklamierten Grundsatz des Selbstbestimmungsrechtes die Vereinigung ihres Siedlungsgebiets mit der Republik Deutsch-Österreich. In der Slowakei war die Lage völlig unübersichtlich; die ungarische Armee stand ungeschwächt im Lande. Der auf einer sozialdemokratischen Maifeier 1918 in Liptovský Sv. Mikuláš erhobenen Forderung nach Anerkennung des Selbstbestimmungsrechtes »für den ungarischen Zweig des tschecho-slowakischen Stammes« war noch im September ein Memorandum gefolgt, in dem nur die Gewährung der Autonomie für die Slowakei innerhalb Ungarns gewünscht wurde. Am 19. Oktober hatte der Abgeordnete F. Juriga im Budapester Parlament die Gründung eines slowakischen Nationalrates bekanntgegeben, der dann auf einer einzigen Sitzung am 30. Oktober 1918 in Turč. Sv. Martin – ohne von den Prager Vorgängen zu wissen – in einer Deklaration erneut die Gewährung des Selbstbestimmungsrechtes beanspruchte, sonst aber – ohne die staatsrechtlichen Bindungen an das Stephansreich als beendet zu erklären – nur auf die sprachliche, kulturelle und historische Verbundenheit der tschecho-slowakischen Nation hinwies. Bei der passiven, uninteressierten Haltung der Bevölkerung mußte die Angliederung des Landes allein von Prag betrieben werden. Es dauerte mehr als acht Monate, bis der Kampf um die Slowakei teils mit Waffengewalt, teils durch diplomatische Aktionen zugunsten der ČSR entschieden war. Die reichen Kohlenlager im ehemaligen Herzogtum Teschen bildeten ein weiteres Streitobjekt, weil das verbündete Polen unter Berufung auf die ethnische Zusammensetzung der Bevölkerung die historisch belegten Ansprüche der tschechoslowakischen Regierung nicht anzuerkennen bereit war. Der endgültigen Gewinnung dieser strittigen Gebiete für die ČSR auf der nach Paris einberufenen Friedenskonferenz mußte die neue Regierung besondere Aufmerksamkeit schenken.

Der Nationalausschuß in Prag traf nach dem 28. Oktober umsichtig alle Vorbereitungen, um eine handlungsfähige Legislative zu erhalten. Nach dem Schlüssel der Reichsrats-Wahlergebnisse von 1911 sollte der Nationalausschuß zu einer Revolutionären Nationalversammlung mit 256 Mitgliedern, darunter 42 für die Slowakei, erweitert werden. Vertreter der Sudetendeutschen waren nicht vorgesehen. In der von dem Sozialdemokraten Dr. A. Meißner in wenigen Stunden ausgearbeiteten Provisorischen Verfassung wurde dem Präsidenten nur eine bescheidene politische Einflußnahme zugestanden; die Regierung sollte ohne Mitwirkung des Staatsoberhauptes von der Nationalversammlung bestätigt werden. Nach der Abdankung Kaiser Karls und der Entbindung seiner Völker vom Treueid am 11. November erklärte Ministerpräsident Kramář in der ersten Sitzung der Nationalversammlung am 14. November das Haus Habsburg für abgesetzt und proklamierte den tschechoslowakischen Staat als Republik. Durch Akklamation stimmte das Haus geschlossen der Wahl Masaryks zum ersten Präsidenten zu. Die Einsetzung einer Regierung Kramář mit 16 Ressortministern – darunter Beneš im Portefeuille des Äußeren, Švehla des Inneren, Klofáč der Verteidigung, Rašín der Finanzen und Štefánik als Kriegsminister – fand die einmütige Billigung. Als Masaryk nach vierjährigem Exil am 21. Dezember 1918 Prag im Jubel der Menschen als Staatsoberhaupt der ČSR betrat, schienen die größten Schwierigkeiten bereits überwunden zu sein. Das Ausmaß der künftigen Gefährdung des neuen Nationalstaates der Tschechen und Slowaken sowohl durch den Revisionismus seiner besiegten Nachbarn als auch durch die Sprengkraft der ungelösten sozialen und nationalen Fragen im Innern war auf diesem Höhepunkt der begeisterten Identifikation der tschechischen Bevölkerung mit dem »Präsidenten-Befreier« und seinen – oft unverstandenen oder doch unbeachtet bleibenden – politisch-moralischen Vorstellungen nicht vorherzusehen.

II. Die Beilegung der offenen Grenzfragen (1918/19)

Die Besetzung der Slowakei

Noch nach der Kapitulation des Deutschen Reiches und dem Auseinanderbrechen Österreich-Ungarns bestand unter den Ententemächten keine grundlegende Übereinstimmung, nach welchen Prinzipien Mitteleuropa reorganisiert und befriedet werden sollte. Die stark voneinander abweichenden Vorstellungen der Alliierten konnten auch auf der Pariser Friedenskonferenz nicht auf eine einheitliche politische Linie gebracht werden. Das Fehlen einer allgemein anerkannten Konzeption kam besonders E. Beneš, dem Außenminister und Chefdelegierten der ČSR, zustatten, der mit Versprechungen, Überredungskunst, unter Verzeichnung der Tatsachen und mit geschickt angewandtem Druck den »Großen Vier« die Zustimmung zur Verwirklichung des tschechoslowakischen Maximalprogramms abzuringen verstand.

Die militärische Besetzung und die administrative Eingliederung der Slowakei bereiteten der Prager Regierung unvorhergesehene Schwierigkeiten. Als der liberale Graf Károlyi am 31. Oktober 1918 die Ministerpräsidentschaft der eben proklamierten Republik Ungarn übernahm, versuchte er mit diplomatischen und militärischen Aktionen den Verbleib der oberungarischen Provinz beim Mutterland sicherzustellen. Als äußerstes Zugeständnis sollte den Slowaken eine bescheidene politische Autonomie – vergleichbar mit der Kroatiens und Sloweniens seit 1867 – eingeräumt werden.

Auf Masaryks telegrafische Anweisung hin begann am 2. November 1918 die militärische Besetzung der Slowakei. Šrobár übernahm die Aufgabe, mit unzureichenden Mitteln einen Zusammenbruch der Verwaltung zu verhindern. Als Proteste der Regierung Károlyi gegen die tschechische Okkupation nichts fruchteten, setzten am 11. November ungarische Einheiten zu einem erfolgreichen Gegenstoß an. Bei dem Fehlen von kampferprobten Kräften und von Nachschubmaterial setzte die Regierung Kramář ihre Hoffnung auf ein Machtwort der Alliierten; sie lehnte daher Károlyis Kompromißvorschlag ab, bis zur endgültigen Entscheidung der Friedenskonferenz die Slowakei von einem Slowakischen Nationalrat verwalten zu lassen. In dem Bestreben, Zeit zu gewinnen und unnötiges Blutvergießen zu vermeiden, stimmte der diplomatische Vertreter der ČSR in Budapest, Hodža, dem ungarischen Angebot zwar zu; er wurde aber von seiner eigenen Regierung desavouiert und mußte die Waffenstillstandsverhandlungen abbrechen. Inzwischen hatte Beneš in Paris den Apparat der Entente-Diplomatie in Bewegung gesetzt. Nach der am 6. Dezember erfolgten Festlegung einer für die ČSR ungünstigen Demarkationslinie – Preßburg, die Schütt-Insel, Komorn und Kaschau wären in ungarischem Besitz verblieben – konnte Beneš die Alliierten von der Notwendigkeit eines strategisch sinnvolleren Grenzverlaufs überzeugen und den Rückzug der ungarischen Truppen aus dem ethnisch slowakischen Gebiet erreichen. Letzte ungarische Versuche, durch die Ausrufung einer Ostslowakischen Republik in Kaschau wenigstens einen Teil des Landes unter Kontrolle zu halten, schlugen nach dem Einmarsch tschechischer Truppen am 30. Dezember fehl. Am 1. Januar 1919 wurde Preßburg geräumt, am 4. Februar konnte die slowakische Landesregierung unter Šrobár ihren Sitz in die größte Stadt der Slowakei verlegen.

Doch Ungarn war immer noch nicht zum Verzicht auf die Slowakei bereit. Ein Streik des weitgehend ungarischen Eisenbahnpersonals ließ den Verkehr in der Südwest-Slowakei zusammenbrechen; am 11. Februar traten auch die Arbeiter der Energie- und Versorgungsbetriebe in den Ausstand. Erst nach Ausrufung des Belagerungszustands am 5. März zeichnete sich eine gewisse Beruhigung der Lage in der Slowakei ab. Als jedoch die Entente der ungarischen Regierung am 20. März die ultimativ gehaltene Aufforderung zukommen ließ, ihre Truppen um 50–80 km nach Süden zurückzunehmen und sich mit der Donaugrenze abzufinden, demissionierte tags darauf Károlyi und schuf damit die Voraussetzung für die Ausrufung einer ungarischen Räte-Republik durch Béla Kun. Die tschechische Linke zeigte unter diesen Umständen wenig Neigung, einen militärischen Konflikt mit dem revolutionären Ungarn aktiv zu unterstützen.

Der tschechische Operationsplan sah die Besetzung der neuen Demarkationslinie durch eine alliierte Westarmee unter dem Oberbefehl des italienischen Generals Piccione vor, während eine Ostarmee unter dem Kommando des französischen Generals Hennocque in Karpato-Rußland einrücken sollte. Voraussetzung für diese Aktion schuf ein von Masaryk am 19. November 1918 mit dem Führer der in Amerika lebenden Ruthenen, Dr. Žatkovič, abgeschlossener Vertrag über den Anschluß einer autonomen ruthenischen Provinz an die ČSR, der am 15. Februar 1919 von der Friedenskonferenz sanktioniert worden war. Als bei den Ende April durchgeführten Besetzungsmaßnahmen die Demarkationslinie mehrfach und mit stiller Billigung von Verteidigungsminister Klofáč überschritten wurde, setzten Kuns »Rote Garden« am 20. Mai zur Gegenoffensive an. In wenigen Tagen wurden die demoralisierten, schlecht ausgerüsteten tschechischen Truppenteile aufgerieben, zwei Drittel des Landes besetzt, die beiden alliierten Armeen getrennt, die polnische Grenze in der Hohen Tatra erreicht und eine slowakische Räte-Republik mit Sitz in Kaschau ausgerufen. Bevor ein tschechischer Entlastungsangriff gestartet werden konnte, veranlaßte die Drohung der Alliierten, die französische Balkanarmee unter General Franchet d'Espérey und rumänische Truppenteile gegen Ungarn in Marsch zu setzen, Kun Mitte Juni, den geordneten Rückzug der Roten Garden anzuordnen. Am 24. Juli 1919 unterstanden die Slowakei und Karpato-Rußland endgültig der tschechoslowakischen Kontrolle. Die Befriedung des Landes und der Aufbau einer funktionierenden Zivilverwaltung warfen schwierige innenpolitische Probleme auf, da die desinteressierte, der neuen Obrigkeit oft ablehnend gegenübertretende Bevölkerung keinen konstruktiven Beitrag zu leisten bereit oder fähig war.

Bald formierte sich die Opposition unter der Führung des Priesters A. Hlinka in der Slowakischen Volkspartei, die eine Einlösung des von Masaryk am 30. Mai 1918 mit Vertretern der Amerika-Slowaken geschlossenen Pittsburgher Abkommens verlangte. Die stetig intensivierte Forderung nach Gewährung einer »nationalen Autonomie für die Slowakei« blieb bis zum Abkommen von Sillein am 6. Oktober 1938 eine Quelle ständiger innenpolitischer Unruhe, die eine wirkliche Konsolidierung des Staates ebenso erschwerte wie die nur unbefriedigend gelöste sudentendeutsche Frage.

Die Einbeziehung des Sudentenlandes

In der Erwartung, daß die noch in die Waffenstillstandsverträge aufgenommene Formel Wilsons vom Selbstbestimmungsrecht der Völker auch auf die Sudentengebiete angewendet würde, hatten die deutschen Abgeordneten aus den Sudentenländern am 29. Oktober 1918 in Wien Deutschböhmen zur »eigenberechtigten Provinz des Staates Deutsch-Österreich« proklamiert und eine Landesregierung eingesetzt, deren Vorsitz bald Dr. R. Lodgman von Auen übernahm. Die deutschen Abgeordneten Nordmährens und Schlesiens folgten am 30. Oktober mit der Ausrufung der »österreichischen Provinz Sudetenland«; am 3. November konstituierten sich die Bezirke Deutsch-Südmähren als Teil Niederösterreichs und Böhmerwaldgau als Bestandteil Oberösterreichs. Obwohl Deutsch-Böhmen und Sudentenland keine gemeinsame Grenze mit Österreich besaßen, hofften deren Repräsentanten doch auf einen baldigen deutsch-österreichischen Zusammenschluß und danach auf die Inkorporation ihrer Provinzen in das Deutsche Reich. Erste Verhandlungen mit der Prager Regierung über die Versorgung der deutschen Gebiete, die Übernahme der Verwaltung und über politische Fragen – u. a. eine deutsche Vertretung im Nationalausschuß und im Kabinett – scheiterten am 30. Oktober und am 4. November 1918.
Als tschechische Truppen mit der Besetzung des deutschen Siedlungsgebietes begannen, protestierte am 11. November die österreichische Regierung Lammasch gegen die Verletzung des zu Österreich gehörenden Territoriums. Doch die Bemühungen, die demobilisierten Soldaten in einer deutsch-böhmischen Volkswehr zu sammeln und sie über Bayern und Sachsen mit Waffen zu versorgen, scheiterten kläglich. Durch diplomatische Aktionen – so zwei Telegramme an Wilson – konnte die Festlegung einer Demarkationslinie gegenüber dem tschechischen Siedlungsgebiet ebenfalls nicht erreicht werden, so daß auch allen gutgemeinten, von Reichenberg und Troppau als den Verwaltungszentren ausgehenden Konsolidierungsbemühungen kein Erfolg beschieden war. Von der Regierung in Dresden und der Reichsregierung in Berlin war zudem keine Hilfe zu erwarten. Bei der schlechten Versorgungslage und der Kampfmüdigkeit reichten drei tschechische Regimenter aus, um in knapp drei Wochen bei ganz geringem militärischen Widerstand das deutsche Siedlungsgebiet zu besetzen. Am 14. Dezember fiel Reichenberg,

am 18. Dezember Troppau; die Regierung Deutsch-Böhmens versuchte danach vom Wiener Exil aus, die Berücksichtigung des Selbstbestimmungsrechts für die Sudentendeutschen sicherzustellen.
Doch die Erfolgsaussichten waren nach der Besetzung des Sudentengebiets durch tschechische Truppen von vornherein gering. Eine schiedsgerichtliche Regelung der mit der Besetzung zusammenhängenden Fragen hatte die Regierung Kramář bereits am 7. Dezember zurückgewiesen; die am 13. Dezember von den Sudentendeutschen bei der Entente beantragte Volksabstimmung fand wenige Tage darauf die französische Ablehnung, der sich Ende Januar 1919 Großbritannien und Italien anschlossen. Die Weimarer Nationalversammlung wußte die Anschlußbestrebungen zwar in warmen Worten zu würdigen, Unterstützungsmaßnahmen mußten jedoch unterbleiben. Am 17. Mai 1919 forderte das Auswärtige Amt die deutsch-böhmischen Abgeordneten sogar auf, nichts zu unternehmen, was die deutsche Position bei den Friedensverhandlungen beeinträchtigen könnte. Inzwischen hatten am 4. März 54 Deutsche den Tod gefunden, als am Tage des Zusammentritts der Wiener Nationalversammlung bei Demonstrationen in allen deutschen Städten zugunsten des Anschlusses an Österreich die tschechische Gendarmerie leichtfertig von dem Schießbefehl Gebrauch gemacht hatte.
Die Bemühungen Benešs, die Sanktion des »Rats der Vier« für die Einbeziehung der Sudetengebiete in die ČSR zu erhalten, wurden nicht zuletzt durch sein Memoire III über »Das Problem der Deutschen in Böhmen« von Erfolg gekrönt. Masaryk hatte sich bei der Staatsgründung zwar vorgenommen, die Deutschen durch Verhandlungen zum freiwilligen Eintritt in den großböhmischen Staat zu veranlassen. Seine Erklärung nach seinem Einzug in Prag: »Wir haben unseren Staat geschaffen. Dadurch wird die staatsrechtliche Stellung unserer Deutschen bestimmt, die ursprünglich als Immigranten und Kolonisten ins Land kamen«, hatte aber selbst die sympathisierenden Deutschen verstimmt und eine geschlossene Front gegen die Eingliederung geschaffen. Beneš griff Masaryks Gedankengang auf und hob in seiner die historischen und die statistischen Daten sehr großzügig interpretierenden Denkschrift die Notwendigkeit eines Anschlusses des Sudentengebiets hervor. Ob Zweckmäßigkeit oder ehrliche Absicht, ob gar der Wunsch, eine Wiederholung alter Fehler im Namen des Fortschritts zu verhüten, bei seiner Überlegung Pate gestanden haben, durch den Ausbau der ČSR zu einem Staat nach Schweizer Vorbild und die Erhebung des Deutschen zur zweiten Landessprache die Mitarbeit und Staatsloyalität der Sudentendeutschen zu gewinnen, mag dahingestellt bleiben. In einer Note vom Mai 1919 räumte Beneš sogar ein, die »Grundsätze der Schweizer republikanischen Verfassung als Grundlage der Nationalitätenrechte« in der ČSR berücksichtigen zu wollen. Nach Abschluß der Friedensverträge waren diese Prinzipien jedoch schnell vergessen: Die tschechoslowakische Regierung sah ihre Zusagen durch den Abschluß der vom Völkerbund kontrollierten Minderheitenschutzverträge als eingelöst an. Gerade an diesem Punkt haben die deutschen Abgeordneten des Prager Parlaments danach immer

wieder angesetzt, um wenigstens Autonomie für die Sudentendeutschen eingeräumt zu erhalten. Das ausweichende Taktieren der Regierungen und die abschwächenden Interpretationsversuche des Präsidenten konnten bei vielen Sudentendeutschen nicht den Eindruck verwischen, daß böswillige Täuschung ihr politisches Schicksal mitbestimmt hatte. Bereits am 2. April 1919 wurde inoffiziell der Beschluß der Friedenskonferenz bekannt, das deutsche Siedlungsgebiet ohne Volksabstimmung in die ČSR zu inkorporieren. Die Unterzeichnung des Friedensvertrags von St. Germain am 10. September 1919 hat dann für beinahe zwanzig Jahre einen Schlußpunkt hinter dic sudetendeutsche Anschlußbewegung gesetzt.

Die Grenzregelung gegenüber Polen

Größere Schwierigkeiten hatte die tschechoslowakische Delegation bei der Festlegung der Grenze gegenüber Polen im Herzogtum Teschen und in der Hohen Tatra zu überkommen, bevor eine – dem tschechischen Maximalprogramm nicht ganz entsprechende – Lösung gefunden wurde. Für den von Deutschen, Tschechen und Polen – »Wasserpolacken« oder Schlonzaken – bewohnten östlichen Teil Schlesiens bildeten die Polen am 29. Oktober 1918 einen Nationalrat und veranlaßten zwei Tage später die Besetzung des Gebiets durch polnische Truppen, die auch in zwei von Polen – Goralen – bewohnte Bezirke der Slowakei, in die Arwa und die Zips, einmarschierten. Nach geharnischten tschechischen Protesten erklärte sich Polen am 5. November zu einer Teilung des Herzogtums Teschen bereit. Bielitz und die Stadt Teschen wurden dabei Polen zugeschlagen, die ČSR erhielt Friedeck, während der Bezirk Freistadt geteilt wurde. Die wichtige Ost-West-Verbindung, die Kaschau-Oderberger Bahn, fiel unter polnische Verwaltung.
Beide Interessenten ließen in den folgenden Wochen nichts unversucht, ihre Positionen zu verbessern und durch ein *fait accompli* einer Entscheidung der Friedenskonferenz zuvorzukommen. Polnische Rekrutierungsanordnungen und Vorbereitungen für die Sejmwahl beantwortete die Regierung Kramář mit Protesten und – als der Oberbefehlshaber der alliierten Truppen, Marschall Foch, keine Antwort auf das tschechische Ersuchen nach Besetzung des Gesamtgebiets erteilte – zwischen dem 23. und 30. Januar 1919 mit dem Einmarsch ihrer Truppen. Nach der Intervention des »Rates der Zehn« in Paris mußte Beneš am 3. Februar 1919 einem Abkommen zustimmen, wodurch das Gebiet von Teschen einer interalliierten Kommission unter Graf Mannerville zur Vorbereitung einer Volksabstimmung unterstellt wurde. Die Tschechen konnten diesmal jedoch die Verwaltung der Kaschau-Oderberger Bahn und eine Aufteilung der geförderten Kohle durchsetzen. Die polnische Initiative, durch eine Volksabstimmung in den strittigen Bezirken Teschen und Freistadt die Entscheidung der Friedenskonferenz zu beeinflussen, stieß bei Verhandlungen in Krakau Ende Juli 1919 auf die unnachgiebige Ablehnung der tschechischen Vertreter. Ihre Chancen sanken aber stetig, zumal die

von der polnischen Regierung verfochtene ethnische Begründung eher die Billigung des »Rats der Zehn« zu finden schien als die tschechische Forderung nach Respektierung der historischen Grenze. Ministerpräsident Tusar sah sich am 10. September 1919 zu der Erklärung veranlaßt, daß die ČSR bei einer unzureichenden Berücksichtigung ihrer Interessen in Teschen die Ratifizierung der Friedensverträge verweigern werde. Beneš konnte eine drohende negative Entscheidung schließlich durch die formale Annahme des in der Tschechoslowakei sehr unpopulären Plebiszitplanes verhindern und den polnischen Ministerpräsidenten Grabski am 10. Juli 1920 im Protokoll von Spa zu der Akzeptierung eines Schiedsspruches der Pariser Botschafterkonferenz veranlassen. Im Vergleich zu den Demarkationslinien vom 5. November 1918 und 3. Februar 1919 schnitt dabei die ČSR am 28. Juli 1920 unerwartet günstig ab, denn für geringfügige Grenzberichtigungen in der Slowakei zugunsten Polens erhielt Prag mit der Olsa-Grenze das mit seinen Berg- und Hüttenwerken wirtschaftlich bedeutendere Kohlengebiet einschließlich des Westteils der Stadt Teschen und die Kaschau-Oderberger Bahn zugeteilt. Erst die Entscheidung der Botschafterkonferenz vom 16. September 1924 über den Grenzverlauf in der slowakischen Javorina schuf die Voraussetzung für die Normalisierung der polnisch-tschechoslowakischen Beziehungen.

Die Bestätigung der tschechoslowakischen Grenzen auf der Pariser Friedenskonferenz

Als die Friedenskonferenz am 15. Januar 1919 ihre Arbeit in Paris aufnahm, hatte die ČSR durch die Besetzung des Sudetengebiets und weiter Teile der Slowakei einer Entscheidung bereits vorgegriffen. Die Hauptaufgabe ihrer Delegierten Kramář und Beneš bestand jetzt vor allem darin, die nachträgliche Bestätigung der Okkupation und die endgültige Zuteilung dieser Gebiete durch die Alliierten sicherzustellen. Seinen Erläuterungen der tschechoslowakischen Position vor dem »Rat der Zehn« am 5. Februar ließ Beneš zehn Memoranden zu Detailfragen folgen, in denen er u. a. die Notwendigkeit der Einbeziehung der Sudetendeutschen, von Grenzkorrekturen auf Kosten Deutschlands und Österreichs, der Angliederung der Slowakei und Karpato-Rußlands, des Schutzes der tschechischen Bevölkerung Wiens und der Lausitzer Sorben begründete.
Frankreich unterstützte die tschechische Linie vorbehaltlos, sahen seine Politiker doch in der traumatischen Furcht vor einem künftigen deutschen Ausgreifen nach Südosteuropa in Tschechen und Slowaken wichtige Verbündete, denen strategisch und wirtschaftlich vorteilhafte Grenzen gewährt werden mußten. Da die Franzosen anfangs sowohl die mit der Festlegung der neuen Grenzen beauftragte Expertenkommission beherrschten und im Obersten Rat, der den Grenzverlauf sanktionieren mußte, die Mehrheit besaßen, setzten sie mit geringfügigen Abstrichen die wichtigsten tschechischen Gebietsansprüche durch. Zurückstecken mußte Frankreich nur im Konflikt

um Teschen und bei der von Italien abgelehnten Landbrücke von der ČSR nach Jugsoslawien, was den Plan, eine Barriere der drei slawischen Staaten gegen ein deutsches Vordringen auf dem Balkan zu errichten, scheitern ließ.

Die amerikanische Delegation bei den Friedensverhandlungen, von einem zögernden, mit Detailfragen nur unzureichend vertrauten Präsidenten Wilson geführt, entwickelte wenig Initiative, um eine Korrektur der mit französischer Ermunterung zustandegekommenen tschechoslowakischen *faits accomplis* bei der Grenzfestsetzung zu erreichen. Die Behauptung, Wilson sei sich der durch die Einbeziehung der Sudetendeutschen, Ungarn, Polen und Ruthenen, immerhin einem Drittel der Gesamtbevölkerung, vorprogrammierten Nationalitätenproblematik in der ČSR nicht bewußt gewesen, ist in dieser Form nicht aufrechtzuerhalten; die Sprengkraft der nationalen Frage in einem »demokratischen Nachkriegseuropa« hat er jedoch – wie viele andere Staatsmänner auch – unterschätzt und vernachlässigt. Trotz aller während des Krieges angestellten Überlegungen, wie und in welcher Form ein neuer Ordnungsfaktor in Ostmitteleuropa zur Übernahme der früher vom Habsburger Reich wahrgenommenen Aufgabe gefunden werden könne, schloß sich die britische Delegation der französischen Initiative an und stimmte der territorialen Abgrenzung der ČSR ohne Vorbehalte zu. Italien opponierte aus Furcht vor einer slawischen Penetration in den Mittelmeer-Raum gegen eine gemeinsame jugoslawisch-tschechoslowakische Grenze und suchte die Position Polens und Ungarns als den möglichen Antagonisten einer tschechischen Suprematie in Mitteleuropa zu stärken. Der strategisch bedingte Grenzverlauf gegenüber dem Deutschen Reich fand jedoch die volle italienische Billigung.

Bereits am 17. April 1919 stand die Grenzziehung gegenüber Deutschland mit dem Gewinn des schlesischen Bezirks Hultschin fest, ohne daß der »Rat der Vier« die Zuteilung Egers und Falkenaus an das Deutsche Reich im Austausch für den Glatzer Kessel ernsthaft erwogen hätte. Gegenüber Österreich konnte sich die ČSR über die historischen Grenzen hinaus die Bezirke Weitra und Feldsberg einverleiben. Bei der Grenzfestsetzung gegenüber Ungarn am 12. Juni stimmten die Alliierten der Inkorporation der Slowakei und Karpato-Rußlands zu und setzten den Grenzverlauf so fest, daß alle strategischen Wünsche der ČSR berücksichtigt wurden. Die vom Mutterland durch die Donau-Eipel-Grenze abgetrennten Magyaren brachten dem neuen Staat keine Sympathien entgegen und trugen bis zur Neuabgrenzung durch den Wiener Schiedsspruch am 2. November 1938 ihren Teil zur Nationalitätenproblematik der ČSR bei. Dem Kompromiß im Streit um Teschen standen Mißerfolge in der Frage der Gewährung von Sonderrechten für die Wiener Tschechen und für die 160000 Lausitzer Sorben gegenüber, denen Beneš eine Autonomie innerhalb des Deutschen Reiches zu sichern versucht hatte.

Weniger vorteilhaft fielen die materiellen Friedensbestimmungen für die Tschechoslowakei aus. Entgegen der Argumentation Benešs, die ČSR sei als

»historischer Staat« anzuerkennen und ihr müßten daher als »kriegsführendem Alliierten« Entschädigungen zugestanden werden, hatte sie als Nachfolgestaat Österreich-Ungarn sogar noch einen Teil der Reparationszahlungen zu übernehmen. Am 20. Juli 1919 wurde verfügt, daß die Tschechoslowakei neben einer »Befreiungstaxe« von 750 Millionen Goldfrancs auch ihren Anteil an den österreichisch-ungarischen Vorkriegsschulden und eine Ablösung für das von der Donaumonarchie übernommene Staatseigentum zu tragen habe. Als Beneš am 7. November 1919 der Nationalversammlung die Friedensverträge zur Genehmigung vorlegte und dabei versicherte, alle Bestrebungen nach Wiedererrichtung der k.u.k. Monarchie würden an der Abwehr der ČSR scheitern, stimmten die Abgeordneten dem gesamten Vertragswerk in einer einzigen Sitzung einstimmig zu; die Begeisterung über die Eigenstaatlichkeit in fast optimalen Grenzen fegte kritische Einwände hinweg. Das gesamte »tschechoslowakische« Volk war erstmals in einem Staate vereint, der mit seinem Areal von 140000 qkm und 13,6 Millionen Einwohnern alle Erwartungen weit übertraf. Von Asch im Westen bis nach Jasiňa an der rumänischen Grenze betrug die Ost-West-Achse mehr als 950 km Luftlinie, wobei im Osten die Nord-Süd-Ausdehnung auf unter 70 km absank; 3800 km Grenzen waren im Kriegsfall zu verteidigen – die Sicherung der Ostslowakei und Karpato-Rußlands stellten dabei die Militärs vor eine unlösbare Aufgabe. In dieser geopolitisch fragwürdigen Konstruktion, in der eigentlich nur die »historischen Länder« eine gewachsene Einheit darstellten, standen nach der Volkszählung vom 1. Dezember 1930 9,75 Millionen Tschechen und Slowaken (66,25%) 3,32 Millionen (22,5%) Deutsche, 720000 (4,9%) Ungarn und 100000 (0,7%) Polen gegenüber. Sollte dieser Staat erhalten bleiben, so mußte mit der Absicherung nach außen eine Befriedung und Gewinnung der nationalen Minderheiten zu konstruktiver Mitarbeit Hand in Hand gehen. Doch schon zu Anfang wurden schwerwiegende Fehler begangen, die sich – trotz guten Willens auf beiden Seiten – im Laufe der Jahre nicht mehr wiedergutmachen ließen und den an einer Schwächung oder gar an der Zerschlagung der ČSR interessierten Nachbarstaaten einen willkommenen Ansatz boten, um den innenpolitischen Frieden und damit die Existenz des Staates zu gefährden.

Die drängenden politischen Fragen prinzipielleren Charakters blieben auf der Friedenskonferenz unberücksichtigt. Meinungsverschiedenheiten in Einzelfragen wurden in der Sorge, sonst das Gesamtwerk der Friedensschlüsse zu gefährden, nicht ausdiskutiert und häufig nur in unzulänglichen Kompromissen beigelegt. Als nach der Unterzeichnung der Verträge die Staatsmänner der Alliierten langsam zu der Einsicht gelangten, daß mit der Zeit Modifikationen ihrer Beschlüsse vorgenommen werden müßten, besaßen sie nicht mehr die Machtmittel, um die einmal gebilligten, aber manchmal zu weitreichenden Zugeständnisse zu korrigieren. So kam es, daß der Krieg von ihnen zwar gewonnen, die in der Friedensregelung liegende Chance aber vertan wurde.

III. Die Jahre der innenpolitischen Konsolidierung (1919–1933)

Die »rot-grüne« und die »allnationale« Koalition

Auf innenpolitischem Gebiet stabilisierten sich die Verhältnisse nach der Staatsgründung nur langsam; erst nach dem Vorliegen der endgültigen Entscheidung der Friedenskonferenz konnte die Prager Regierung wirksame Maßnahmen zur Konsolidierung ergreifen. Anfangs schienen weder Bürgertum noch Arbeiterschaft ihrer neuen Rolle als staatstragende Elemente gerecht werden zu können: die nationalen Ziele waren zwar erreicht, doch Traditionslosigkeit und eine Fehleinschätzung der gewonnenen Freiheit lösten übertriebene politische Erwartungen aus. Nur langsam bildete sich in der Bourgeoisie ein realitätsbezogenes Staatsverständnis aus. Der Arbeiterparteien bemächtigte sich eine klassenkämpferische Unruhe, obwohl keine unüberwindbaren Barrieren die Arbeiter vom Mittelstand trennten und sich die Republik in ihren proklamierten Grundsätzen dem sozialen Fortschritt verpflichtet fühlte. Doch das seit langem aufgestaute Bedürfnis, endlich das eigene Schicksal eigenverantwortlich auszugestalten, führte in der Tagespolitik eher zu Auswüchsen denn zu konstruktiver Zusammenarbeit aller Bevölkerungskreise. Dabei harrten schwierigste Aufgaben der gemeinsamen Lösung: Den hochindustrialisierten, agrarisch fortschrittlichen »historischen Ländern« mit ihrem erfahrenen Beamtentum und einer kultivierten breiten Intelligenzschicht standen die unterentwickelte Slowakei und das zurückgebliebene Karpato-Rußland gegenüber, die weder auf industriellem noch auf landwirtschaftlichem Gebiet mit westeuropäischen Verhältnissen verglichen werden durften. Die Ablehnung, die der neue Staat in der Slowakei durch die weitgehend magyarisierte kleine Intelligenzschicht erfuhr, zwang die Regierung zu einem schroffen Zentralismus und zu der Besetzung der wichtigsten Verwaltungsstellen mit Tschechen. Nach den Vorstellungen zahlreicher tschechischer Politiker sollten die Slowakei und Ruthenien überdies nur die landwirtschaftliche Autarkie der Republik sicherstellen helfen, zumal die ganz auf die ungarische Volkswirtschaft ausgerichtete bescheidene Industrie mit den modernen Großbetrieben in den »historischen Ländern« nicht konkurrieren konnte. Da Subsidien oder eine bevorzugte Behandlung bei den Steuer- und Zolltarifen trotz der Standortbenachteiligung nicht zu erhalten waren, gingen die ohnehin nicht besonders finanzstarken Betriebe nach 1923 entweder in tschechischen Besitz über, oder sie meldeten Konkurs an. Das ländliche Proletariat der Mittelslowakei und des ruthenischen Berglandes konnte sein Einkommen nicht mehr durch Saisonarbeit im ungarischen Weizenanbaugebiet verbessern, blieb auch bei der Landreform weitgehend unberücksichtigt und verarmte vollständig. Obwohl durch die Reform des Schulwesens das Analphabetentum bekämpft und die kulturelle

Kluft zwischen den tschechischen und den ehemals ungarischen Gebieten langsam verringert wurde, fürchteten slowakische und ruthenische Nationalisten eine tschechische Überfremdung, verhielten sich allen Neuerungen gegenüber reserviert und verharrten in einer starrköpfigen Opposition. Ein verbindendes Bewußtsein der staatlichen Einheit und Zusammengehörigkeit konnte trotz zahlreicher guter Ansätze ebensowenig erreicht werden wie eine wirkliche Nivellierung des Kultur- und Wirtschaftsgefälles, denn zu kraß waren die Gegensätze, oft unzureichend die Mittel. Geduld, Vertrauen und Toleranz waren nicht in ausreichendem Maße vorhanden, so daß neben dem latenten Konflikt zwischen dem »Staatsvolk« und den Minderheiten bald auch das Mißtrauen zwischen Tschechen und Slowaken anwuchs.

Die bewußt nach dem Vorbild der französischen Dritten Republik ausgerichtete ČSR schmeichelte mit ihrem System den bodenständigen Kleinkapitalisten in Stadt und Land. Repräsentativ für das politische Leben war eine übersehbare Schicht von Berufspolitikern, Universitätsprofessoren, Advokaten, Publizisten, Gewerkschaftlern und Großbauern, die sich die finanzielle Rückendeckung einer exklusiven Gruppe von Bankiers, Industriellen und Großkaufleuten zu sichern verstand. Die Vertreter des kultivierten, traditionsbewußten Tschechentums und des Adels, die unter den Habsburgern den Ton in der Gesellschaft und oft auch in den oberen Verwaltungsrängen angegeben hatten, mußten sich politische Abstinenz auferlegen. Die Schalthebel der Macht über die Parteien hinaus kontrollierte ein kleiner Kreis von Masaryk genehmen Männern, die, nach dem Sitz des Präsidenten einprägsam als »die Burg« bezeichnet, mit ihren Entscheidungen den Kurs der Politik und somit die Geschichte des Staates bestimmten. Dieser erlesenen republikanischen Hofkamarilla gehörten ausschließlich Intellektuelle, meist mit atheistischer Grundkonzeption und weitgehender Geschichtsfremdheit, an: Mitglieder der ehemaligen Realistenpartei Masaryks, prominente tschechische National-Sozialisten um Beneš sowie die Führer der tschechischen Massenorganisationen und der Gewerkschaften. Die Autorität des Präsidenten, dessen Schriften und Verlautbarungen als unumstößliche Offenbarung galten, stellte in offenem Widerspruch zur Verfassung den Einfluß der »Burg« sicher. Die von ihr abgelehnten oder bekämpften Kreise, vor allem Aristokraten, Klerikale, Konservative oder Gegner des bolschewistischen Rußlands, büßten rasch ihre frühere Teilhabe an der Macht ein. Trotz Masaryks prinzipieller Versöhnlichkeit in nationalen Fragen wurde der Rückgriff auf die eigene Geschichte vor der Habsburger Zeit, zumal auf den Hussitismus, von der »Burg« zur Kultivierung der nationalen Intoleranz mißbraucht. Anstelle der echten Tradition herrschte die Legende, die schnell zu einer Respektlosigkeit von der Überlieferung, zur Verbrämung und auswählenden Wertung der »tschechoslowakischen Geschichte« führte. Die der Intelligenz abgehende Bereitschaft, aus den Fehlern der nationalen und sozialen Kämpfe der Vergangenheit zu lernen, teilte sich bald auch breiten Schichten der Bevölkerung mit. Es fehlten Männer, die den Mut und die Durchschlagskraft besessen hätten, hier rechtzeitig Einhalt zu gebieten:

Kramář scheiterte an seiner eigenen Unzulänglichkeit und bot der »Burg« alle Ansätze, um ihn politisch zu isolieren; den tschechischen Bauernzaren A. Švehla hielten anfangs der Respekt vor Masaryk und dann eine schwere Krankheit davor zurück, den Einfluß der »Burg« wirksam zu beschneiden und die verantwortliche Machtkontrolle dem Parlament zu übertragen.

Das erste Kabinett der ČSR hatte – als Allparteienregierung konzipiert – keine allzu glückliche Hand. Ministerpräsident Kramář legte Wert darauf, die tschechoslowakische Delegation bei der Friedenskonferenz anzuführen. Während seines langen Aufenthalts in Paris, wo er doch im Schatten des mit der Materie vertrauten und dank persönlicher Kontakte einflußreicheren Beneš stand, entglitten ihm die Zügel der Regierungsarbeit. Innenminister Švehla schwang sich, gestützt auf seine Hausmacht in der konsolidierten Agrarpartei, zur ausschlaggebenden Figur im Lande auf und konnte mit Geschick in den Monaten häufiger innenpolitischer Unruhen und Versorgungskrisen den Staat vor einer Revolution bewahren. Obwohl die Tschechische Agrarpartei mit 55 Abgeordneten die stärkste Fraktion in der Revolutionären Nationalversammlung stellte, lag die eigentliche politische Initiative doch bei der in drei Lager gespaltenen Arbeiterbewegung. Neben der Tschechoslowakischen Sozialdemokratischen Arbeiterpartei mit 48 Mandaten vertraten auch die Tschechische Sozialistische Partei (die danach als National-Sozialistische Partei firmierte) mit ihren 28 Abgeordneten und die Tschechische Sozialdemokratische Arbeiterpartei (Zentralisten) mit 6 Parlamentsmitgliedern die Interessen der Arbeitnehmer und setzten sich für eine umfassende Sozialgesetzgebung und eine Agrarreform zugunsten der Kleinbauern ein. Unter den 46 Abgeordneten des Tschechoslowakischen Nationaldemokratischen Klubs, einer Vereinigung von Alttschechen, Jungtschechen und Mitgliedern von Masaryks ehemaliger Realistenpartei, fanden sich die Namen bekannter Schriftsteller, Professoren, Juristen und hoher Verwaltungsbeamter. Der mit 25 Mandaten ausgestatteten Tschechischen Volkspartei, einer Vereinigung der katholischen Parteien Böhmens und Mährens, wurde lange die habsburgfreundliche Politik während des Krieges zum Vorwurf gemacht; erst unter Msgr. Dr. J. Šrámek verstand es die Partei, sich die Beteiligung an allen Kabinetten und eine höchst einflußreiche Stellung im politischen Leben zu sichern. Unter den 42 Abgeordneten, die eine Berücksichtigung der slowakischen Interessen gewährleisten sollten, fanden sich auch die Namen von Beneš und Alice Masaryk, der Tochter des Präsidenten. Der Slowakische Klub entsprach in seiner Zusammensetzung nicht den innerslowakischen Kräfteverhältnissen; nach den Wahlen von 1920 erfolgte die Vertretung in slowakischen Sektionen auf parteipolitischer Grundlage.

Um den Charakter der ČSR als eines demokratischen und sozialen Staates zu betonen, wurden 1918/19 in rascher Folge die Gesetze über die Abschaffung des Adels, der Orden und Titel, über die Einführung einer Arbeitslosenunterstützung, den Acht-Stunden-Arbeitstag, Förderung des Wohnungsbaus und die Krankenversicherung beschlossen. Mit drakonischen Maßnahmen – Abstempelung und Wertminderung der Banknoten verbunden mit einer Zwangsanleihe – konnte Finanzminister Rašín Ende Februar/ Anfang März 1919 eine erfolgreiche Sanierung der Währung einleiten und mit Hilfe von Auslandsanleihen der ČSR die Wirren einer Inflation ersparen. Aufsehen erregten die von Sozialdemokraten und National-Sozialisten eingebrachten Gesetzentwürfe, die durch einen »Kanzelparagraphen« den politischen Einfluß der Kirche stark beschnitten. In der Eherechtsreform wurde mit Rücksicht auf die katholischen Slowaken die fakultative Zivilehe eingeführt, die Ehescheidung gleichzeitig jedoch erleichtert. Als bedeutsamer in den Auswirkungen stellten sich die ersten Gesetze zur Bodenreform heraus, die von Agrariern und Sozialdemokraten befürwortet wurden, obschon sich die beiden Initiatoren lange nicht über die Modalitäten der Durchführung einigen konnten. Erst als der nationale Aspekt und militärische Überlegungen – so sollten das »Unrecht von 1620«, die Überführung eines Teils des Großgrundbesitzes in deutsche Hände, wieder rückgängig gemacht und Tschechen als Grenzanrainer angesiedelt werden – stärker betont wurden, verabschiedete die Nationalversammlung am 16. April 1919 ein Rahmengesetz, durch das die Enteignung eines Grundbesitzes von mehr als 150 ha Ackerboden oder von mehr als 250 ha sonstiger Liegenschaften sanktioniert wurde. Das Gesetz über die Errichtung eines Bodenamtes schloß eine Beteiligung der Minderheiten an der Umverteilung von Grund und Boden aus und stellte faktisch die ausschließliche Berücksichtigung der tschechischen Interessen sicher.

Arbeitsniederlegungen und Demonstrationen sowie die durch die schlechte Ernährungslage hervorgerufenen Plünderungen am 22./23. Mai 1919 lösten eine Kabinettskrise aus, die Masaryk, dessen Rechte als Präsident in der Provisorischen Verfassung auf sein Insistieren hin nicht unerheblich erweitert worden waren, nur bis zu den Gemeindewahlen vom 15. Juni 1919 beschwichtigen konnte. Durch die Einführung des Listenwahlrechts dehnten die Parteien ihren Einfluß bis auf die lokale Ebene aus. Der Erfolg der Sozialdemokraten und National-Sozialisten, die im tschechischen Gebiet 54% der Stimmen auf sich vereinten, ließ sie eine stärkere Beteiligung an der Regierung fordern. Auch im Sudetengebiet, wo die deutschen Bewohner zur ersten Stimmabgabe im neuen Staat aufgerufen worden waren, erhielten die Sozialdemokraten etwas mehr als die Hälfte der Stimmen. Die Agrarier, von 16% gewählt, lehnten die Fortsetzung der Allparteien-Regierung ab und strebten eine Koalition mit den sozialistischen Kräften an. Am 7. Juli 1919 trat die Regierung Kramář zurück.

Obwohl schon am 8. Juli ein neues Kabinett unter dem Sozialdemokraten V. Tusar von Masaryk ernannt wurde, war die »rot-grüne Koalition« nicht von Geburtswehen verschont geblieben. Der Präsident hätte dem weithin unbekannten Tusar, der seit 1911 den Wahlkreis Brünn im österreichischen Reichsrat vertreten hatte, Beneš oder Švehla vorgezogen. In der neuen Regierung wurden nur geringfügige personelle Veränderungen vorgenommen. Štefánik, der alle Voraussetzungen zur Durchsetzung einer den slowakischen Verhältnissen gerecht werdenden Politik mitbrachte, war im Mai 1919 bei der Rückkehr in die Heimat über Preßburg unter ungeklärten Umständen mit dem Flugzeug abgestürzt. Das Kriegsministerium wurde nach seinem Tode nicht mehr besetzt. Finanzfachmann Dr. Rašín ging mit seiner nationaldemokratischen Partei in die Opposition. Zur Vertretung der slowakischen Interessen wurde der vielkritisierte ehemalige Gesandte in Budapest und Staatssekretär im Innenministerium, Dr. Hodža, mit dem neugegründeten »Ministerium für die Unifizierung von Gesetzgebung und Verwaltung« betraut. Bedingt durch persönliche Affären oder durch fachliche Inkompetenz mußte Tusar mehrfach Korrekturen seiner Kabinettsliste vornehmen.

In seiner am 10. Juli 1919 der Nationalversammlung vorgelegten Regierungserklärung kündigte Tusar die Nationalisierung der Kohlen- und Erzgruben und die Verfolgung einer konstruktiven Minderheitenpolitik an. Doch die Spannungen in der Sozialdemokratischen Partei, in der vom linken Flügel unter Dr. B. Šmeral und dem Gewerkschaftler A. Zápotocký ein eigener, oft gegen die Regierung gerichteter Kurs gesteuert wurde, schwächten die Position Tusars. Die Meinungsverschiedenheiten über den Inhalt der neuen Verfassung und die bald auftretende Wahlnervosität lösten weitere Reibereien innerhalb der Koalition aus. Seit dem 10. Dezember 1919 beschäftigte sich der Verfassungsausschuß der Revolutionären Nationalversammlung außer mit dem Grundgesetz auch mit der Wahlordnung, dem Gesetz über die Errichtung eines Senats als zweiter Kammer, dem Gauverfassungsgesetz als neuer administrativer Grundlage und der wichtigen Sprachenverordnung. Innenminister Švehla gelang es in mühevollen Beratungen mit allen Parteien, einen Kompromiß auszuhandeln und die Voraussetzung für die einstimmige Verabschiedung der Verfassung zu schaffen. Den Sozialdemokraten und National-Sozialisten fiel der Verzicht auf einen wesentlichen Programmpunkt, die Trennung von Staat und Kirche, schwer; auch die Lösung, die den Senat mit 150 Mitgliedern zu einer dem Abgeordnetenhaus beinahe gleichgestellten Einrichtung machte, konnte einige Abgeordnete nicht befriedigen. Das Sprachengesetz als Teil der Verfassungsurkunde berücksichtigte die der ČSR durch den Minderheitenschutzvertrag auferlegten Verpflichtungen gegenüber den Nicht-Tschechen,doch den Nationaldemokraten und speziell ihrem Vorsitzenden Kramář reichten die Rechte der »tschechoslowakischen« Sprache nicht aus, während die Slowakische Volkspartei das Slowakische als ein dem Tschechischen in allen Belangen ebenbürtiges Idiom berücksichtigt haben wollte. Bei den Verfassungsberatungen im Parlament zwischen dem 27. und dem 29. Februar 1920 wurde zwar immer wieder dem Unbehagen Ausdruck verliehen, daß das Grundgesetz ohne die Heranziehung der Minderheiten verabschiedet werden müsse; als jedoch in den frühen Morgenstunden des 29. Februar die Verfassungsgesetze mit Ausnahme der Sprachenverordnung einstimmig angenommen wurden, hatte man keine Vorsorge getroffen, um auch den Interessen der nationalen Minderheiten Gerechtigkeit widerfahren zu lassen. Die eilig bis zu den Neuwahlen durchgepeitschte legislative Arbeit der Revolutionären Nationalversammlung – so Gesetze über die Wahl des Präsidenten, das Verfassungsgericht, die Geschäftsordnung im Parlament, Notstandsgesetze, über die Friedensstärke der Armee, über die Staatsbürgerschaft und die Durchführung der Bodenreform – war ebenfalls von dem Bestreben gekennzeichnet, die Minderheiten in diesen wichtigen Fragen vor vollendete Tatsachen zu stellen. In der letzten Sitzung der Legislaturperiode, am 14. April 1920, brach die »rot-grüne Koalition« auseinander; am 15. reichte Tusar die Demission ein. Drei Tage darauf, am 18. April 1920, wurden unter Beteiligung der Minderheiten die Abgeordneten, eine Woche danach die Senatoren gewählt.

Nach der Entscheidung der Pariser Friedenskonferenz, das Sudetenland als integralen Bestandteil der ČSR einzugliedern, hatten sich einige deutsche Politiker an die Ausarbeitung von Vorschlägen gemacht, um die Festlegung der Rechtsstellung ihrer Volksgruppe zu beeinflussen. Der tschechischen Auffassung vom Nationalstaat und seinen Minderheiten setzten sowohl die seit Juni 1919 in einem »Bürgerblock« zusammenarbeitenden mittelständischen Parteien als auch die einflußreiche Sozialdemokratie ihr Konzept eines Nationalitätenstaates entgegen. Der von dem sozialdemokratischen Parteivorsitzenden J. Seliger Anfang September 1919 entwickelte Nationalitätenplan mit national abgegrenzten Bezirken und – amerikanischem Vorbild folgend – mit Wahlbeamten und -richtern wurde von den tschechischen Parteien ebenso zurückgewiesen wie der von dem »Bürgerblock« unterstützte Entwurf von Professor L. Spiegel, in dem für die Deutschen Selbstverwaltung und eine nationale Kurie vorgesehen waren. Die tschechischen Parteien demonstrierten nach dieser unwillkommenen Initiative ihre Entschlossenheit, noch vor der Parlamentswahl das ganze für die Realisierung des tschechoslowakischen Nationalstaatskonzepts notwendige Gesetzgebungsprogramm ohne deutsche Beteiligung zu verabschieden. Nach einer von Masaryk befürworteten Amnestie konnten die sudetendeutschen Politiker aus dem Wiener Exil in die Heimat zurückkehren; doch alle Ansatzpunkte für eine gemeinsame Lösung der drängenden Fragen zerschlugen sich bereits vor Weihnachten 1919. Das erklärte Ziel aller Deutschen, sich nicht mit einem Minderheitenstatus zufriedenzugeben und alle staatsbürgerlichen Rechte ohne Diskriminierung für sich zu beanspruchen, ließ selbst die Kontakte zwischen den streng national ausgerichteten deutschen und tschechischen Sozialdemokraten einschlafen.

Bei der Wahl am 18. April 1920, bei der 281 der 300 Mandate vergeben wurden, schnitten die tschechoslowakischen Sozialdemokraten mit 74 Abgeordneten am besten ab; die National-Sozialisten konnten 24 Mitglieder in das Parlament entsenden. Die tschechischen Agrarier mit 28 und ihre slowakische Sektion mit 12 Mandaten konnten ihre Stellung behaupten. Die deutschen Sozialdemokraten errangen mit 33 Sitzen einen großen Erfolg; der Bund der Landwirte mit 13, die Deutsche Nationalpartei (DNP) mit 12, die klerikale Deutsche Christliche Volkspartei mit 9 und die Deutsche Nationalsozialistische Arbeiterpartei (DNSAP) mit 5 Mandaten konnten aber zusammen die

Sozialdemokraten überflügeln. Die Slowakische Volkspartei hatte 12 Sitze erhalten und bildete anfangs mit den tschechischen Klerikalen (21 Mandate) eine Fraktionsgemeinschaft. 145 Abgeordnete gehörten dem bürgerlichen, 136 dem sozialistischen Lager an: der unter der Losung »sozialistische oder bürgerlich-demokratische Republik« ausgetragene Wahlkampf endete mit einem Unentschieden. Da weder von den deutschen noch den ungarischen Parteien eine Regierungsbeteiligung erwartet oder gewünscht wurde, bot sich bei den bestehenden Mehrheitsverhältnissen nur die Fortsetzung der tschechischen sozialistisch-agrarischen Koalition an.
Als sich Tusar erneut an die Regierungsbildung machte, engte seine Partei den Verhandlungsspielraum durch die Auflage ein, die Nationaldemokraten und die tschechische Volkspartei auf keinen Fall an der Regierung zu beteiligen. In das am 25. Mai 1920 ernannte 2. Kabinett Tusar entsandten daher nur die tschechischen Sozialdemokraten, die dem Außenminister Beneš nahestehenden National-Sozialisten und die Agrarier Vertreter. Streitigkeiten bei der personellen Besetzung der Ressorts und die Opposition des linken Flügels der Sozialdemokratie gegen eine Regierungsbeteiligung schlechthin beeinträchtigten von Anfang an die Arbeit. Die konstituierende Sitzung der Nationalversammlung am 27. Mai, in der Mararyk in seinem Amt als Staatsoberhaupt bestätigt wurde, artete bereits wegen Geschäftsordnungsfragen und deutscher Proteste in schlimme Tumulte aus und bildete den Auftakt für wilde Parlamentsschlachten, die sich bis 1926 regelmäßig wiederholten. In der stürmischen Debatte um die Regierungserklärung Tusars erhoben die Sprecher der deutschen Parteien einmütig die Forderung nach einer Revision der Verfassung und der von der Revolutionären Nationalversammlung erlassenen Gesetze sowie nach der Berücksichtigung des Selbstbestimmungsrechtes der Sudetendeutschen. Nur mit geschicktem Taktieren gelang es Tusar, eine Mehrheit für sein Programm zu finden; doch bei jeder Gesetzesvorlage mußten Abstriche gemacht werden, um mit wechselnder Unterstützung eine Abstimmungsniederlage der Regierung zu vermeiden.
Neben den Minderheiten opponierte auch die Slowakische Volkspartei gegen die »tschechoslowakische« Republik, den Zentralismus und die »tschechoslowakische« Sprache. Die als Interessenvertreterin des katholischen Klerus von A. Hlinka am 19. Dezember 1918 gegründete Partei vertrat ein autonomistisches Programm und berief sich dabei auf das von Masaryk am 30. Mai 1918 in Pittsburgh mit Vertretern der tschechischen und slowakischen Organisationen in Amerika geschlossene Abkommen, aus dem sie – wie aus Masaryks Vereinbarung mit den in Amerika lebenden Ruthenen – den Anspruch auf Gewährung der nationalen Autonomie herauslas. Persönliche Kränkungen, speziell vom ersten Minister für die Slowakei Dr. Šrobár, veranlaßten Hlinka, mit Unterstützung Polens auf der Friedenskonferenz in Paris sein Recht zu suchen. Beneš sorgte für die schnelle Abschiebung des unwillkommenen Besuchers, der, bei der Rückkehr für fünf Monate interniert, nach der Wahl im April 1920 ohne Gerichtsverfahren sein Parlamentsmandat wahrnehmen

konnte. Die Slowakische Volkspartei ließ keine Gelegenheit verstreichen, um Masaryk an die Einlösung des Pittsburgher Abkommens zu erinnern. Nach dem Eintritt der Tschechischen Volkspartei in die Regierung Beneš kündigte Hlinka im November 1921 die Fraktionsgemeinschaft auf. Erst im Januar 1927 stimmte er einer Regierungsbeteiligung seiner Partei zu und ließ sich diesen Schritt mit der Aufhebung der unpopulären, nur in der Slowakei durchgeführten Gauverfassung honorieren.
Die Regierung Tusar wurde schließlich nicht von der parlamentarischen Oppositon, sondern vom linken Flügel der Sozialdemokratie gestürzt, der sich offen zum Kommunismus und zur III. Internationale bekannte. Am 14. September 1920 mußte der schwerkranke Tusar dem Präsidenten die Demission seines Kabinetts anbieten und die Einsetzung einer Beamtenregierung empfehlen, da ohne die Sozialdemokraten unter den tschechischen Parteien keine Mehrheit zu finden war. Für ein Jahr übernahm der Chef der mährischen Landesverwaltung, Jan Černý, das Ministerpräsidium, nicht um zu regieren, sondern nur um zu verwalten. Weitgehend dem Rat und den Anweisungen Masaryks folgend, konnte er, gestützt auf die Autorität des Präsidenten, einige Gesetze vom Abgeordnetenhaus verabschieden lassen und sich vor allem dem Ausgleich des Staatshaushalts widmen. Als sich die Vorsitzenden der fünf großen tschechischen Parteien schließlich bereit fanden, je einen Vertreter in einen Fünferausschuß (Pětka) zur Vorbereitung und Abklärung der Gesetzesvorlagen zu entsenden, wurde die Stellung des Beamtenkabinetts dem Parlament gegenüber weiter gefestigt.
Dennoch rissen die Unruhen im Innern nicht ab. Die Rückkehr der Legionäre aus Sibirien, die sich nicht selten zu kommunistischem Gedankengut bekannten und denen per Gesetz große Vergünstigungen eingeräumt worden waren, führte zu einer Polarisierung und Radikalisierung auf der Rechten und der Linken. Nach der Spaltung des sozialdemokratischen Lagers und der Gründung einer aus 18 Abgeordneten bestehenden »linken« Fraktion nahm der Einfluß der Kommunisten auf die Wähler und die Gewerkschaft stetig zu, so daß die 54 sozialdemokratischen Abgeordneten des »rechten« Flügels trotz ihrer zahlenmäßigen Überlegenheit im Parlament einen beträchtlichen Schwund ihrer Hausmacht hinnehmen mußten. Der Streit um die Parteizentrale und das Zentralorgan »Právo Lidů« eskalierte im Dezember 1920 in einem Streik von 160000 Arbeitern; in Prag, Brünn und Kladno gingen die Kommunisten auf die Straße, ohne daß es ihnen gelungen wäre, den Generalstreik oder einen allgemeinen Volksaufstand auszulösen. Weder die Regierung Černý noch Präsident Masaryk zeigten sich zu einem Nachgeben bereit; am 16. Dezember brach mit der Verhaftung der Aufstandsführer auch der Streik zusammen. Die von Sondergerichten ausgesprochenen hohen Strafen gegen Zápotocký, Muna und Burian wurden im Februar 1922 vom Präsidenten kassiert. Die nach dem Tode des Parteiführers Seliger vollzogene Abspaltung der »Linken« von der deutschen Sozialdemokratie am 17. März 1921 und die Erfolge in der Slowakei verbesserten jedoch die Position der Kommunisten. Auf dem Gründungsparteitag der Kommunistischen

Partei der Tschechoslowakei (KPTsch) am 14. Mai 1921 schlossen sich Tschechen und Slowaken organisatorisch zusammen; auf dem Vereinigungsparteitag in Prag am 30. Oktober wurde auch die deutsche Linke in die KPTsch, eine Sektion der III. Internationale, aufgenommen. Der ersten übernationalen Partei der ČSR blieben nach großen Anfangserfolgen während der wirtschaftlichen Hochkonjunktur der späten zwanziger Jahre politische Mißerfolge und ein großer Mitgliederschwund nicht erspart; erst während der Weltwirtschaftskrise konnte die KPTsch unter der straffen Führung K. Gottwalds ihre Einflußsphäre stabilisieren.

Auch das Verhältnis der Tschechen zu den Deutschen war Ende 1920 schweren Belastungen ausgesetzt. Den Anlaß bot die Einberufung deutscher Rekruten zum 1. Oktober 1920. Die tschechischen Linksparteien hatten im November 1918 eine Miliz »mit demokratischem Charakter« der allgemeinen Wehrpflicht vorgezogen. Bei den Kämpfen im Sudetenland, in der Slowakei und um Teschen hatte sich ein stehendes Heer aber als notwendig erwiesen. Die Überlegung, dabei auf die Wehrpflichtigen der nationalen Minderheiten zu verzichten, wurde bald verworfen. Der Vorschlag der deutschen Parteien, deutsche Einheiten mit deutschen Offizieren und deutscher Kommandosprache im Sudetengebiet zu stationieren, verfiel der entschiedenen Ablehnung des Beamtenkabinetts. Streikaufrufe der deutschen Parteien mit dem Ziel, die Annahme ihrer Vorstellungen zu erzwingen, beantwortete die tschechische Bevölkerung, unterstützt vom Militär, mit der Demontage oder Zerstörung deutscher Denkmäler. Die in Teplitz und Eger besonders heftigen Ausschreitungen griffen auch auf Prag über, wo am 16. November 1920 das Ständetheater der deutschen Verwaltung entzogen und dem tschechischen Nationaltheater unterstellt wurde. Die technische Obstruktion wurde künftig zum bevorzugten Kampfmittel der deutschen bürgerlichen Parteien; sie trug bis zum Sommer 1921, als erneut nationale Unruhen ausbrachen, zu einer ernsthaften Behinderung der parlamentarischen Arbeit bei. Die Sozialdemokraten dagegen suchten auf dem Verhandlungsweg einen Ausgleich der nationalen Spannungen herbeizuführen; ihrer Taktik schlossen sich nach und nach der Bund der Landwirte, die Christlichsozialen und die kleine Deutschdemokratische Partei an, so daß bereits 1921 erste Voraussetzungen für das 1926 verwirklichte Programm des »Aktivismus« geschaffen wurden. Die würdelosen Krawalle im Parlament, oft von Kommunisten, der DNP und der DNSAP heraufbeschworen, rissen dagegen während der ersten Legislaturperiode nicht ab.

Im September 1921 schien innenpolitisch die Lage so weit konsolidiert, daß wieder an die Einsetzung eines politischen Kabinetts gedacht werden konnte. Innenminister Švehla hatte bereits seine Ministerliste fertiggestellt und die tschechischen Parteien zur Mitarbeit an einer »allnationalen« (gesamttschechischen) Koalition überredet, als er den Auftrag zur Regierungsbildung unerwartet zurückgab. Masaryk zögerte nicht, seinen Intimus Beneš, den er systematisch als Nachfolger aufbaute, am 26. September 1921 zum neuen Regierungschef zu ernennen. Ein Jahr lang stand der Außenminister einem aus Parteivertretern und Fachleuten gebildeten Kabinett vor, das sich auf innenpolitischem Gebiet vornehmlich mit Rüstungs- und Verstaatlichungsfragen zu beschäftigen hatte und außenpolitisch, nach dem zweiten Restaurationsversuch Ex-Kaiser Karls, erstmals eine Krise von internationaler Bedeutung beilegen mußte. Erst am 5. Oktober 1922 konnte Beneš nach mehreren Demissionsangeboten den Vorsitz im Kabinett an Švehla abtreten und sich bis Dezember 1935 ausschließlich der Verwaltung des Außenministeriums widmen.

In der neuen, rein parlamentarischen Regierung gab es nur unbedeutende Personalveränderungen. Wie zuvor Beneš so versuchte auch Švehla eine Lösung der drängenden Nationalitätenfrage aufzuschieben, zumal der Block der deutschen Parteien Sprünge aufzuweisen begann. Die Sozialdemokraten unter ihrem Sprecher Dr. L. Czech erklärten ihre Bereitschaft, konstruktiv mitzuarbeiten. Der Bund der Landwirte, die Christlichsozialen und die Deutschdemokraten rückten zunehmend von der unversöhnlichen Haltung der DNSAP und der DNP ab, die sich am 26. Juni 1922 in der »Deutschen Kampfgemeinschaft« zusammengeschlossen hatten. Weitere Herde innenpolitischer Unruhe schwelten: Finanzminister Rašín, der mit einer umstrittenen und unpopulären Deflationspolitik der Wirtschaft neuen Auftrieb zu geben versucht hatte, starb am 12. Februar 1923 an den Folgen eines im Vormonat verübten Attentats; eine Erkrankung Švehlas führte zu einer permanenten Regierungskrise, da keine starke Hand die auseinanderstrebenden Interessen der Koalitionspartner in einem Kompromißprogramm zu vereinigen verstand. Die Krise in der Montanindustrie beunruhigte die Regierung immer stärker; die Inflation in Deutschland und Österreich blieb nicht ohne Rückwirkungen auf die ČSR. Zugleich konnten auf Kosten des deutschen und ungarischen Kapitals die stärksten tschechischen Banken unter Führung der Živnostenská banka (Gewerbebank) zwischen 1921 und 1923 ihren beherrschenden Einfluß weiter festigen und die industrielle Konzentration beschleunigen. Rund 25 Großkonzerne kontrollierten danach etwa 80% der industriellen Unternehmen. Nach 1923 bereitete die Eingliederung der 440000 Arbeitslosen in den Beschäftigungsprozeß der Rüstungsindustrie (Škoda-Werke in Pilsen, Zbrojovka in Brünn), im Automobilbau und der florierenden Leichtindustrie (Bat'a-Schuhfabriken in Zlín) keine Schwierigkeit. Die Parlamentsdebatten um ein von der Opposition mit allen Mitteln bekämpftes Gesetz zum Schutze der Republik, das sowohl gegen die Kommunisten, die autonomistischen Slowaken als auch gegen die nationalen Minderheiten gerichtet war, und um die Sozalgesetzgebung lösten einmal mehr erbitterte Saalschlachten aus und gefährdeten den innenpolitischen Frieden. Drei große Regierungsgesetzentwürfe – die Realisierung der Bodenreform, die Reorganisation der Administrative zuungusten der Minderheiten und schließlich die Durchführungsverordnung zum Sprachengesetz – fachten auch die nationalen Spannungen erneut an. Die Interpellationen der deutschen Parlamentarier über die Diskriminierung der Deutschen bei der Bodenumverteilung behandelte die Regierung dilatorisch und verweigerte

den Erlaß einer Verordnung über die gleichberechtigte Berücksichtigung von Minderheitenbewerbern. Zudem stimmte die Regierung einem Antrag der Nationaldemokraten zu, zum Abbau des über dem Nationalitätenproporz liegenden Anteils der Sudetendeutschen an der Beamtenschaft eine Prüfung in der »tschechoslowakischen Staatssprache« anzuordnen, wodurch langfristig rund 30% der deutschen Eisenbahner und Postbeamten ihre Stellung verloren. Das aus finanziellen Überlegungen von der Regierung Ende 1924 vorgelegte Gesetz über die Verkleinerung des überdimensionierten Beamtenapparates löste, gegen die Stimmen der Vertreter der Minderheiten und der Slowaken angenommen, im Jahre 1925 eine drastische Verringerung der Zahl der Beamten ohne Berücksichtigung des nationalen Schlüssels aus. Die Sprachenverordnung, seit 1920 zwar immer wieder diskutiert, konnte erst nach den Wahlen im März 1926, ohne Rücksprache mit den Minderheitenparlamentariern, im Abgeordnetenhaus eingebracht werden. Ihre strengen Bestimmungen, besonders im Selbstverwaltungsbereich, stellten die Vorherrschaft des Tschechischen in allen Bereichen sicher und waren überall als Werkzeug einer zentralistischen Tschechisierungspolitik zu verwenden.
Doch bevor die Sprachenverordnung die »allnationale Koalition« sprengte, erschütterten die Getreidezollverordnung, die Korruptionsaffäre in der staatlichen Spirituszentrale und die Feiertagsgesetzgebung die bereits angeschlagene Regierung Švehla schwer. Die Auseinandersetzung zwischen den Sozialisten, die viel vom revolutionären Schwung der Anfangsjahre und die breite Unterstützung der Massen verloren hatten, und dem stetig erstarkenden politischen Katholizismus entzündete sich an der Einführung eines staatlichen Hus-Gedenktages am 6. Juli und der Abschaffung der kirchlichen Doppelfeiertage. Als Masaryk und mehrere Regierungsmitglieder am 6. Juli 1925 an der ersten Hus-Feier teilnahmen, brach der Heilige Stuhl die Beziehungen zur ČSR ab. In der Nervosität des Wahlkampfes – für den 15. November waren Parlamentswahlen ausgeschrieben – konnten allein Masaryks vermittelndes Eingreifen und die Besorgnis der Parteien, bei einem Auseinanderbrechen der Koalition nur die Wahlchancen der Extremisten und der Minderheitenparteien zu verbessern, die Regierung notdürftig zusammenhalten.

Grundlagen der tschechoslowakischen Außenpolitik

Während im Innern die nationalen und sozialen Spannungen immer wieder Unruhen und Regierungskrisen auslösten, konnte der kontinuierlich amtierende Außenminister Beneš, voll gestützt auf die Autorität Masaryks, der Tschechoslowakei alle bedrohlichen außenpolitischen Verwicklungen ersparen. Das Prestige seiner Erfolge als Generalsekretär des Nationalrates und als Delegierter bei der Friedenskonferenz ermöglichte es ihm, sich trotz seiner Zugehörigkeit zur National-Sozialistischen Partei aus dem Parteienhader in der Innenpolitik herauszuhalten und mit dem ihm gegebenen diplomatischen Geschick und unter großem persönlichen Einsatz die einmal gewählte außenpolitische Orientierung konsequent zu verfolgen. Frankophil aus Überzeugung, integrierte er sein Land willig in das französische Paktsystem und sicherte es zusätzlich durch politische und Wirtschaftsverträge mit den an einer Niederhaltung Ungarns interessierten Balkanstaaten ab. Benešs hingebungsvolles Wirken im Völkerbund verhalf der ČSR zu einem ihre tatsächlichen politischen, militärischen und wirtschaftlichen Kräfte weit überfordernden Platz im europäischen Mächtekonzert.

Der Verhinderung einer Restauration des Hauses Habsburg in Ungarn widmete Beneš nach Kriegsende seine besondere Aufmerksamkeit. Auf seine Initiative hin kam der Spruch der Botschafterkonferenz vom 2. Februar 1920 zustande, der eine eventuelle Rückkehr des Kaiserhauses nach Ungarn als Verstoß gegen die Pariser Friedensregelung brandmarkte. Der am 7. August 1919 als Vertreter des im Schweizer Exil lebenden Kaisers Karl von ungarischen Monarchisten eingesetzte Erzherzog Joseph hatte zwar schon am 21. August, nach dem Einspruch des Obersten Rates, zurücktreten müssen, Beneš hielt die Restaurationsfrage jedoch für so akut, daß er bereits Ende 1919 der jugoslawischen Regierung den Abschluß eines gegen Ungarn gerichteten Defensivbündnisses anbot und Anfang 1920 auch Rumänien zum Beitritt aufforderte. Wegen der tschechisch-polnischen Querelen um Teschen unterzeichnete die rumänische Regierung vorläufig nur ein Protokoll, während sich Jugoslawien und die ČSR am 14. August 1920 in einem auf zwei Jahre terminierten Defensivbündnis zusammenschlossen. Von der ungarischen Presse als »Kleine Entente« verspottet, hat dieses im Frühjahr 1921 durch den Beitritt Rumäniens als Vollmitglied erweiterte Paktsystem bis 1938 zur Isolierung Ungarns und zur Stabilisierung der politischen Lage auf dem Balkan beigetragen. Nicht nur militärische Fragen, sondern auch gegenseitige diplomatische Unterstützung und Zusammenarbeit auf den Gebieten der Wirtschaft, der Finanzen und des Verkehrs wurden bei den seit 1922 regelmäßig stattfindenden Konferenzen beraten. Der erste Rückkehr-Versuch des Ex-Kaisers Karl in der Osterwoche 1921 wurde nach den von Italien unterstützten Ultimaten der Kleinen-Entente-Staaten am 5. April ohne größere Verwicklungen unterbunden; der besser vorbereitete zweite Restaurationsversuch Ende Oktober 1921, der die Gefahr eines Bürgerkrieges in Ungarn barg, scheiterte wegen der drohenden militärischen Intervention der Nachbarstaaten und eines Ultimatums der Pariser Botschafterkonferenz. Karl, von der ungarischen Nationalversammlung aller Rechte auf die Stephanskrone für sich und sein Haus für verlustig erklärt, starb bald danach an einem Lungenleiden in seinem Zwangsasyl auf Madeira.

Beneš hatte dank seines entschlossenen Eingreifens einmal mehr einen aufsehenerregenden Erfolg in der ungarischen Restaurationsfrage für die ČSR verbuchen können, und er ließ nichts unversucht, um auch mit den anderen Nachbarn einen Modus vivendi zu finden. Mit dem österreichischen Staatskanzler K. Renner wurden schon im Januar 1920 wohlwollende Neutralität im Falle eines Angriffs durch einen Dritten sowie tschechische Kohlenliefe-

rungen gegen das österreichische Versprechen, keine Wiedererrichtung des alten Regimes dulden zu wollen, vereinbart; am 15. Dezember 1921 wurde diese Abmachung im Vertrag von Lány bestätigt. Die von Beneš in seinem ersten außenpolitischen Exposé von der Revolutionären Nationalversammlung am 30. September 1919 abgegebene Willenserklärung, auch mit dem Deutschen Reich durch eine loyale und korrekte Politik zu einem gutnachbarlichen Verhältnis zu kommen, wurde durch die politische Zurücksetzung der Sudetendeutschen nicht gerade gefördert. Die kühlen Beziehungen besserten sich erst, als mit der Unterzeichnung des Locarno-Vertrages am 16. Oktober 1925 Stresemann einen Schiedsvertrag mit der ČSR abschloß.
Als weit schwieriger erwies sich die Ausgestaltung normaler diplomatischer Kontakte zu Polen. Die polnische Regierung wertete das Protokoll von Spa vom Juli 1920 als eine Erpressung im Augenblick der größten Bedrohung im polnisch-russischen Konflikt; das tschechoslowakische Veto gegen einen Transfer ungarischen Kriegsmaterials an die polnische Front war ebensowenig geeignet, versöhnliche Gefühle aufkommen zu lassen, wie die für Polen unbefriedigende Teilung Teschens. Der polnische Außenminister Skirmut unterschrieb am 6. November 1921 zwar ein Abkommen, in dem wohlwollende Neutralität, gegenseitige Gebietsanerkennung und die Durchführung einer Arbitrage bei Streitigkeiten vorgesehen waren, jedoch konnte er die Ratifizierung im Sejm nicht durchsetzen. An mehrfach unterbreiteten, von Frankreich unterstützten tschechoslowakischen Angeboten, Polen möge der Kleinen Entente als assoziiertes Mitglied beitreten, zeigte sich die polnische Regierung desinteressiert. Bei seinem einzigen Besuch in Warschau am 20. April 1925 vermochte Beneš den Außenminister, Graf Skrzyński, dann von der Notwendigkeit des Abschlusses eines modifizierten Arbitrage-Vertrags zu überzeugen, doch dieses vom Sejm schließlich gebilligte Abkommen hat nie politische Tragkraft erlangt.
Von Anfang an war Benešs Rußland-Politik umstritten. Die Nationaldemokraten, besonders ihr Vorsitzender Kramář, verlangten früh die Intervention der auf 50000 Mann angewachsenen tschechischen Legion in Rußland gegen die Sowjetmacht. Beneš blockte diese Initiative erfolgreich ab und bot dem sowjetischen Außenkommissar Čičerin bereits am 10. April 1920 Wirtschaftsverhandlungen an, die im Frühjahr 1921 zum Austausch von Handelsvertretungen und am 5. Juni zur Unterzeichnung eines vorläufigen Handelsabkommens führten. Nachdem Beneš den anderen Mitgliedsstaaten der Kleinen Entente im Juni 1924 die De-jure-Anerkennung der UdSSR nahegelegt hatte, hielten ihn allein die innenpolitische Konstellation und die Rücksichtnahme auf die an der Regierung beteiligten Nationaldemokraten vom Vollzug dieses Schrittes ab. Erst als die Kramář-Partei im Februar 1934 aus der Regierung ausschied, konnte Beneš im Juni dem Kabinett die Zustimmung zur vollen Anerkennung der Sowjetunion abringen.
Es bereitete dem Außenminister keine besonderen Schwierigkeiten, die diplomatischen Beziehungen zu den Entente-Mächten auf eine tragfähige Basis zu stellen und durch häufige Reisen in die europäischen Hauptstädte

die guten Kontakte zu vertiefen. In London fand Beneš stets ein offenes Ohr für alle tschechoslowakischen Angelegenheiten. Der nach zwei Aufenthalten in Rom im März und Mai 1924 am 7. Juli geschlossene Vertrag mit Mussolini über ein gemeinsames Vorgehen bei der Durchführung der Friedensverträge entsprach in seiner unverbindlichen Formulierung nicht ganz den Vorstellungen Benešs. Dagegen verlief die Entwicklung der Beziehungen zu Frankreich nicht nur auf einer vertrauensvollen, sondern auch ausgesprochen herzlichen Basis. Französische Militärberater sorgten für die Ausbildung der tschechoslowakischen Armee und bereiteten den Ausbau des Festungsgürtels an der Grenze gegenüber dem Deutschen Reich vor. Die Škoda-Werke in Pilsen stiegen mit französischer Duldung und oft mit technischer Hilfestellung zum militärischen Hauptlieferanten der Balkanarmeen auf. Für die Unterstützung der französischen Politik im Völkerbund, besonders nach der Ruhrbesetzung 1923, handelte sich Beneš den vorbehaltlosen französischen Beistand ein, wenn die tschechoslowakische Minderheitenpolitik in Genf der Kritik unterzogen wurde. Die formelle Grundlage für diese diplomatische, militärische und wirtschaftliche Zusammenarbeit wurde bei einem Staatsbesuch Masaryks in Paris im Oktober 1923 gelegt und in einem am 25. Januar 1924 unterzeichneten Vertrag sanktioniert. Der Verpflichtung, gegen eine Restauration der Habsburger in Österreich und der Hohenzollern in Deutschland gemeinsam vorzugehen, schloß sich eine Klausel über die Wahrung der gemeinsamen Interessen an. Dem in den Locarno-Verträgen am 16. Oktober 1925 ausgesprochenen Verzicht des Deutschen Reiches auf eine Revision der bestehenden Westgrenze trug ein neuer französisch-tschechoslowakischer Defensivpakt Rechnung. Beide Partner sagten sich gegenseitige militärische Hilfe im Sinne der Völkerbundsatzung bei einer kriegerischen Verletzung der Abmachungen von Locarno durch Deutschland gegenüber Frankreich oder der ČSR zu. Die danach einsetzende Normalisierung des deutsch-französischen Verhältnisses trug schließlich auch zur Verbesserung der deutsch-tschechoslowakischen Beziehungen bei. Diese Entspannung blieb innenpolitisch nicht ohne Rückwirkungen auf die deutschen und tschechischen Parteien und schuf mit die Voraussetzung für die aktive Beteiligung der Deutschen an der Regierung. Nach sieben Jahren gegenseitigen Mißtrauens und fruchtloser Opposition rückte ein Ausgleich der Interessengegensätze in greifbare Nähe.

»Aktivismus«, Bürgerblock und »große Koalition«

Die Vorbereitungen für die Parlamentswahlen am 16. November 1925 wurden in allen Lagern mit großer Intensität geführt. Trotz der frühen Absage der Sozialdemokraten bemühten sich die deutschen bürgerlichen Parteien, als »Sudetendeutscher Verband« mit einer Einheitsliste vor die Wähler zu treten, um mit einer geschlossenen Opposition eine stärkere Berücksichtigung der deutschen Interessen durchzusetzen. Das Ausscheren der DNSAP am 18. Oktober machte die Einheitsliste illusorisch. Šrámeks Versuch, durch die Erneuerung der Listengemeinschaft mit der Slowakischen Volkspartei die Klerikalen zum stärksten politischen Faktor der Republik werden zu lassen und den Ministerpräsidenten zu stellen, war ebenfalls kein Erfolg beschieden. 29 politische Gruppen stellten sich den Wählern, 16 – darunter fünf deutsche Parteien – konnten Mandate erringen. Die großen Verlierer waren die tschechischen Sozialdemokraten, die von 52 auf 29 Sitze absanken, und die Nationaldemokraten, die anstelle von 22 nur noch 13 Abgeordnete in das Parlament entsenden konnten. Gewinne verzeichneten die Kommunisten, die zuvor über 27 und jetzt über 41 Mandate verfügten, die Tschechische und die Slowakische Volkspartei. Obwohl die Agrarier mit 45 Abgeordneten – drei mehr als bisher – im Parlament vertreten waren, hatte die »allnationale Koalition« insgesamt eine Niederlage erlitten, denn die Opposition verfügte über eine Mehrheit von 8 Sitzen. Da die Kommunisten nicht an der Regierung beteiligt werden sollten, hatte sich das Gewicht im Parlament auf Kosten der Sozialisten zugunsten der wiedererstarkten bürgerlichen Parteien verschoben. Švehla als Vorsitzender der stärksten Partei nahm unverzüglich die Verhandlungen zur Regierungsbildung auf, versicherte sich auch der Mitarbeit der Tschechischen Gewerbepartei, mußte aber trotz seiner Bereitschaft zu Konzessionen die Absage der Slowakischen Volkspartei akzeptieren. Diese Enttäuschung veranlaßte Švehla, dem Präsidenten den Volksparteiler Šrámek als neuen Premier vorzuschlagen – doch auch dessen Bemühungen endeten in einem Mißerfolg. Mit der Drohung, erneut ein Beamtenkabinett unter Černý einzusetzen, konnte Masaryk am 9. Dezember 1925 die Ernennung der zweiten Regierung Švehla durchsetzen. Die Auffassungen der an der Regierung beteiligten Parteien unterschieden sich jedoch so grundlegend, daß Švehla bereits am 15. März 1926 seinen Rücktritt anbot und einen mehrmonatigen Krankheitsurlaub antrat. Das von den deutschen Parteien eingebrachte Mißtrauensvotum, das am 16. März vom Parlament zurückgewiesen wurde, beschleunigte dennoch die Demission der gesamten Regierung. Am 18. März ernannte Masaryk das zweite Beamtenkabinett Černý.

Nach dem endgültigen Zerfall der »allnationalen Koalition« kristallisierte sich bald ein neues Mehrheitsverhältnis im Parlament heraus. Der ohne nationale Einschränkung geeinten agrarisch-katholischen Parteienfront stand die Linke geschlossen als Opposition gegenüber. Sobald die Regierungsbeteiligung der deutschen bürgerlichen Parteien gesichert war, machte Černý am 12. Oktober 1926 dem gemischtnationalen dritten Kabinett Švehla Platz. Die von den Agrariern beinahe ultimativ geforderte Getreidezollvorlage hatte aber zuvor den innenpolitischen Frieden schwer erschüttert. Straßendemonstrationen in Prag und Streiks in Kladno, von Sozialisten und Kommunisten einhellig unterstützt, sorgten ebenso für Unruhe wie die Affäre um den Generalstabschef R. Gajda, der mit wohlwollender Billigung Kramářs einen faschistischen Putsch vorbereitet hatte und, am 2. Juli 1926 beurlaubt, im Dezember 1926 verurteilt wurde. Durch die Verwicklung eines der »Männer des 28. Oktober«, des langjährigen Ministers Stříbrný, in den Skandal, wurden auch die Beneš nahestehenden National-Sozialisten in die Krise hineingezogen. Die Notwendigkeit, wieder eine funktionsfähige parlamentarische Regierung zu haben, trat so offen zutage, daß die Parteien die Bemühungen Švehlas um die Kabinettsbildung gerne unterstützten. Und Švehla, der stärksten politischen Potenz der Ersten Republik und einem Virtuosen des Kompromisses, gelang es auch, alle Widerstände der tschechischen Nationalisten gegen eine Regierungsbeteiligung der Deutschen zu beseitigen. Die zur Verständigung mit den Tschechen bereiten deutschen »Aktivisten« – der Bund der Landwirte, die Christlichsozialen und die Sozialdemokraten – distanzierten sich unter Aufgabe des nationalen Einheitsgedankens von dem »Negativismus« der DNP und DNSAP, die weiterhin einen unversöhnlichen Kurs steuerten. Die Wahlniederlage Dr. von Lodgmans 1925 hatte sie ihren Anführer bei den Parlamentsschlachten gekostet; 1929 verloren sie weitere Stimmen. Erst Hitlers Erfolge in Deutschland und ihre Radikalisierung ließen sie erneut zum Sammelbecken der extremen sudetendeutschen Nationalisten werden.

Als Švehla am 14. Oktober 1926 seine Regierungserklärung verlas und sein drittes Kabinett vorstellte, hatten mit Professor Dr. F. Spina als Vertreter der Landbündler im Ressort für öffentliche Arbeiten und Professor Dr. R. Mayr-Harting für die Christlichsozialen im Justizministerium erstmals zwei Deutsche bedeutsame Regierungsposten übernommen. Für Masaryk, der die mehr von wirtschaftlichen als nationalen Fragen geprägten Verhandlungen aktiv gefördert hatte, mußte das neue Kabinett, in dem trotz Švehlas Bedenken auch Beneš wieder berücksichtigt worden war, in der Mischung von Parlamentariern und Fachleuten eine optimale Lösung darstellen. Als sich am 15. Januar 1927 auch die Slowakische Volkspartei zur Mitarbeit in der Bürgerblock-Regierung bereit erklärte, waren alle Voraussetzungen für eine Bereinigung der drängenden nationalen Spannungen gegeben. In der Bereitschaft der deutschen Parteien, ohne Vorbehalte als »Gleiche unter Gleichen« in die Regierung einzutreten, lag eine gewisse politische Kurzsichtigkeit, denn nach dem Ausbleiben spektakulärer Erfolge bei der Verbesserung der Rechtsstellung der Minderheiten diente ihre loyale Mitarbeit der tschechoslowakischen Nationalstaatspolitik eigentlich nur dazu, das Ansehen des Staates nach außen zu heben und von den unbewältigten Fragen im Innern abzulenken. Die deutschen Minister haben alles in ihren Kräften Stehende unternommen, um in Einzelfällen zu intervenieren und die Härten der Sprachenverordnung, die Ungerechtigkeit in der Durchführung der Bodenreform, die Benachteiligung des deutschen Schulwesens und der deutschen Industrie zu mildern. An ihrem guten Willen hat es nicht gelegen, daß auf dem Höhepunkt der Weltwirtschaftskrise und unter dem Einfluß nationalsozialistischer Parolen die sozioökonomisch besonders hart betroffenen Sudetendeutschen ihre Sympathien der nationalistischen Sammlungsbewegung der »Sudetendeutschen Heimatfront« (SHF) zuwandten.

Eine erste Belastung der Bürgerblock-Koalition brachte die im Mai 1927

fällige Wahl des Staatspräsidenten. Masaryk, als »Vater der Republik« oft mit dem Staate identifiziert, war trotz seiner Verdienste nicht unumstritten; Švehla dagegen wären bei einer Kandidatur die Stimmen der Regierungsparteien sicher gewesen. Doch der Ministerpräsident entzog sich allen Nachfolge-Diskussionen und stellte gegen Kramářs Ambitionen die Wiederwahl des 77jährigen Masaryk im 1. Wahlgang gegen die Stimmen der Kommunisten und bei Stimmenthaltung der Nationaldemokraten, der Slowakischen Volkspartei und der deutschen »Negativisten« sicher. Der wirtschaftliche Aufschwung der ČSR zwischen 1927 und 1929 und eine weltweite Konsolidierung trugen dazu bei, daß die Regierung Švehla ohne nennenswerte Schwierigkeiten konstruktive Arbeit leisten konnte. Die an der Regierung beteiligten Klerikalen drängten auf eine Normalisierung der Beziehungen zum Vatikan; der im Januar 1928 abgeschlossene Modus vivendi, in dem die Kurie die Bistumsgrenzen den Staatsgrenzen anzupassen versprach, festigte die innenpolitische Eintracht.
Die durch das Ausscheiden der Sozialdemokraten aus der Regierung erleichterte Militärgesetzgebung legte den Friedensstand der Armee auf 140000 Mann bei einer achtzehnmonatigen Dienstzeit fest. Der Wirtschaftsblüte trug eine im Juni 1927 verabschiedete Steuerreform Rechnung, die für die Unternehmer beachtliche Erleichterungen brachte. Die als Zugeständnis für den Regierungsbeitritt der Slowakischen Volkspartei vorgesehene Finanzreform und die Aufhebung der Gaue zugunsten der historischen Individualitäten« der Länder wurden gegen die Bedenken der deutschen Regierungsparteien im Juli 1927 verwirklicht. Die deutschen Vorbehalte waren verständlich, denn durch die Zusammenlegung Schlesiens mit Mähren verlor das einzige Land mit deutscher Bevölkerungsmehrheit seine Landesbehörden; die Übersiedlung der Landesämter nach Brünn schädigte den bisherigen Verwaltungssitz Troppau wirtschaftlich schwer. Diesen Mißerfolg mußten die deutschen Regierungsparteien bei den Wahlen zu den Landesvertretungen 1928 und zum Parlament 1929 mit erheblichen Stimmeneinbußen bezahlen. Die Sozialversicherungsvorlage der Regierung traf auf die geschlossene Opposition der sozialistischen Parteien, löste Anfang 1928 Streiks und Demonstrationen aus und konnte ebenso wie die Reform der Pensionsversicherung erst nach schwierigen Ausgleichsverhandlungen mit der Sozialdemokratie durchgeführt werden. Die kommunistischen Gewerkschaften mit ihren radikalen Forderungen konnten kein Kapital aus dieser Auseinandersetzung schlagen; der Mißerfolg des »Roten Tages« am 6. Juli 1928 führte zu innerparteilichen Differenzen, Säuberungen und auf dem V. Parteitag im Februar 1929 schließlich zu einer Bolschewisierung der Partei unter Führung des jungen, radikal stalinistisch ausgerichteten K. Gottwald.

Eine schwere Erkrankung Švehlas gefährdete jedoch bald den inneren Frieden. Nach seiner großen, dem deutsch-tschechischen Ausgleich gewidmeten Rede im November 1927 konnte er nur noch sporadisch die Regierungsgeschäfte führen; Anfang 1929 mußte er seinen Rücktritt bekanntgeben. Die

Feiern zum 10. Jahrestag der Staatsgründung am 28. Oktober 1928 benützte Masaryk, das Nationalstaats-Dogma in Frage zu stellen und sich positiv mit der Beteiligung der deutschen Parteien am politischen Leben auseinanderzusetzen. Konkrete Schritte, die zu einer wirklichen Veränderung der Staatsstruktur hätten führen können, wurden aber auch weiterhin unterlassen. So kam das schlechte Abschneiden der Bürgerblock-Regierung bei den am 2. Dezember 1928 durchgeführten Wahlen für die Landesvertretungen nicht unerwartet: Die tschechische Linksopposition gewann 500000 Stimmen, und obgleich die Agrarier einige lokale Erfolge zu verzeichnen hatten, mußten die Regierungsparteien – auch die deutschen – im allgemeinen Einbußen hinnehmen. Die deutschen »Aktivisten« konnten nur dank der Gewinne der Sozialdemokraten ihre Position gegenüber den »Negativisten« stärken. An eine loyale Zusammenarbeit der Parteien in der Regierung war nach dem Vorliegen des Wahlergebnisses nicht mehr zu denken; vor allem die Reibereien zwischen Agrariern und Klerikalen nahmen ständig zu. Die Slowakische Volkspartei, durch die Folgen eines Artikels ihres Abgeordneten und Generalsekretärs V. Tuka vom 1. Januar 1928 über einen angeblich in Turč. Sv. Martin 1918 abgeschlossenen Geheimvertrag, der den tschechisch-slowakischen Zusammenschluß bei Nichtgewährung der Autonomie auf 10 Jahre terminiert habe, sowie durch eine empfindliche Stimmeneinbuße erschüttert, trieb in der Regierung Obstruktion und bereitete ihren Austritt vor. Nachdem Tuka am 5. Oktober 1929 in einem durchaus anrüchigen Prozeß wegen Hochverrats zu 15 Jahren Zuchthaus verurteilt worden war und die Parlamentswahlen den slowakischen Autonomisten nicht den erwarteten Erfolg gebracht hatten, führte Hlinka seine Partei wieder in die Opposition. Die tschechischen Klerikalen, mit 118000 Stimmen die großen Verlierer der Dezemberwahl von 1928, stellten während Švehlas Erkrankung in Msgr. Šrámek ein Jahr lang den geschäftsführenden Vorsitzenden der Regierung. Als aber nicht mehr mit der Rückkehr Švehlas in die aktive Politik gerechnet werden konnte, setzten die Agrarier am 1. Februar 1929 die Demission Švehlas und die Ernennung von F. Udržal zum Ministerpräsidenten in einer personell nur geringfügig veränderten Regierung durch. Švehlas Ausscheiden und früher Tod (am 12. Dezember 1933) sowie die Mittelmäßigkeit seiner unmittelbaren Nachfolger schoben die innenpolitisch längst überfällige Revision der in den Pariser Friedensverträgen und den Verfassungsgesetzen festgelegten Stellung der Minderheiten unter Umbau des Nationalstaates weiter hinaus. Eine Wurzel der Staatskrise von 1938 wird in diesem Versäumnis zu suchen sein.

Das Anwachsen der Spannungen innerhalb der Koalition, das im Streit um die Ernennung des Agrariers Dr. K. Viškovský zum Verteidigungsminister ebenso sichtbar wurde wie in der Drohung Šrámeks, dem Staatsbudget erst nach der Besetzung des Finanzressorts durch einen Volksparteiler zuzustimmen, sowie erste Anzeichen eines Abflauens der wirtschaftlichen Hochkonjunktur erleichterten den bürgerlichen Kräften die Entscheidung, die Parlamentswahlen um zwei Jahre vorzuverlegen. Die Feiern zum 1000. Todestag

des Heiligen Wenzel, des Schutzpatrons der Tschechen, am 28. September 1929 schienen den klerikalen Parteien den richtigen Wahlauftakt abzugeben. Als am Abend des 27. Oktober die Stimmenauszählung beendet war, wurden Prognosen über einen Linksrutsch und den Verlust der Mehrheit des Bürgerblocks bestätigt. Die tschechischen Sozialdemokraten gewannen 10, die National-Sozialisten und die deutschen Sozialdemokraten je 4 Sitze hinzu; die Kommunisten dagegen büßten 11 Mandate ein. Die Agrarier konnten nur einen Abgeordneten mehr stellen, die Klerikalen verloren insgesamt 12 Mandate. Die deutschen »Negativisten« konnten sich knapp behaupten: die DNP verlor 3 Mandate, von 7 auf 8 Sitze steigerte sich die DNSAP; die von Dr. Rosche neugegründete Deutsche Arbeits- und Wirtschaftsgemeinschaft (DAWG) entsandte 4 Abgeordnete.
Es dauerte fünf Wochen, bis der am 4. November erneut mit der Regierungsbildung beauftragte Udržal am 7. Dezember 1929 seine Kabinettsliste vorlegen konnte. Den sechs etwa gleichstarken bürgerlichen und sozialistischen Parteien empfahl Masaryk eindringlich die Aufnahme der drei regierungswilligen deutschen Gruppen in die Koalition. Dr. Czech, der beredte parlamentarische Führer der sudetendeutschen Sozialdemokratie, erhielt das Fürsorge-Ministerium übertragen, Prof. Spina mußte sich mit dem bedeutungslosen Gesundheitsressort begnügen. Die kleine DAWG unterstützte die Regierung, ohne einen Vertreter im Kabinett zu stellen. Die Feststellung des kranken Švehla: »1920 haben die Parteien für den Regierungseintritt Forderungen gestellt, 1925 sind sie bedingungslos in die Regierung gegangen, 1929 sind sie bereit, für die Aufnahme in die Regierung Konzessionen zu machen«, und das Bonmot des Msgr. Šrámek über das neue Regierungsprogramm: »Wir haben uns geeinigt, daß wir uns einigen werden«, kennzeichneten treffend die Situation. Diese »große Koalition«, die im Parlament mit 209 der insgesamt 300 Stimmen rechnen konnte, war aber den durch die Weltwirtschaftskrise ausgelösten sozioökonomischen Problemen nicht gewachsen. Auch eine neue Geschäftsordnung – die als Vermittlungsstelle zwischen Regierung und Parlament eingeschobenen Koalitionsausschüsse wurden zugunsten eines politischen und wirtschaftlichen Ministerkollegiums aufgelöst – steigerte die Effizienz des Kabinetts Udržal nicht.
Die Auswirkungen des »Schwarzen Freitags« (4. Oktober 1929), des Tages der katastrophalen Kursstürze an der New Yorker Börse, erreichten die ČSR erst relativ spät. 1928 hatte die Ausfuhr ein Volumen von 21,2 Milliarden Kronen erreicht, 1932 sank es auf 7,4 Milliarden ab, um 1933 auf einen Tiefpunkt von 5,8 Milliarden Kč zu fallen. Eine im März 1932 bereitgestellte französische Anleihe von 600 Millionen Francs konnte nur kurzfristig die angespannte Finanzlage entlasten. Die Erholung der Wirtschaft setzte langsamer und später als im übrigen Europa, erst ab 1935, ein. Die Mittel und Maßnahmen, durch die den besonders hart betroffenen deutschen Gebieten und der Slowakei geholfen werden sollten, reichten in keiner Phase aus. Die seit 1926 im Sudentenland latent schwelende strukturelle Arbeitslosigkeit führte seit 1930/31 zu Massenentlassungen wegen Betriebsschließungen. Not-

standsarbeiten und eine geringfügige Verbesserung der Arbeitslosenfürsorge trugen nicht zu einer wirklichen Entlastung der schwergeprüften Bevölkerung bei. Von den 920000 Arbeitssuchenden im Winter 1932/33 waren rund zwei Drittel Deutsche – ihre Zahl nahm bis 1935/36 nur langsam und nicht in Relation zu den Wiedereinstellungen ab. Politisch profitierten von der deplorablen Lage die extreme Linke und die Rechte; im Sudetengebiet lösten Hitlers Erfolge und Parolen im Nährboden der Arbeitslosigkeit eine Springflut national-radikaler Tendenzen aus.

Die Feiern zu Masaryks 80. Geburtstag am 7. März 1930 wurden zwar noch ohne äußerlich erkennbare Nervosität begangen, doch zeigte die Wirtschaftskrise sofort Rückwirkungen auf die Staatsfinanzen und machte unpopuläre Steuererhöhungen sowie Gehalts- und Pensionskürzungen notwendig. Die »große Koalition« verlor durch das Ausscheiden kleinerer Parteien, die ihre Interessen nicht ausreichend berücksichtigt glaubten, stetig an Rückhalt im Parlament. Udržal regierte nicht, sondern verwaltete das Land nur recht und schlecht und verärgerte in dem Bestreben, alle zufriedenzustellen, selbst seine eigene Partei. Die tschechischen Faschisten um Gajda, Dr. Pergler und Stříbrný hatten schon im Februar 1930 die Schwäche der Regierung zu anti-deutschen Ausschreitungen genutzt; der Sturm auf das »Deutsche Haus« am 24. September 1930 und die dadurch ausgelösten Demonstrationen boten zwar den Anlaß zur Zerschlagung der faschistischen Bewegung, störten aber den nationalen Frieden nachhaltig. Bald sah sich die Regierung gezwungen, auch gegen die radikalisierten deutschen Rechtsparteien und ihre Organisationen vorzugehen, die offen den Anschluß des Sudetengebiets an das Deutsche Reich propagierten. Bereits vor Hitlers spektakulären Erfolgen bei den Reichstagswahlen im September 1930 und bei der Wahl des Reichspräsidenten im April 1932 hatten räumliche Nähe und geistige Verbundenheit mit dem Ideengut des Nationalsozialismus die politische Linie der DNSAP bestimmend geprägt. Die 1921/22 gescheiterten Bemühungen um die Gründung einer politischen Spitzenorganisation aller Sudetendeutschen, einer deutsch-nationalen »Volksfront«, waren 1927/28 wieder aufgelebt und hatten in der Böhmerlandbewegung, der Schutzvereins-Organisation und im Kameradschaftsbund Förderer gefunden. Für die DNSAP, die auf Kosten der DNP, der deutschen bürgerlichen Parteien und später selbst der Sozialdemokratie stetig an Boden gewann, lehnten aber ihre Führer Krebs und Jung bis 1932 einen Zusammenschluß ab. Unter Aufgabe der früheren Tarnung bekannten sie sich uneingeschränkt zur nationalsozialistischen Weltanschauung und verfochten die Einbeziehung alles Deutschen in ein Großdeutsches Reich; mit einer dem Vorbild der SA und der SS angenäherten paramilitärischen Organisation, dem »Volkssport«, bereiteten sie sich auf den Tag des Anschlusses vor. Am 29. Februar 1932 schritt das Innenministerium zu einem Verbot des »Volkssport«, zur Verhaftung zahlreicher Funktionäre und zur Einleitung eines Gerichtsverfahrens. Am 24. September wurden sieben Angeklagte zu Strafen zwischen einem und drei Jahren Gefängnis verurteilt.

Von dem passiven, kränklichen Ministerpräsidenten Udržal, der angesichts dieser einer Lösung harrenden Aufgaben einfach überfordert schien, war bald weder auf innenpolitischem noch auf wirtschaftlichem Gebiet ein kraftvolles Durchgreifen zu erwarten. Die Unzufriedenheit in seiner eigenen Partei über seine lasche Amtsführung bewog ihn, im Sommer 1932 seine Demission anzubieten. Es fand sich kein Politiker mit dem Ansehen, der politischen Begabung und dem Durchsetzungsvermögen eines Švehla, der die Krise hätte meistern und die erforderlichen drastischen Sparmaßnahmen durchsetzen können. Als sich der Präsident des Abgeordnetenhauses, J. Malypetr, schließlich zur Übernahme des Premierpostens bereit erklärte, verweigerten ihm die bisherigen Regierungsparteien aber die Unterstützung für das vorgesehene rigorose Austerity-Programm, das besonders die Staatsdiener und die Rentner hart getroffen hätte. So erreichten unter dem phlegmatischen, politisch unbeweglichen Malypetr, der sich als Innenminister unter Švehla von 1922 bis 1925 zweifelsohne Verdienste erworben hatte, die Auswirkungen der Wirtschaftskrise ihren Höhepunkt. Malypetrs Gesetzgebungs- und Verwaltungsmaßnahmen waren fast ausschließlich der Beseitigung und Linderung der Folgen dieser Krise gewidmet. Da nach der Industrie auch die Landwirtschaft von Preisverfall und Absatzschwierigkeiten heimgesucht wurde, sah die Regierung im Sommer 1933 in der Einbringung eines Ermächtigungsgesetzes eine letzte Rettung, um die deplorable Lage erfolgreich bekämpfen zu können. Ausschließlich bei wirtschaftlichen Notständen konnte so mit Hilfe von Regierungsverordnungen, die Gesetzeskraft besaßen, eine raschere Abhilfe geschaffen werden.

Erste Gefährdung der außenpolitischen Handlungsfreiheit

Im Deutschen Reich hatte inzwischen am 30. Januar 1933 Hitler nach der Ernennung zum Reichskanzler die Macht ergriffen. Seine »nationalsozialistische Revolution« zeigte unerwartet schnell Rückwirkungen auf die tschechoslowakische Außen- und Innenpolitik. Beneš hatte bereits in den Jahren zuvor nichts unversucht gelassen, um sein Land durch ein Netz von Verträgen vor Angriffen von außen abzusichern und ihm ein Mitspracherecht in allen europäischen Fragen zu verschaffen. Die Beziehungen zu Jugoslawien waren durch die Verlängerung des Bündnisvertrags im September 1928 gefestigt worden, während die Kontakte zum Italien Mussolinis fast einschliefen. 1930 konnte Beneš auf der Haager Konferenz die Herabsetzung der im Friedensvertrag festgelegten finanziellen Verbindlichkeiten der ČSR auf 4% der ursprünglichen Summe erreichen und damit den Staatshaushalt bedeutend entlasten. Nicht zuletzt Benešs Intervention war es zuzuschreiben, daß der von dem österreichischen Bundeskanzler Schober und dem deutschen Außenminister Curtius am 19. März 1931 vorgelegten Plan einer deutsch-österreichischen Zollunion am Einspruch des Haager Gerichtshofes scheiterte. Die Bedenken, daß dieser Entwurf einen Ansatz für einen möglichen Zusammenschluß und damit für eine Umklammerung der ČSR biete, wurden von den deutschen Regierungsparteien nicht geteilt. Auf Grund der deutschen und italienischen Vorbehalte mußte im Gegenzug auf der Konferenz von Stresa im September 1932 der von der Tschechoslowakei unterstützte französische Tardieu-Plan für die wirtschaftliche Sanierung des Donauraumes aufgegeben werden.

Eine letzte Chance für eine friedliche Revision der Pariser Friedensverträge vor Hitlers Machtantritt war ungenützt verstrichen. Die am 2. Februar 1932 ohne Schwung begonnene Genfer Abrüstungskonferenz, auf der Beneš als Generalberichterstatter wirkte, war noch ganz dem Geist von Versailles verpflichtet. Hitlers Weigerung schließlich, dem französischen Vorschlag einer etappenweise durchgeführten deutschen Aufrüstung zuzustimmen, führte am 19. Oktober 1933 zum Ausscheiden des Deutschen Reiches aus dem Völkerbund und zu einem wilden Wettrüsten in der ganzen Welt. Die Tschechoslowakei hatte allen Grund, sich wegen der bisher nur unzureichend gelösten Integration der nationalen Minderheiten und wegen der durch die Wirtschaftskrise offeneren Radikalisierung der Sudetendeutschen zunehmend gefährdet zu fühlen. Beneš betonte zwar mehrfach die Bereitschaft der ČSR, »beste Beziehungen« auch zum nationalsozialistischen Nachbarn aufrechterhalten zu wollen, zumal da keine direkten Differenzen zwischen den beiden Ländern bestünden; gleichzeitig wurde jedoch auch die Zusammenarbeit der Kleinen-Entente-Staaten durch ein am 16. Februar 1933 unterzeichnetes neues Organisationsstatut intensiviert, um deutsch-österreichische Anschlußbestrebungen oder ein Wiederaufleben des ungarischen Revisionismus bereits im Keime ersticken zu können. Der im Juli 1933 zwischen den Mitgliedern der Kleinen Entente und der Sowjetunion vereinbarte Nichtangriffsvertrag, der die am 9. Juni 1934 ausgesprochene De-jure-Anerkennung der UdSSR durch die ČSR und am 16. Mai 1935 den Abschluß eines Defensivbündnisses zwischen beiden Staaten vorbereitete, war schon eindeutig als Antwort auf die intensivierte deutsche Aufrüstung konzipiert. Aber auch andere Ursachen heizten die Spannungen zwischen Prag und Berlin an. Einer der Gründe war die großzügige Asylgewährung für deutsche politische Emigranten in der ČSR und die sich deswegen verschärfende anti-tschechoslowakische Propaganda in den reichsdeutschen Medien. Die durch SD-Chargen in der ČSR verübten Morde an deutschen Regimegegnern, so an dem Philosophen Th. Lessing oder an dem O. Strassers »Schwarzer Front« nahestehenden Rundfunkamateur Formis, konnten von der Prager Regierung ebensowenig hingenommen werden wie die immer lautstarker herausposaunte nationasozialistische Propaganda durch sudetendeutsche Extremisten. Als sich die Regierung Malypetr im Interesse der Staatssicherheit schließlich zu einem konsequenten Durchgreifen aufraffte, konnten die dramatischen Folgen sowohl auf innen- als auch auf außenpolitischem Gebiet nicht abgeschätzt werden.

IV. Die Jahre der zunehmenden Bedrohung (1933–1938)

Die innenpolitische Umgruppierung nach der Gründung der Sudetendeutschen Heimatfront

Obwohl die sudetendeutschen »Aktivisten« seit 1929 nichts unversucht gelassen hatten, um durch konstruktive Mitarbeit in der Regierung die rechtliche und soziale Stellung der Sudetendeutschen zu heben, die Beziehungen zu den Tschechen zu verbessern und die Deutschen vom Rang einer Minderheit zu dem eines Staatsvolkes zu erheben, mußten sie Mitte 1933 dennoch einen politischen Neuanfang suchen. Die Nachwirkungen des »Volkssport«-Prozesses, die Aufhebung der Immunität und die Strafverfolgung von vier Abgeordneten der DNSAP hätten wegen der intransingenten Einstellung der tschechischen Nationaldemokraten und des allgemeinen Mißtrauens im Februar 1933 beinahe zu einer Regierungskrise und dem Ausscheiden der »Aktivisten« aus der Koalition geführt. Bei dem der Regierung vorliegenden Beweismaterial schien ein Verbot der DNSAP wegen ihres offenen Eintretens für den Nationalsozialismus unumgänglich zu sein. Die ebenfalls von der Auflösung bedrohte DNP zeigte sich dem jetzt auch von den DNSAP-Führern Jung und Krebs unterstützten Programm zur Gründung einer »Sudetendeutschen Volksfront« mit einer parlamentarischen Vereinigung unter dem Landbündler und Kabinettsmitglied Prof. Dr. Spina und einer außerparlamentarischen Massenorganisation unter einer repräsentativen, unpolitischen Persönlichkeit nicht abgeneigt. An der verständlichen Weigerung der »Aktivisten«, durch die politische Fusion die bedrohten Anhänger der rechtsradikalen Gruppen vor der Strafverfolgung zu schützen, aber auch an ihrem Unvermögen, die Chancen eines solchen politischen und parlamentarischen Sprachrohrs richtig einzuschätzen, zerbrach dieses Projekt. Um einem politisch-organisatorischen Vakuum vorzubeugen, nahm Krebs nach dem Fehlschlagen mehrerer Versuche, eine parteilich ungebundene, doch bekannte und hochgeachtete Persönlichkeit zur Organisation einer nationalen Sammlungsbewegung zu veranlassen, Kontakte zu dem Leiter des Sudentendeutschen Turnverbandes, dem ehemaligen Sparkassenangestellten und Ascher Turnlehrer K. Henlein, auf. Die Ablehnung, die der Plan eines politischen Zusammenschlusses oder einer einheitlichen Ausrichtung der sudetendeutschen Politik bei den deutschen Regierungsparteien erfahren hatte, ließ den 35 Jahre alten Henlein anfangs zögern, sich aktiv in die Tagespolitik einzuschalten. Obwohl kein Unbekannter, konnte er sich auch nicht einer weiten Popularität rühmen; Proben seines Organisationstalents, der Menschenführung und seiner einfach faßbaren politischen Vorstellungen hatte er seit 1930 mehrfach abgelegt. Unerwartet, ja weitgehend unbeeinflußt von außen, rief er am 1. Oktober 1933 über die Parteien und die Stände hinweg zur Sammlung des gesamten Sudetendeutschtums in einer von ihm geführten Bewegung, der »Su-

detendeutschen Heimatfront« (SHF), auf. Zwar auf ständischer Grundlage, nicht aber als Partei aufgebaut, sollte die SHF »die Zusammenfassung aller Deutschen in diesem Staate, die bewußt auf dem Boden der Volksgemeinschaft und der christlichen Weltanschauung stehen«, erreichen und, mit dem Bekenntnis zur »deutschen Kultur- und Schicksalsgemeinschaft«, zur Sicherung des Heimatbodens, zum Ausbau von Wirtschaft und Arbeitsplätzen sowie zu einer gerechten Lösung der sozialen und wirtschaftlichen Fragen beitragen. Diesem Ziel wollte Henlein, der die »demokratischen Grundformen und den bestehenden tschechoslowakischen Staat« anzuerkennen bereit war, unter Einsatz aller gesetzlich zulässigen Mittel nahekommen. Auf der Basis von Vernunft, Gerechtigkeitssinn und Achtung vor den beiderseitigen sittlichen Rechten sollte, als »kategorischer Imperativ des Selbstschutzes« für die Sudetendeutschen, das Unrecht von 1918/19 revidiert werden.
In ernstzunehmenden historischen Arbeiten (u.a. von J.W. Brügel, J. César und B. Černý) ist die Auffassung vertreten worden, Henlein habe von Anfang an im Auftrag Hitlers gehandelt und nur die aus Berlin kommenden Befehle unter perfekter Tarnung seiner wahren Ziele ausgeführt. Sein Bemühen um eine Beilegung des Nationalitätenproblems durch einen Umbau der ČSR im föderalistischen Sinne sei nicht aufrichtig gewesen. Die zugänglichen Quellen lassen so weitgehende Schlüsse für die Anfangszeit der SHF aber nicht zweifelsfrei zu. Ohne die Mitverantwortung Henleins, K.H. Franks und ihrer Mitläufer am Auseinanderbrechen des Staates im Jahr 1938 auch nur in Frage stellen zu wollen, ist der Nachweis noch nicht lückenlos erbracht worden, daß die sudetendeutschen Nationalsozialisten von Anfang an willige Werkzeuge, ja eine Fünfte Kolonne Hitlers gewesen sind, die seit 1929, spätestens aber seit dem Sommer 1933 konsequent auf die Zerschlagung der Republik hingewirkt haben. Die belegbaren subversiven Kontakte sollen mit dieser Feststellung keinesfalls beschönigt oder weginterpretiert werden. Bereits die bescheidenen Summen, die gegen die Bedenken des Auswärtigen Amtes und des Prager Gesandten Koch auf persönliche Anweisung Hitlers im Winter 1933/34 zur Deckung der Verteidigungskosten sudetendeutscher Nationalsozialisten und zur Linderung der persönlichen Not ihrer Familien in die ČSR transferiert wurden, stellten, obwohl vorrangig humanitären Zwecken dienend, immerhin eine erste Einmischung in die innenpolitischen Verhältnisse der ČSR dar. Die SHF als möglicher Führungs- und Beeinflussungsfaktor des Sudetendeutschtums wurde in Berlin um die Jahreswende 1933/34 nicht als positiv im Sinne des Nationalsozialismus gewertet, da ihr Programm der politischen »Verschweizerung« und ihre öffentlichen Loyalitätserklärungen keine Ansatzpunkte für ein »großdeutsches« Programm zu bieten schienen.
Erst als Henlein und die aus Mitgliedern des Kameradschaftsbundes – einer aus der bündischen Jugend, der Studenten- und der Turnerschaft entwachsenen, den politischen Vorstellungen Othmar Spanns nahestehenden Gruppe – gebildete Führung der SHF Anklang und Vertrauen in der deutschen Bevölkerung fand, konnte Hitler auf ihre Hilfe nicht verzichten. Sobald

Gewährsleute des Reichssicherheitshauptamtes, der Volksdeutschen Mittelstelle und des Sicherheitsdienstes wie Karl Hermann Frank an die einflußreichsten Posten lanciert worden waren, besaß Hitler einen Ansatzpunkt, um die Politik der im April 1935 in Sudetendeutsche Partei (SdP) umbenannten Sammelbewegung zu pervertieren und zum Schaden der Betroffenen für seine eigenen Ziele einzuspannen. Das Phänomen jedoch, wie eine von einem anfangs politisch weitgehend Unbekannten und Unerfahrenen wie Henlein geführte Bewegung in einem demokratischen Staat, dessen Bürger die Auswirkungen der totalitären Herrschaft im Nachbarlande selbst verfolgen, am Schicksal der Emigranten nacherleben und ohne Beschönigung in ihren Presseorganen nachlesen konnten, sich trotz der steten Verbotsdrohung und der parteiinternen Richtungskämpfe innerhalb von nur achtzehn Monaten zur stimmenstärksten Partei mit einem Mitgliederbestand von über 200000 Personen zu entwickeln vermochte, harrt weiterhin einer überzeugenden Erklärung.

Ungewollt haben auch die tschechischen Politiker zum Aufstieg Henleins und seiner nationalen Sammlungsbewegung beigetragen. Obschon Henleins Manifest mit den pathetisch-nichtssagenden programmatischen Aussagen im Trubel der tagespolitischen Ereignisse keine starke Resonanz auslöste, so half ihm die Regierung Malypetr durch das langerwartete Verbot der DNSAP und der DNP. Durch die Erschütterung des bestehenden Parteiengefüges schuf sie die Voraussetzung für den nun folgenden Neuaufbau und die Verlagerung des politischen Kräfteverhältnisses zuungunsten der sudetendeutschen »Aktivisten«. In dem Bewußtsein, die SHF jederzeit verbieten zu können, intensivierte die Regierung ihre Methoden der nationalen Bedrückung, kompromittierte damit jedoch nur die deutschen Minister und ihre Parteien und schuf somit eine der Voraussetzungen für Henleins unerwartet schnelle, umfassende Anfangserfolge. Der Vorwurf, die SHF sei nur eine Tarnorganisation für die beiden verbotenen deutschen Parteien, wurde anfangs sicher zu Recht erhoben.

Die Veröffentlichung der Grundsatz-Passagen aus dem »Volkssport«-Urteil am 2. Oktober 1933, in denen die Wesensmerkmale des sudetendeutschen Nationalsozialismus durchleuchtet und auf die Gefahren eines pangermanischen Programms für die ČSR hingewiesen wurden, boten den Anlaß für das Parteiverbot. Die DNSAP beschloß sogleich die freiwillige Liquidierung und rief ihre Mitglieder auf, der SHF beizutreten. Das von der Regierung am 4. Oktober 1933 vorgelegte Parteienauflösungsgesetz weckte durch unklare Formulierungen die Befürchtung, daß auch andere mißliebige Organisationen und Vereine zerschlagen oder die Gründung neuer politischer Vertretungen ungebührlich erschwert werden könnten. Nach einer schnellen Verabschiedung der Regierungsvorlage am 20. Oktober wurden die DNSAP und die DNP am 11. November 1933 formell für aufgelöst erklärt; ein neugeschaffener Mandatssenat sprach ihren Abgeordneten und Senatoren am 25. November das Vertretungsrecht im Parlament ab. Krebs, bald darauf auch Jung und Schubert, flüchteten wie andere exponierte Nationalsozialisten nach

Deutschland, wurden zum Teil in hohen Regierungsstellen untergebracht und zogen – wie Jung und Krebs – 1936 sogar in den Reichstag ein. Ihre verleumderische Propaganda gegen die ČSR dämpfte die Bereitschaft der tschechoslowakischen Regierung zu Konzessionen gegenüber Henlein; der radikale Kurs der alten Garde der sudentendeutschen Nationalsozialisten, dem sich besonders die Extremisten des »Aufbruch«-Kreises um K. H. Frank verbunden fühlten, bestimmte nicht zuletzt die Stoßrichtung von Hitlers Sudentenpolitik im Jahr 1938 mit.

Im Winter 1933/34 erreichte die Wirtschaftskrise in der Tschechoslowakei ihren Höhepunkt. Von den 920000 Arbeitssuchenden waren rund zwei Drittel Deutsche. Die Weigerung der Nationaldemokraten, einer unaufschiebbaren Abwertung der Krone um ein Sechstel zuzustimmen, führte am 14. Februar 1934 zu einer Regierungsumbildung. Das zweite Kabinett Malypetr wies nur zwei interessante Veränderungen in der Ressortverteilung auf: Für den zweimaligen Ministerpräsidenten und Innenminister Jan Černý, der wieder sein Amt als Landespräsident von Mähren übernahm, rückte der Schwiegersohn Švehlas, Josef Černý, nach. Dr. Czech, der Vertreter der deutschen Sozialdemokraten, wechselte vom Fürsorge- in das Arbeitsministerium. Das Ausscheiden der den Wirtschaftsliberalismus propagierenden Nationaldemokraten aus der Koalition blieb nicht ohne weitreichende innenpolitische Konsequenzen: Agrarier und Sozialisten einigten sich nun schnell über das staatliche Getreidemonopol und die Unkündbarkeit der Kollektiv-Tarifverträge. Die vierte Wiederwahl des greisen, über 84 Jahre alten Tomáš G. Masaryk zum Präsidenten am 24. Mai 1934 gegen die Stimmen der Kommunisten und bei Stimmenthaltung der Slowakischen Volkspartei, der ungarischen Parteien und einiger Nationaldemokraten leitete eine hektische gesetzgeberische Tätigkeit der Regierung in der letzten Sitzungsperiode vor den 1935 notwendig werdenden Parlamentswahlen ein. Die Sozialgesetzgebung wurde der kritischen Finanz- und Wirtschaftslage angepaßt, Notverordnungen sorgten für schnelle, bald auch erfolgreiche Hilfsmaßnahmen. Durch eine Verlängerung der Wahlzeit der Landesverwaltungs- und Bezirksvertretungen sollten dem Staat die Erschütterungen weiterer Wahlkämpfe erspart werden, zumal die Koalitionsparteien bei der unbefriedigenden Wirtschaftslage mit erheblichen Verlusten rechnen mußten. Ein Hinausschieben der Parlamentswahlen auf den zulässig letzten Termin Ende Oktober 1935 war vorgesehen, doch schon bei der Feier von Masaryks 85. Geburtstag am 7. März 1935 war, bedingt durch die Nervosität der Regierungsparteien, die baldige Durchführung des Wahlaktes eine beschlossene Sache. In einem letzten Anlauf wurden Gesetze zur Kontrolle des stetig wachsenden Emigranten-Stromes aus Deutschland und Österreich, ein Gesetz über Industrie-Spionage und schließlich eine Wahlreform verabschiedet, die den Regierungsparteien den Erfolg erleichtern sollte. Als am 17. April 1935 beide Häuser aufgelöst und die Neuwahlen für den 19. Mai ausgeschrieben wurden, war über die Wahlzulassung von Henleins SHF noch keine Entscheidung gefallen.

Henlein hatte die Zeit seit der Gründung seiner Bewegung zu nutzen verstanden. Rasch hatte er erkannt, daß nur eine parteimäßige Organisation Aussicht auf Erfolg bot; mit Hilfe des Bundes der Landwirte, dem er eine Interessenteilung vorschlug, und mit einem scharf anti-marxistischen Programm, das die volle Unterstützung des rechten Flügels der Agrarpartei fand, hoffte er ein drohendes Verbot der SHF abwenden zu können. Erst nach langem Drängen legte Henlein am 21. Oktober 1934 vor 40000 Menschen in Böhmisch-Leipa sein Programm vor, das ebenso eine Absage an die Hitlersche Form des Nationalsozialismus als auch ein Bekenntnis zum »Sudetendeutschtum als lebendiger Volksgemeinschaft« und zum tschechoslowakischen Staat einschloß. Er vertrat die Auffassung, daß nach dem Prinzip der Gleichheit nur die praktische Sicherung der staatsbürgerlichen Freiheitsrechte die erste Voraussetzung demokratischer Staatsgestaltung biete; sie müsse in einem Nationalitätenstaat auf den mit weiten Selbstverwaltungsrechten ausgestatteten Volkskörperschaften aufgebaut werden. Henleins – wohl noch ehrlich gemeinte – Ausführungen, die im Ausland erstmals ein größeres Interesse an der nationalitätenpolitischen Auseinandersetzung in der ČSR weckten, wurden von der Regierung nicht genügend beachtet; die dargebotene Hand der Versöhnung wurde nicht ergriffen. Der Bund der Landwirte glaubte noch immer, Henlein jederzeit ins Schlepptau nehmen zu können, obgleich sich Fusionsverhandlungen zerschlagen hatten. Im Kabinett sprachen sich mit Ausnahme der Agrarier alle Parteien für ein Verbot der SHF aus, da Äußerungen im Vorwahlkampf begründete Zweifel an der Glaubwürdigkeit von Henleins Bekenntnis zur Demokratie tschechischer Prägung hatten wach werden lassen. Als Masaryk sein Veto gegen eine frühzeitige Auflösung der Bewegung einlegte und die SHF mit der Auflage, sich offen als politische Partei zu organisieren, am 30. April 1935 zur Wahl als »Sudetendeutsche Partei« (SdP) zugelassen wurde, waren auch die vom Vorsitzenden des »Volksbundes für das Deutschtum im Ausland«, H. Steinacher, mit dem Auswärtigen Amt und dem Reichsfinanzministerium geführten Verhandlungen zum Abschluß gebracht worden: Mit Hitlers Wissen flossen 3 Mill. Kč oder 331711,30 RM dem Wahlfonds der SdP zu. Kurz danach wurde das Startkapital für eine Tageszeitung der SdP in Höhe von 250000 RM bereitgestellt; zur Deckung der laufenden Kosten der Parteiarbeit wurden künftig monatlich 15000 RM aus Berlin überwiesen. Das erklärte Ziel, aus den Wahlen als größte deutsche Partei zum einzig legitimen Verhandlungspartner und Sprecher der Volksgruppe aufzusteigen, war als Folgeerscheinung der weiter anwachsenden nationalen Spannungen und des wirtschaftlichen Notstandes in greifbare Nähe gerückt. Nachdem die Regierung im November 1934 den Rektor der Prager deutschen Universität zur Herausgabe der Universitätsinsignien an die tschechische Karls-Universität gezwungen und die folgenden Studentenunruhen unnachgiebig unterdrückt hatte, konnte Henlein auch mit der Unterstützung der deutschen Intellektuellen rechnen. Die von den tschechoslowakischen Parteien gewählte einseitige Wirtschaftsorientierung, die Massenarbeitslosigkeit und akute materielle Not unter den Sudentendeutschen bedingte, sowie die von einer kurzsichtigen Bürokratie

begünstigte Verdrängung der Deutschen von den Arbeitsplätzen, aber auch Unverstand und nationale Überheblichkeit trugen mit zum Erfolg der SdP bei und sprechen die verantwortlichen tschechischen Politiker nicht von einem gerüttelten Maß an Verantwortung für die weitere Zuspitzung und Vergiftung der innenpolitischen Atmosphäre in der ČSR frei.
Der Wahlkampf, diesmal in zwei großen Blocks der staatsbejahenden und der »negativistischen« Parteien geführt – von den Sozialdemokraten bis zu den konservativen Agrariern auf der einen, von der seltsamen Symbiose der SdP, der tschechischen Faschisten und der Kommunisten auf der anderen Seite –, ließ Spannungen, alte Vorurteile und Verdächtigungen, unsachliche Polemik und radikale Gewalt aufleben. Mit 1249947 Stimmen bei einer deutschen Gesamtbevölkerung von knapp 3,5 Millionen stieg die SdP zur stimmenstärksten Partei auf, auch wenn die Agrarier mit 45 Sitzen die SdP um ein Parlamentsmandat überflügelten. Im tschechischen Lager ergaben sich nur unbedeutende Verschiebungen, während die deutschen Parteien einen politischen Erdrutsch erleben mußten: 44 von 66 deutschen Mandaten fielen an die SdP. Die Hälfte ihrer Stimmen verloren die deutschen Sozialdemokraten, 7 von zuvor 12 Mandaten büßten der Bund der Landwirte, 5 von bisher 11 die Christlichsoziale Partei ein. Bei den Wahlen zum Senat, zu den Landes- und Bezirksvertretungen am 26. Mai konnte die SdP einen weiteren Stimmenzuwachs von 5% verzeichnen. In dem Glauben, daß ohne seine Fraktion keine neue Regierung gebildet werden könne, verlangte Henlein, der sich nicht um ein Mandat beworben hatte, den Ausschluß der bisherigen deutschen Koalitionsparteien aus dem Kabinett und bot dafür den Eintritt der SdP an. Wenn auch die Regierungsparteien, von dem durchschlagenden Wahlerfolg der SdP überrascht, eine knappe Niederlage hinnehmen mußten, waren die tschechischen Politiker doch nicht bereit, Henlein als Partner zu akzeptieren.
Malypetr, erneut mit der Regierungsbildung beauftragt, schwebte eine Neuauflage der Bürgerblock-Koalition vor, mit der sowohl die Linke als auch die SdP in Schach gehalten werden sollten. Die tschechische Gewerbepartei, nach drei Jahren in der Opposition aus den Wahlen gestärkt hervorgegangen, stimmte rasch ihrer Einbeziehung in das Kabinett zu, während sich an Hlinkas Forderung nach unverzüglicher Verwirklichung der Autonomie der Regierungsbeitritt der Slowakischen Volkspartei zerschlug. Die deutschen Christlichsozialen, unentschlossen über eine Fortsetzung des »Aktivismus« oder eine Fusion mit der SdP, blieben dem Kabinett fern. Die am 3. Juni 1935 ernannte dritte Regierung Malypetr stützte sich schließlich wieder auf die Parteien der alten Koalition und die Gewerbepartei. Prof. Spina von den Landbündlern mußte dem Sozialdemokraten Czech weichen und die Niederlage seiner Partei durch die Ernennung zum Minister ohne Portefeuille anerkennen. Mit F. Machník im Ressort für Verteidigung und mit J. Nečas als Fürsorgeminister wurden zwei kompetente Neulinge in die Regierung berufen. Das am 18. Juni von Malypetr verlesene Regierungsprogramm gipfelte in dem Bekenntnis zu den demokratischen Grundlagen des Staates

und dem Versprechen, durch ein gezieltes Hilfsprogramm in den von der Depression besonders hart betroffenen Gebieten die sozialen Verhältnisse systematisch so zu verbessern, daß sie unter Wahrung aller demokratischen Freiheiten nicht von staatsfeindlichen Bewegungen als Nährboden genutzt werden könnten. Die von K. H. Frank vorgetragene Antwort der SdP gab die Bereitschaft zu einer konstruktiven Opposition unter Wahrung der Legalität und Legitimität in ihrer politischen Arbeit zu erkennen. Die vier Tage dauernde Debatte kreiste weniger um das Regierungsprogramm; die Parteien setzten sich ausnahmslos mit dem Phänomen des Wahlsieges der SdP auseinander und zeigten, daß sie deren Charakter und die Voraussetzung für ihren Erfolg nicht verstanden hatten – oder nicht sehen wollten.

Außenpolitische Abwehrmaßnahmen durch den Bündnisvertrag mit der UdSSR

Während der Wahlsieg der SdP, die Unzufriedenheit der Agrarpartei mit der Geschäftsführung des Ministerpräsidenten Malypetr und eine Verschlechterung im Gesundheitszustand des Präsidenten Masaryk im Sommer und Herbst 1935 die Regierung innenpolitisch vor äußerst schwierige Aufgaben stellten, war auch auf außenpolitischem Sektor eine zunehmende Bedrohung des Staates nicht mehr zu übersehen. Zwar hatten nach dem Treffen der beiden Diktatoren am 14./15. Juni 1934 in Venedig Meinungsverschiedenheiten über die Österreich-Politik erste Ansatzpunkte für eine Zusammenarbeit zwischen Hitler und Mussolini zerstört und nach der Ermordung des österreichischen Bundeskanzlers E. Dollfuß am 25. Juli 1934 zu ernsten deutsch-italienischen Spannungen geführt. Die »Römischen Protokolle«, am 17. März 1934 zwischen den Regierungen Italiens, Österreichs und Ungarns zur Wahrung ihrer gemeinsamen politischen und wirtschaftlichen Interessen geschlossen, drohten jedoch, den Status quo im Donauraum aufzuheben; Beneš als außenpolitischer Sprecher der Kleinen Entente hatte sich veranlaßt gesehen, bei den Regierungen Großbritanniens und Frankreichs um Garantien nachzusuchen. Nach der Unterzeichnung der deutsch-polnischen Nichtangriffserklärung am 26. Januar 1934, die das französische Sicherheitssystem in Ost-Europa durchlöcherte und den Anstoß zu einer unversöhnlicheren polnischen Tschechoslowakei-Politik gab, reagierte Beneš äußerst besorgt auf alle Veränderungen im europäischen Kräftespiel. Er setzte sich daher unermüdlich für die Verwirklichung des von dem französischen Außenminister L. Barthou anläßlich eines Besuches in Prag am 26. April 1934 zur Intensivierung der französisch-tschechoslowakischen Beziehungen und zur Ausschaltung des wachsenden italienischen Einflusses im Donaubecken entwickelten und am 27. Juni publizierten Ost-Paktes ein, der eine gegenseitige Garantie des Friedens und des Status quo enthalten sollte. Die rasche Zurückweisung des Projekts durch die Reichsregierung, der sich Polen bald anschloß, löste erste Besprechungen über den Abschluß eines französisch-sowjetisch-tschechoslowakischen Defensiv-Bündnisses aus. Nach der De-jure-Anerkennung der UdSSR am 9. Juni 1934 und der französisch-russischen Erklärung vom 6. Dezember 1934 betonte die ČSR am 10. Dezember ihre Bereitschaft, ohne vorherige Aussprache mit den anderen Partnern keinen Nichtangriffspakt mit dritten Staaten einzugehen. Die Erklärung der Reichsregierung vom 16. März 1935 über die Aufhebung der Versailler Vertragsbestimmungen über die Rüstungsbeschränkungen beantwortete Beneš am 16. Mai 1935 mit der Unterzeichnung eines militärischen Defensivabkommens mit der Sowjetunion, dessen Inhalt einem am 2. Mai zwischen der UdSSR und Frankreich geschlossenen Beistandsvertrag entsprach. Dem Abkommen, das bei einer Bedrohung gemeinsame Beratungen, bei einem unprovozierten Angriff unverzügliche Hilfe und militärische Unterstützung nach dem Eingreifen Frankreichs für den Angegriffenen vorsah, versagten die Regierungsparteien ihre Zustimmung nicht. Innenpolitisch zeigte sich die KPTsch sogar kurzfristig zu einer gewissen Unterstützung der Regierung bereit: Sie stimmte nicht nur Benešs außenpolitischem Rechenschaftsbericht für das Jahr 1935 und dem Budget für das Außenministerium für 1936 zu, sondern unterstützte auch Benešs Kandidatur für das Amt des Staatspräsidenten aktiv. Parteichef Gottwald, der wegen eines Flugblatts vor der Wahl Masaryks im Mai 1934 unter Strafverfolgung gestanden hatte und ins sowjetische Exil entflohen war, zögerte nach seiner Amnestierung und der Rückkehr in die ČSR aber nicht, die ursprünglich oppositionelle Haltung seiner Partei wieder aufleben zu lassen.

Seinen Gegnern hatte Beneš durch den Vertragsabschluß mit der UdSSR jedoch ein Werkzeug in die Hand gegeben, das in der nationalsozialistischen Propaganda als »Bolschewisierung der ČSR« ausgeschlachtet wurde. Benešs entschlossenes Eintreten für Völkerbunds-Sanktionen gegen Italien nach dem Angriff auf Abessinien am 3. Oktober 1935 trug der ČSR die Feindschaft Mussolinis ein und begünstigte die schrittweise deutsch-italienische Annäherung. An sich unbedeutende Zwischenfälle in Teschen im Herbst 1935 belasteten das polnisch-tschechoslowakische Verhältnis auch nach der Wiederbesetzung der Gesandtenposten 1936 schwer; mehrere von der französischen Regierung unterstützte tschechoslowakische Bündnisangebote wurden von Außenminister Oberst J. Beck, der nach dem Tode Piłsudskis als starker Mann Polens galt, in beinahe verletzender Form zurückgewiesen. Sobald eine Desintegration der ČSR abzusehen war, hielt Beck unumstößlich seinen auf die Rückgabe Teschens gerichteten Kurs bei und wurde zu einem ebenso unversöhnlichen Gegner des tschechoslowakischen Staates wie die Ungarn, die bald mit italienischer Unterstützung und wohlwollender deutscher Duldung den Ring der Kleinen Entente zu sprengen und einen Sieg ihrer Revisionsidee zu feiern hoffen konnten. Von entscheidender Bedeutung für die Tschechoslowakei blieb ihr Verhältnis zum Dritten Reich; die bis ins Jahr 1937 stetig wiederholten Erklärungen tschechoslowakischer Politiker, daß keinerlei direkte Differenzen mit Deutschland bestünden, entsprangen eher einem Wunschdenken als den tatsächlichen Gegebenheiten.

Auch wenn sich Hitler bis zu Jahresbeginn 1938 bemühte, die Prager Regierung in Sicherheit zu wiegen und sie bei jeder seiner außenpolitischen Aktionen von seiner Vertragstreue und seinem Wohlwollen zu überzeugen, so konnten doch die außenpolitische Einkreisung und die interne Gefährdung des Staates durch die SdP bei der ungelösten nationalitätenpolitischen Frage keinem ernsthaften Beobachter verborgen bleiben. Den verantwortlichen tschechoslowakischen Staatsmännern kann der Vorwurf nicht erspart bleiben, daß sie sich zu Lösungsversuchen – die zudem bereits im Ansatz unzureichend waren und den Keim für weitergehende Forderungen in sich trugen – erst dann bequemt haben, als für Hitler unter schamloser Ausnutzung der aufgestauten Spannungen die Liquidierung der ČSR unverrückbar feststand.

Innen- und Nationalitätenpolitik von der Wahl Benešs zum Staatspräsidenten bis zum Kongreß der Sudetendeutschen Partei in Karlsbad

Der ungelegene Tod des Präsidenten des Abgeordnetenhauses B. Bradáč am 20. Oktober 1935 und die Notwendigkeit, Masaryks angegriffenem Gesundheitszustand und seinen Rücktrittswünschen Rechnung zu tragen, machte die personelle Umbesetzung der einflußreichsten Staatsämter noch im Herbst 1935 unumgänglich. Der einflußreiche Parteivorsitzende der Agrarier, R. Beran, der es vorzog, seine Fäden im Hintergrund zu spinnen, schlug vor, den in seiner Partei nicht unumstrittenen Ministerpräsidenten Malypetr wieder zum Präsidenten des Abgeordnetenhauses zu wählen und Milan Hodža, einen durchaus erfahrenen politischen Praktiker, als ersten Slowaken mit der Bildung einer neuen Regierung zu beauftragen. Obschon die tschechoslowakischen National-Sozialisten und die Sozialdemokraten anfangs Vorbehalte gegen dieses Revirement erhoben, konnte Hodža, der sich verpflichten mußte, den Vorbereitungen zur Wahl Benešs zum Staatspräsidenten Priorität einzuräumen, am 5. November 1935 von Masaryk die Ernennung zum Premier entgegennehmen. Die Fertigstellung der Kabinettsliste, die Wahl Malypetrs in das Parlamentspräsidium und die Zustimmung der Kammern zu der auf Slowakisch verlesenen Regierungserklärung bereiteten Hodža keine Schwierigkeiten. Die Ausarbeitung des Staatsbudgets für das Jahr 1936 ließ bei dem kräftigen Wirtschaftsaufschwung, der endlich auch die ČSR erreichte, keine Komplikationen erwarten. Unvorhergesehen kam jedoch für Hodža die Opposition aus seiner eigenen Agrarpartei gegen die Wahl Benešs zum Staatsoberhaupt: der rechte Flügel um Beran, Vraný und Stoupal lehnte eine Unterstützung des Außenministers plötzlich ebenso strikt ab wie ein Teil der Gewerbepartei und die SdP. Hätte Hodža gegen den Willen seiner Partei die dank kommunistischer Unterstützung sichere Wahl Benešs erzwungen, so hätte er wohl auch die Agrarier gespalten und die Koalition gesprengt. Als Kandidat gegen den »linken Atheisten« Beneš präsentierten die Agrarier schließlich den Vorsitzenden des überparteilichen

Tschechischen Nationalrates, den Pflanzenphysiologen Prof. Dr. B. Němec, von dem als im Grunde unpolitischen Menschen keine schwerwiegenden Eingriffe in das politische Geschehen zu erwarten waren. Der Historiker J. Pekař, ein katholisch-konservativer Gelehrter von Weltruf, hatte eine Kandidatur abgelehnt, nachdem er von dem Eintreten der klerikalen Parteien für Beneš unterrichtet worden war. Der von der SdP bevorzugte Dr. K. Kramář schien anfangs auch mit der Unterstützung der konservativen Agrarier rechnen zu können, die sich jedoch – wahrscheinlich nach einer Intervention der Kurie – rasch wieder von ihm distanzierten. Masaryks mehrfaches massives Eingreifen zugunsten seines Protegés und seine Entschlossenheit, sich nach einer schlichten Abdankungszeremonie auf Schloß Lány am 14. Dezember aus dem politischen Leben zurückzuziehen, konnte die Fronten vorerst nicht zugunsten von Beneš verschieben. Um ihm einen ermüdenden Wahlkampf zu ersparen und um den heftigen, dem hohen Amte abträglichen Meinungsstreit um die Persönlichkeit dieses Kandidaten nicht ausufern zu lassen, setzte Hodža die Neuwahl bereits für den 18. Dezember an. Erst am 16. bröckelte die Fronde der Gegner, die Beneš nach einer Niederlage zu entmachten hofften, langsam ab. Als am Nachmittag des 17. die Slowakische Volkspartei nach einer dringlichen Intervention des päpstlichen Nuntius auf die Beneš-Linie einschwenkte und damit eine Kandidatur von Němec aussichtslos wurde, schlossen sich diesem Frontwechsel auch andere Gruppen an. Mit 340 der abgegebenen 440 Stimmen bei Stimmenthaltung der SdP wurde Dr. Edvard Beneš im ersten Wahlgang als Nachfolger von Tomáš G. Masaryk zum zweiten Präsidenten der Tschechoslowakischen Republik gewählt.

Beneš hat sich in den drei Jahren seiner ersten Präsidentschaft außerstande gesehen, das Vermächtnis seines großen Vorgängers zu realisieren, der in seiner Abschiedsbotschaft die »tschechoslowakische Nation« sowie die Mitbürger der übrigen Nationalitäten gebeten hatte, »bei der Verwaltung des Staates dessen eingedenk zu sein, daß sich die Staaten durch jene Ideale erhalten, aus denen sie geboren wurden... Wir bedürfen einer guten auswärtigen Politik und zu Hause der Gerechtigkeit gegenüber allen Bürgern, seien sie welcher Nationalität auch immer«. Unbeschadet seiner unbestrittenen Verdienste bei der Gründung und der Absicherung der Ersten Republik nach außen fehlte es Beneš an einigen der staatsmännischen Qualifikationen, die seinen Vorgänger ausgezeichnet hatten. Man wird der Persönlichkeit Benešs, seiner intellektuellen Integrität und seinem ernsthaften Suchen nach einer für ihn verbindlichen höheren Wahrheit keinesfalls gerecht, wenn man in ihm nur den Epigonen Masaryks sieht, der sich dem politischen Aktivismus eines charismatischen Führers blindlings untergeordnet habe. Beneš hatte, getragen vom vorbehaltlosen Vertrauen seines väterlichen Freundes, wenig Geschick bewiesen und kein echtes Interesse entwickelt, um mit seinen politischen und persönlichen Neidern und Rivalen zu einem Einvernehmen zu gelangen. Ein gesunder Ehrgeiz unter der Maske der Bescheidung, eine bewundernswerte Ausdauer und Arbeitsfreude, aber auch eine hohe Selbst-

einschätzung, die gelegentlich den Eindruck des Snobismus oder gar der Arroganz erweckte, waren ihm eigen. Beneš selbst ist nicht verborgen geblieben, daß ihm persönliche Ausstrahlungskraft weitgehend fehlte; in seiner Nüchternheit konnte er weder Begeisterung empfinden noch verbreiten. Seine Stärke bestand darin, geduldig zu beobachten, leidenschaftslos zu analysieren und die dabei gewonnenen Erkenntnisse resolut in die Praxis umzusetzen. Taktisches Gespür, Überzeugungskraft und eine erstaunliche Souveränität bei der Beurteilung von Menschen und Systemen lassen sich bei ihm ebenso nachweisen wie eine gewisse Großzügigkeit im Umgang mit der Wahrheit, ein oft unkonventionelles, heterogenes Vorgehen, fehlendes Verständnis für geschichtliche Zusammenhänge und, daraus erwachsend, eine durch Starrköpfigkeit noch gesteigerte politische Kurzsichtigkeit in manchen Belangen – so bei der kaum vorhandenen Bereitschaft zur Beilegung der drängenden nationalen Frage. Es darf nicht verschwiegen werden, daß er es versäumte, eine den historischen und ethnischen Voraussetzungen der ČSR gerecht werdende Lösung rechtzeitig mit den Betroffenen selbst – den Sudetendeutschen, den Ungarn, den Polen und Ruthenen, aber auch mit den slowakischen Autonomisten – auszuhandeln. Als sich Hitler zum Angriff auf die böhmische Bastion rüstete und die Alliierten, von der Unhaltbarkeit der Versailler Verträge und der fehlerhaften tschechoslowakischen Nationalitätenpolitik gleicherweise überzeugt, Konzessionen, ja bald die territoriale Neuabgrenzung der ČSR einem unvorbereiteten Kriegsabenteuer vorzogen, bekam Beneš die Rechnung für seine Versäumnisse präsentiert.
In seiner ersten Amtshandlung betraute Beneš den unermüdlichen Promotor seiner Wahl, M. Hodža, erneut mit der Bildung des Kabinetts. Mehrere Veränderungen in der Regierung – so übernahmen Benešs langjähriger Mitarbeiter, Prof. Dr. K. Krofta, am 28. Februar 1936 das Außenministerium und am 28. März Dr. J. Kalfus das Finanzressort – und die Erweiterung der Koalition durch den Eintritt der deutschen Christlichsozialen Partei am 2. Juni 1936 festigten die Position des geschickt agierenden Ministerpräsidenten. Seine außenpolitischen Vorstellungen, die Gründung eines europäischen Getreidepools und die Errichtung einer Donauföderation, fanden nicht die notwendige Unterstützung seines Präsidenten. Mit offenbarem Mißtrauen verfolgte Beneš auch alle Bemühungen Hodžas, durch eine konstruktive Beilegung der Sudetenfrage die Beziehungen zum Deutschen Reich als dem größten und wirtschaftlich bedeutendsten Nachbarn zu normalisieren. Die tschechoslowakische Regierung befand sich nach 1935 den Sudetendeutschen gegenüber bereits in der Defensive. Aus Äußerungen des Außenministers Krofta, dem Sprachrohr Benešs, kann geschlossen werden, daß die Bereitschaft zu einer Anerkennung der Sudetendeutschen als »zweites Staatsvolk« und zur Gewährung der territorialen Autonomie zu Jahresbeginn 1936 in Regierungskreisen nicht mehr vorhanden war. Der Machník-Erlaß vom 28. Januar, durch den Mitglieder der dem Staate nicht loyal ergebenen Parteien von der Beschäftigung in der Rüstungsindustrie ausgeschlossen werden konnten, und das mit der zunehmenden Bedrohung des Landes

begründete Inkrafttreten des Staatsverteidigungsgesetzes am 31. Mai, das von der SdP wie von den Kommunisten und der Slowakischen Volkspartei bekämpft wurde, beschnitten nicht nur die Rechte der Nationalitäten aus den Minderheitenschutzverträgen, sondern machten auch die Fortsetzung von ersten Kontaktaufnahmen zwischen Hodža und der SdP von vornherein aussichtslos. Auch Benešs Eintreten für den »Grundsatz einer vernünftigen, mit zweckmäßigem, wirtschaftlichem und verwaltungsmäßigem Regionalismus verbundenen Dezentralisation« als Ersatz für die Verweigerung der territorialen Autonomie bei einer Rundreise durch Nordböhmen im August 1936 führte zu keinen Ergebnissen, da die Regierung offenbar nur Zeit gewinnen und durch die Erfolglosigkeit des SdP-Selbstverwaltungsprogramms den Zerfall der Henlein-Partei beschleunigen wollte. Der neu belebte »Aktivismus« dagegen sollte durch das Versprechen von »Ausgleichsverhandlungen« einen Keil in das sudetendeutsche Lager treiben, die deutschen Regierungsparteien im Konkurrenzkampf mit der SdP stärken und der Prager Regierung international zur Propagierung eines deutsch-tschechischen Übereinkommens dienen.
Die Bemühungen des jungen sozialdemokratischen Abgeordneten W. Jaksch, des Landjugendführers G. Hacker und des christlichsozialen Gewerkschaftssekretärs H. Schütz um eine einvernehmliche Lösung des nationalen Problems wurden von der Regierung nicht ausreichend honoriert. Das Ergebnis der seit dem 21. Januar 1937 geführten und am 18. Februar publizierten Verhandlungen entsprach nicht den hochgespannten Erwartungen, zumal die vorgesehene Revision der Minderheitenpolitik im wirtschaftlichen, sozialen und kulturellen Bereich, speziell die paritätische Berücksichtigung der Sudetendeutschen im öffentlichen Dienst, ein leeres Versprechen der Regierung blieb und eher geeignet war, die »Aktivisten« im sudetendeutschen Lager zu desavouieren. Die als Antwort auf das »Aktivistenabkommen« am 27. April 1937 von der SdP eingebrachten Anträge zur Lösung der nationalen Frage, die »Volksschutzgesetze«, lehnten sich in Form und Inhalt an die ehemaligen österreichischen sozialdemokratischen Vorschläge zur Nationalitätengesetzgebung an. Ihr Kernstück, die »völkische Selbstverwaltung und körperschaftliche Vertretung«, von Henlein in einer Rede am 28. Februar 1937 in Aussig bereits angekündigt, war als Grundlage für einen Umbau der Republik für die tschechischen Politiker indiskutabel, konnte der SdP aber einen noch stärkeren Rückhalt in der Bevölkerung sichern.
Die Streitigkeiten im Regierungslager über die Festsetzung der Monopolpreise für Getreide, die die Regierung Hodža am 16. Juli 1937 zur Demission zwangen und die erst am 21. Juli durch die Wiederernennung des ursprünglichen Kabinetts beigelegt werden konnten, waren dem innenpolitischen Frieden nicht besonders zuträglich. Im September, als immer häufiger ermahnende Ratschläge der Verbündeten in Prag eintrafen, Verhandlungen mit der SdP im Interesse einer Beilegung des nationalitätenpolitischen Konflikts nicht länger aus dem Wege zu gehen, lud Premier Hodža Henlein zur ersten direkten Aussprache zwischen Regierungschef und dem Führer der

größten Partei ein. Unter dem Eindruck von Masaryks Tod – der Gründer und Altpräsident der ČSR war zwei Tage zuvor am 14. September verstorben – schien durchaus ein Ansatz für eine Regelung des trennenden nationalpolitischen Staatsproblems vorhanden zu sein. Hodža bekundete jedenfalls den »ehrlichen Willen, die große Verständigung mit den Sudetendeutschen zu erreichen«, und gab zu erkennen, »daß die Tschechen ihre Forderungen auf das ihnen zukommende Maß werden zurückschrauben müssen«. Doch noch bevor die vorgesehenen Aussprachen um Henleins Programm – Schutz und Sicherung von Heimat und Volkstumsgrenze, Anerkennung und Verwirklichung der völkischen Selbstverwaltung, schließlich »Wiedergutmachung des uns seit 1918 zugefügten Unrechts« – fortgesetzt werden konnten, wurde durch den »Zwischenfall von Teplitz-Schönau« am 17. Oktober der letzte Akt der Sudetenkrise vor dem Münchener Abkommen eingeleitet.

Die an sich geringfügigen Vorfälle – Frank war bei einer in gespannter Atmosphäre durchgeführten Amtswaltertagung in ein von ihm bewußt gesuchtes Handgemenge mit der Polizei verwickelt und geschlagen worden – lösten einen von Goebbels geschickt inszenierten Pressesturm gegen die ČSR aus. In Prag wurde die Befürchtung laut, Hitler wolle durch einen zuvor mit Henlein abgesprochenen Schachzug den Auftakt für einen »folgenschweren deutsch-tschechischen Konflikt« geben. Nach Teplitz-Schönau kann tatsächlich ein eindeutiger Wandel in Henleins politischer Ausrichtung festgestellt werden. Seine bisher demonstrativ zur Schau gestellte Bereitschaft, zu einer Verständigung zwischen Sudetendeutschen und Tschechen innerhalb der ČSR auch ohne Hilfe von außen zu kommen, gab er unter dem Einfluß Franks auf und ordnete sich offen und vorbehaltlos ganz den Zielen der Reichspolitik unter. Nach der Ausschaltung des Einflusses der ehemaligen Kameradschaftsbündler und dem Ausscheiden H. Ruthas hatte sich Henlein, von seinen bisherigen Ratgebern isoliert, immer eindeutiger der Auffassung Franks angenähert, der seit 1935 kompromißlos und in aller Öffentlichkeit die nationalsozialistische Linie und den Anschlußgedanken verfochten hatte. In einem Bericht an den Führer vom 19. November 1937 zog Henlein das Fazit, »daß heute selbst die breite Masse des Sudetendeutschtums nicht mehr an einen Ausgleich mit dem tschechoslowakischen Volke im tschechoslowakischen Staat glaubt«. Unter bewußter Verzeichnung der Tatsachen, geschickt auf die Mentalität Hitlers ausgerichtet, übertrieb der Bericht die absolut nationalsozialistische Ausrichtung der Sudetendeutschen; in ganz eindeutigen Formulierungen wurde das Angebot unterbreitet, mit Hilfe der Volksgruppe den ganzen böhmisch-mährisch-schlesischen Raum dem Reiche einzuverleiben. Eine doppelgleisige Politik der SdP hatte in der Folge die tschechoslowakischen Politiker und die Weltmeinung zu täuschen, bevor Hitler in einem ihm passenden Augenblick auf das seinen Zielen sehr entgegenkommende Angebot Henleins zurückgriff.

In der für sein gesamtes Denken wie kaum eine andere Rede aufschlußreichen Ansprache vor seinen Oberbefehlshabern am 23. November 1939 hat Hitler

mit zynischer Offenheit die einzelnen Phasen seiner Politik bis zur Annexion der ČSR und dem Krieg gegen Polen enthüllt. Das Grundprinzip hieß Kampf und Krieg, das Ziel absolute, unbeschränkte Macht. An dem Staat der Tschechen und Slowaken interessierte Hitler im Grunde nur die Westhälfte, die industriell erschlossenen, in ihrer Agrarproduktion entwickelten und dank ihrer Kohlenlager wirtschaftlich bedeutungsvollen Länder Böhmen und Mähren-Schlesien. Die Slowakei und Ruthenien waren für Hitler vor Jahresende 1938 nur insoweit von Bedeutung, als sie dazu herhalten mußten, den Köder für eine Beteiligung Polens und Ungarns an der Liquidierung der Tschechoslowakei abzugeben; danach dienten sie ihm als zusätzliche Basis für die militärische Umklammerung Polens und als Sprungbrett für eine Infiltration in den Donauraum. Der im Ausland verbreitete Illusionismus und Immobilismus haben nicht unwesentlich dazu beigetragen, nach der »Machtergreifung im Innern« die folgende Phase aktiver nationalsozialistischer Außenpolitik vorzubereiten, die Hitler nach dem Anschluß Österreichs und nach der »Beseitigung der Tschechei« im März 1939 auf den Höhepunkt seiner persönlichen Macht führen sollte.
Als gesichertes Ergebnis der historischen Forschung kann gelten, daß Hitler spätestens nach dem überraschenden Wahlerfolg im Mai 1935 die Einsatzfähigkeit und Manipulierbarkeit der SdP und ihrer Führer für die Ziele seiner großdeutschen Lebensraumpolitik voll erkannt und auszunützen begonnen hat. In dem zu einem ideologisierten Bestandteil der Außenpolitik erhobenen fanatischen Rassismus und radikalisierten Darwinismus hatte die ČSR als Nachbar Deutschlands in Hitlers Augen jede Lebensberechtigung verloren; zudem waren ihm dieser »künstliche Staat« als Stützpfeiler des französischen Paktsystems und als »Flugzeugmutterschiff Sowjet-Judäas« sowie sein Außenminister und zweiter Staatspräsident Beneš als »intoleranter Chauvinist kleinbürgerlicher Prägung« besonders verhaßt. Der Wahlsieg Henleins und seine – von ihm sicher übertriebenen – Erfolge in England erhoben die SdP, zuvor eine *quantité négligeable*, zu einem bedeutsamen Faktor in Hitlers außenpolitischem Kalkül. Erst im Frühjahr 1935 hielt man in Berlin die Zeit für gekommen, alle Angriffe auf Henlein in der deutschen Presse einzustellen und ihn seit dem Frühsommer 1936 auch gegen Verleumdungen aus den eigenen Reihen von Berlin aus in Schutz zu nehmen. Abgesehen von einer sehr fragwürdigen »Quelle« hat Hitler Henlein nachweislich erst während der Olympischen Spiele, am 13. August 1936, zu einer ersten kurzen Aussprache empfangen und ihm seine Sympathie für die Lage der Sudetendeutschen ausgedrückt. Als Fazit seiner Vorsprache im Auswärtigen Amt mußte Henlein den Eindruck gewinnen, daß deutscherseits in »allernächster« oder »absehbarer« Zeit nicht daran gedacht wurde, die »sudetendeutsche Frage mit dem Schwerte« zu lösen.
Andererseits hatte Hitler bereits im Mai 1935 die Ausarbeitung eines gegen einen südosteuropäischen Staat gerichteten militärischen Operationsplans, die Studie »Schulung«, befohlen. Noch stärker lassen die »Weisungen für die einheitliche Kriegsvorbereitung der Wehrmacht« vom 24. Juni 1937 und der

»Nachtrag« vom 7. Dezember 1937 auf die außenpolitischen Ziele Hitlers schließen. Zu diesem Zeitpunkt waren mehrfache Fühlungnahmen Hitlers in Prag über den Abschluß eines Nichtangriffsvertrags, die wahrscheinlich bis 1933 zurückreichen, unberücksichtigt geblieben; einen schließlich im Dezember 1936 ausgearbeiten Entwurf Benešs ließ Hitler unbeantwortet, da er seiner Absicht, die ČSR bei ihren Verbündeten zu diskreditieren, nicht entsprach und nach der Konsolidierung des nationalsozialistischen Regimes im Deutschen Reich die Tschechoslowakei keine ernsthafte Bedrohung bedeutete. Die militärischen Planungen aus dem Jahr 1937 erlauben den Schluß, daß die ČSR von Hitler als erstes Eroberungsobjekt in einem aggressiven oder defensiven Krieg betrachtet wurde. Nicht etwa die »Befreiung« der Sudetendeutschen war das erklärte Ziel, sondern die Eroberung des Raumes oder zumindest die Entmachtung der ČSR als Glied einer gegen Deutschland gerichteten Koalition. Diese Konzeption, am 5. November 1937 in der »Hoßbach-Konferenz« von Hitler mit der Zielsetzung einer »Beseitigung der Tschechei« als »Schlag gegen die Tschechei«, eines »Überfalls auf die Tschechen« und der »Erledigung der tschechischen Frage« in monotoner Einprägsamkeit vorgetragen, sollte nach der Besetzung Österreichs den ersten Schritt zur »Lösung der deutschen Frage« bilden. Die von der reichsdeutschen Propaganda seit 1937 aufgebaute Verleumdungskampagne hatte die Weltöffentlichkeit psychologisch auf Maßnahmen vorzubereiten, bei denen die Sudetendeutschen nur den Vorwand für ein gewaltsames Vorgehen gegen die ČSR liefern mußten. Während die sudetendeutsche Frage der eigentliche Kern der Auseinandersetzung zu sein schien, nutzte Hitler nur die Unzufriedenheit der Sudetendeutschen mit der Beneš-Republik aus. Das Wiederaufleben pangermanistischen Gedankenguts auch unter den Deutschen in der ČSR hatte zum Aufbegehren gegen den »Aktivismus« geführt und die Bereitschaft genährt, für die Verwirklichung der nationalsozialistischen großdeutschen Pläne gegen die Republik und gegen die Demokratie aufzutreten. An dem Lebensschicksal der Volksgruppe war Hitler nur sekundär interessiert, primär jedoch daran, sie als Werkzeug zu mißbrauchen, um den Staat, der seiner vermessenen Aggressionspolitik am meisten im Wege stand, von innen heraus zu zersetzen. Unabhängig voneinander war so im November 1937 sowohl für Hitler als auch für die Sudetendeutschen der entscheidende und verhängnisvolle Wendepunkt in ihrer Politik erreicht worden. Durch sein Memorandum vom 19. November 1937 hatte Henlein Hitler das Werkzeug in die Hand gedrückt, um den Status quo des Versailler Systems aus den Angeln zu heben.

Seit dem Herbst 1937 bestimmte die sudentendeutsche Frage die tschechoslowakische Politik, im Frühjahr 1938 auch die internationale Bühne. Nach dem Vorfall in Teplitz-Schönau beschloß am 22. Oktober 1937 der Ministerrat, die schon einmal aufgeschobenen Gemeindewahlen in den deutschen Gebieten nicht durchzuführen. Noch bestand Übereinstimmung, die innenpolitischen Spannungen nicht durch Verhandlungen mit Berlin zu bereinigen. Doch die Nervosität und die Befürchtungen über die mögliche Entwicklung nahmen im Jahre 1938 stetig zu und damit auch die Bereitschaft, Zugeständnisse zu machen, ohne dabei das Nationalstaatsprinzip aufzugeben. Henleins propagandistische Erfolge in England seit 1935, die in der Erklärung Sir Robert Vansittarts vom Oktober 1937 gipfelten, die britische Regierung würde »die weitestgehende Autonomie« für die Sudetendeutschen begrüßen, die Aussprache Lord Halifax' mit Hitler am 19. November, die gemeinsamen britisch-französischen Kabinettsberatungen am 29. und 30. November in London, schließlich die Reise des französischen Außenministers Delbos in die Hauptstädte Osteuropas mit dem Ziel, die »défense à revers« zu reaktivieren, veranlaßten die Regierung Hodža dann, die direkte Aussprache mit Berlin zu suchen. Die vom Auswärtigen Amt angeregten, vom Prager Gesandten Eisenlohr geführten Gespräche, die anfangs nur eine Reihe deutscher Gravamina ohne Einbeziehung der Sudetenfrage zum Inhalt hatten, vertieften bei dem eingewurzelten tschechischen Mißtrauen nur die Kluft und wurden bereits vor Weihnachten unterbrochen. Benešs Weihnachtsbotschaft von 1937 hob auf die Notwendigkeit einer Erhaltung des Friedens und die großen Fortschritte der tschechoslowakischen Aufrüstung ab, zeigte aber sowohl seine Bereitschaft zu Verhandlungen auf als auch seine Befürchtungen in Bezug auf die deutsch-tschechoslowakischen Beziehungen.

An Initiative zur Beseitigung der Schwierigkeiten ließ es Prag im neuen Jahr nicht fehlen. Beneš versicherte dem deutschen Gesandten Eisenlohr, »das Vertrauen Deutschlands durch praktisches Entgegenkommen« erwerben und das Minderheitenproblem binnen fünf Jahren beilegen zu wollen. Die neuerlichen Gespräche Eisenlohrs mit Hodža und Beran Mitte Februar 1938 gingen bereits von der falschen Voraussetzung aus, das Deutsche Reich werde als Grundlage für Regierungsverhandlungen den deutsch-tschechoslowakischen Schiedsvertrag vom 16. Oktober 1925 anerkennen, dessen Gültigkeit nach der Rheinlandbesetzung am 7. März 1936 von der Reichsregierung ausdrücklich bestätigt worden war. Doch Außenminister Neurath hatte schon am 5. Februar die Anweisung gegeben, keine Berufung auf den Vertrag zuzulassen, da in ihm eine unbequeme Einschränkung der deutschen Handlungsfreiheit gesehen wurde. Das Revirement in der Wilhelmstraße – der konservative Freiherr von Neurath wurde durch von Ribbentrop ersetzt – mußte auch in der ČSR als Ausdruck einer möglichen Verhärtung des deutschen Kurses gewertet werden. Um wenigstens die innenpolitische Basis zu stärken und alle staatsbejahenden Parteien in die Regierung einzubeziehen, bemühte sich Hodža gleichzeitig um den Eintritt der Nationaldemokraten und der Slowakischen Volkspartei in die Koalition. Der von den Nationaldemokraten als Voraussetzung erhobenen Forderung, Deutschland und den Sudetendeutschen gegenüber eine unnachgiebige Politik einzuschlagen, konnte Hodža ebensowenig zustimmen wie den politischen Wünschen der slowakischen Autonomisten, die im Fahrwasser der SdP den 20. Jahrestag des Pittsburgher Abkommens zu einer Demonstration gegen den Zentralismus auszugestalten planten. Noch immer nicht hatten die führenden tschechoslowakischen Politiker das wahre Zentrum der Gefahr erkannt, als Hitler ihr durch seine Reichstagsrede am 20. Februar 1938 die Augen öffnete.

Das offen proklamierte Ziel, die 80 Millionen Deutschen Mitteleuropas in einem Staat zu vereinen, ließ allein den Schluß zu, daß Hitler zu einer radikalen Lösung nicht nur der österreichischen, sondern auch der sudetendeutschen Frage entschlossen war. Die Entwicklung in der internationalen Politik – durch den Spanischen Bürgerkrieg war die Achse Berlin–Rom geschmiedet und ein Gegengewicht zur französisch-britischen Allianz geschaffen worden – wurde von Hitler so ausgelegt, daß sich seine »Mission« unter Berufung auf das Selbstbestimmungsrecht ohne europäischen Krieg verwirklichen lassen werde. Die regelmäßigen innenpolitischen Krisen in Frankreich und die Appeasement-Politik Chamberlains mußten ihn in dieser Auffassung noch bestärken. Während die Staatsmänner der Demokratien noch nach einem Schlüssel zum Verständnis von Hitlers Worten suchten und sich Hodža am 4. März vor dem Parlament sowie Beneš am 6. in einem Interview die deutsche Einmischung in inner-tschechoslowakische Angelegenheiten verbaten, tat Hitler bereits seinen nächsten Zug: Am 12. März 1938 rückten Einheiten der deutschen Wehrmacht in Österreich ein.

In der Tschechoslowakei nahmen Regierung und Bevölkerung den Anschluß zwar mit äußerer Ruhe, aber tiefer Besorgnis auf. Plänen einer österreichisch-tschechoslowakischen Annäherung war bereits durch die »Römischen Protokolle« und das deutsch-österreichische Abkommen vom 11. Juli 1936 ein Ende gesetzt worden. Hodžas auf einem Besuch in Wien am 9./10. März 1936 entwickelten Vorstellungen, gegen das statische Programm der Kleinen Entente eine »Donauföderation« mit einer einheitlichen Wirtschaftsausrichtung der Nachfolgestaaten zu setzen, hatte der österreichische Bundeskanzler Schuschnigg nur nach massiven deutschen und italienischen Interventionen abgeschworen; im Schatten des bereits übermächtigen Deutschen Reiches hatten sich die tschechoslowakisch-österreichischen Beziehungen zwar freundlich entwickelt, ohne aber einen Niederschlag in einer vertraglichen Bindung zu finden. In Prag sah man in dem Verschwinden Österreichs und den schwächlichen Protesten der Westmächte eine Bestätigung der Notwendigkeit, die kollektive Sicherheit weiter zu festigen, denn bilaterale Verträge reichten offenbar nicht mehr aus, um die Diktatoren in Schach zu halten. Die in das französische Allianzsystem als Bollwerk gegen eine deutsche Expansion nach Südosteuropa einbezogene Tschechoslowakei fand die Integrität ihrer Versailler Grenzen trotz mehrfacher deutscher Versicherungen, ihre Unabhängigkeit respektieren zu wollen, bedroht: Das Deutsche Reich schob sich als Keil tief in das System der Kleinen Entente und besaß jetzt gemeinsame Grenzen mit Ungarn, Jugoslawien und Italien. Der modernen deutschen Wehrmacht mußte nach der erheblichen Entwertung der tschechischen Verteidigungsanlagen die Realisierung der von Hitler am 20. Februar 1938 verkündeten Plänen ein leichtes sein. Nur ein Ausscheiden aus dem französischen Sicherheitssystem und eine radikale Annäherung an Berlin schien sich Prag angesichts der deutschen Umklammerung und der

neuen Rolle des Dritten Reiches im Donauraum anzubieten. Das Abgleiten in ein Suzeränitätsverhältnis hätte sich dabei wohl nicht vermeiden lassen. Obschon diese Entwicklung innerhalb eines Jahres eintreten sollte, wurde sie im März 1938 von niemandem für möglich gehalten. Prag baute auf die Vertragstreue seiner Verbündeten und zeigte sich nicht bereit, die Eigenstaatlichkeit kampflos preiszugeben. In dem Bemühen, den Gewinn Österreichs vor dem nächsten Schritt abzusichern, entschloß sich Hitler für eine etappenweise Verwirklichung seines Konzepts und gönnte der ČSR noch eine kurze Atempause. So bekräftigte er mehrfach offiziell sein Wohlwollen für die Tschechoslowakei und veranlaßte, daß sie für mehr als zwei Monate aus dem Schußfeld der deutschen Propaganda gezogen wurde. Bevor jedoch eine Beilegung der innenpolitischen Spannungen mit Sudetendeutschen, Slowaken, Ungarn und Polen erreicht werden konnte, trat das Sudetenproblem mit um so größerer Wucht in den Vordergrund. Berlin nahm nämlich nun die SdP ganz in ihr Schlepptau und setzte sie konsequent als Werkzeug zur Zerschlagung der Tschechoslowakei ein.
Dieser Kurs wurde durch fehlerhafte Einschätzung der weltpolitischen Lage und von Hitlers Taktik durch die tschechoslowakischen Politiker begünstigt. In der Regierung herrschte keine Übereinstimmung über die weiteren nationalitätenpolitischen Maßnahmen. Unter strikter Wahrung des Nationalstaatsprinzips hatten Hodža und Beneš in Briefen an die drei deutschen Regierungsparteien zum Jahrestag des »Aktivistenabkommens« die Gewährung einer Autonomie abgeschlagen und nur die Proportionalität zugesichert. Noch am 16. März betonte Beneš seine Entschlossenheit, den Sudetendeutschen unter dem Druck Hitlers nicht entgegenkommen zu wollen, da ein Übereinkommen Kapitulation bedeute. Die Erwartung, die deutschen Parteien weiterhin in der Regierung halten und als Gegengewicht gegen die SdP einsetzen zu können, trog, denn nach einem Aufruf Henleins mit dem Tenor, daß nur die Einheit aller Sudentendeutschen einen Erfolg verheiße, lösten sich die bürgerlichen Parteien auf und schlossen sich der SdP an. Am 23. März trat der Bund der Landwirte aus der Regierung aus, zwei Tage danach folgten die Christlichsozialen. Damit war das Wunschbild des Kabinetts zerstoben, ohne Preisgabe der »aktivistischen Parteien« die SdP an der Regierung zu beteiligen, sofern diese ihre totalitären Prinzipien« aufgäbe. Die allein in der Regierung verbliebenen deutschen Sozialdemokraten befanden sich in einer fast ausweglosen Situation: Sie konnten das Autonomieprogramm der SdP nicht rundweg ablehnen, ohne Gefahr zu laufen, ihren bereits stark zusammengeschmolzenen Anhang zu verlieren. Wenzel Jaksch, der neue Vorsitzende, setzte sich deshalb für die Gewährung einer politischen und kulturellen Autonomie für die Sudetendeutschen ein, wobei die gemeinsamen Wirtschaftsinteressen das Bindeglied zwischen den tschechischen und den deutschen Landesteilen abgeben sollten. Am 9. April demissionierte dann auch der deutsche Sozialdemokrat L. Czech. Die SdP hatte ihr Ziel erreicht, unter Berufung auf ihre rund 1,05 Mill. Mitglieder als alleiniger kompetenter Repräsentant des Sudetendeutschtums übrigzubleiben. Das Programm des

sudetendeutschen »Aktivismus« war kläglich – auch an der Konzeptionslosigkeit der Regierung Hodža – gescheitert.
Bereits am 23. März 1938 hatte Henlein neue Parlaments- und Gemeindewahlen verlangt und die Regierung vor einer »Politik der Illusionen« gewarnt. Als am 29. März alle Minderheitenpolitiker und die slowakischen Autonomisten geschlossen als »Minderheitenfront« im Parlament die Anerkennung des Selbstbestimmungsrechtes und die Gewährung der politischen Autonomie forderten, mußte Beneš und den Vertretern eines harten Kurses schmerzhaft bewußt werden, daß der Anschluß Österreichs auch bei Polen und Ungarn neue Hoffnungen geweckt hatte und daß sich die slowakischen Autonomisten nicht mehr mit zweifelhaften Versprechungen abspeisen lassen wollten. Die Wiederaufnahme der deutsch-ungarischen Gespräche im März 1938, der polnisch-ungarischen Verhandlungen über eine Abspaltung und Aufteilung der Slowakei ab Februar 1938 sowie die Vorsprache sudetendeutscher Emissäre bei Hlinka und der ungarischen Regierung Mitte Februar 1938 machten deutlich, daß der wichtigste Komplex, die Sudetenfrage, nicht mehr isoliert behandelt werden konnte. Im Soge Hitlers waren alle Gegner bereit, ohne Konzilianz eine rasche Einlösung ihrer nicht unberechtigten Ansprüche zu fordern.
Entscheidend für den Ablauf der folgenden Monate war eine Unterredung Hitlers mit Henlein am 28. März in Berlin. Hitlers Erklärung, »das tschechoslowakische Problem in nicht allzulanger Zeit zu lösen«, setzte Henlein als taktisches Konzept entgegen: »Wir müssen (in den kommenden Verhandlungen) also immer soviel fordern, daß wir nicht zufriedengestellt werden können.« Die Unruhe, die sich in der sudetendeutschen Bevölkerung nach dem Anschluß breitgemacht hatte, sollte vorerst mit allen Mitteln eingeschläfert werden, um den vorgesehenen Zeitplan nicht zu gefährden. Deshalb legte sich Henlein auch Zügel an, als er auf der um vier Wochen verschobenen, schließlich auf den 23./24. April 1938 nach Karlsbad einberufenen Haupttagung der SdP sein neues Aktionsprogramm verkündete. Inzwischen hatte die Lage eine Zuspitzung erfahren, da Verhandlungen zwischen Regierung und SdP am 1. und 11. April nicht richtig in Gang gekommen waren. Zudem beunruhigte die Anlage von Waffendepots für die tschechische Zivilbevölkerung und die nationalistischen Verbände im Sudetengebiet den deutschen Bevölkerungsteil. Die immer noch nicht ganz behobenen Folgen der Weltwirtschaftskrise und der wirtschaftliche Aufschwung, den Österreich unter der deutschen Verwaltung erfuhr, radikalisierten die sozial schwachen sudetendeutschen Kreise und ließen sie lauthals den Anschluß an das Reich fordern. Eine am 16. April verkündete Amnestie für politische Häftlinge, die 1200 Sudetendeutschen die Freiheit schenkte, und die wenige Tage darauf erfolgte Ausschreibung der Gemeindewahlen für den 22. und 29. Mai sowie den 12. Juni konnten höchstens als Zeichen des guten Willens, nicht aber als ein Einlenken der Regierung gewertet werden. Die Vorlage des mehrfach seit dem 28. März angekündigten Nationalitätenstatuts mit dem Lösungsvorschlag der Regierung stand dagegen immer noch aus. Deshalb stellte Henlein in Karlsbad

als Prüfstein für den guten Willen der tschechoslowakischen Politiker, freundschaftlichen Beziehungen zum Dritten Reich nicht ausweichen zu wollen, drei Grundforderungen auf: Eine Revision des irrigen tschechischen Geschichtsmythos; einen Verzicht auf die Auffassung, als Bollwerk gegen einen »deutschen Drang nach Osten« dienen zu müssen; schließlich eine Neuausrichtung der Außenpolitik und ein Einschwenken in das deutsche Lager. Henlein identifizierte sich ganz mit Hitlers Politik, als er seine »Acht Punkte« als Basis für Verhandlungen zwischen SdP und Regierung aufzählte. Unter Verschweigen von Hitlers Entschlossenheit, sich nur mit einer territorialen Lösung zufriedengeben zu wollen, verlangte Henlein die vollständige Autonomie und eine Entschädigung für das den Sudetendeutschen seit 1918 angeblich zugefügte Unrecht. Der in Erfüllung dieser Forderungen notwendige Staatsumbau wäre für die Prager Regierung vielleicht noch akzeptabel gewesen, wenn Henleins Anspruch auf ein offenes Bekenntnis zum deutschen Volkstum und zur nationalsozialistischen Weltanschauung die Annahme der »Acht Punkte« nicht von vornherein unmöglich gemacht hätte. Eine von Nationalsozialisten vom Schlage Franks verwaltete autonome sudetendeutsche Provinz wäre kaum längere Zeit im Rahmen des tschechoslowakischen Staates zu halten gewesen. Das Reichspropagandaministerium inszenierte kunstvoll ab Ende April einen sich eskalierenden Nervenkrieg, durch den der Weltöffentlichkeit die »unerträgliche soziale und kulturelle Stellung der Sudetendeutschen« suggeriert werden sollte. Deshalb auch fand der am 26. April den Regierungen der Westmächte vorgelegte »Erste Plan« des Nationalitätenstatuts eine ungnädige Aufnahme. Die Spannung wuchs, als die Regierung Hodža durch den Doppelagenten Paul Thuemel von den militärischen Planungen Hitlers und des Oberkommandos der Wehrmacht, die ČSR mit Waffengewalt zu zerschlagen, unterrichtet wurde. Diese nach dem 21. April 1938 ausgearbeiteten Kriegspläne klangen so abenteuerlich, daß ihnen weder in Prag noch im Lager der Westmächte Glaubwürdigkeit zugeschrieben wurde. Nur so ist es zu erklären, daß unzureichende, ja falsche Abwehrmaßnahmen getroffen wurden, durch die die ČSR nur noch rascher in den Strudel des Untergangs geriet.

V. Die Liquidierung der tschechoslowakischen Republik (1938/39)

Die Sudentenkrise und das Abkommen von München

Nach dem Anschluß Österreichs wuchs das Bewußtsein der Bedrohung des Staates in der ČSR stetig an. Immer häufiger wurden warnende Stimmen an den Präsidenten und den Premier herangetragen, durch vertretbare Konzessionen der Gefährdung zu begegnen. Die Regierung unternahm in den Folgewochen vergleichsweise doch sehr wenig, um eine Übereinkunft mit den Sudetendeutschen zu erzielen – zumal damals nicht zu wissen war, daß bei Hitlers Entschlossenheit, die ČSR zu liquidieren, gar kein Einvernehmen würde herbeizuführen sein. In dem Bemühen, nicht wie im Falle Österreichs erneut vor eine vollendete Tatsache gestellt zu werden, schalteten sich die Bündnispartner der ČSR stärker in die einzelnen Phasen zur Beilegung der bald bedrohlich anwachsenden Krise ein. Der Hauptgarant der Tschechoslowakei, Frankreich unter der Regierung Daladier, bemühte sich um eine verbindliche Zusage des britischen Allianzpartners, bei dem sich abzeichnenden militärischen Konflikt um die ČSR die französische Politik vorbehaltlos zu unterstützen. Bei Verhandlungen am 28./29. April 1938 in London konnte keine wesentliche Annäherung der Standpunkte erreicht werden, da einmal unter dem Eindruck von Henleins Werben die Berechtigung vieler sudetendeutscher Forderungen von britischen politischen Kreisen anerkannt wurde, und da zudem die unzureichende Rüstung sowie die strategische Ausgangslage nach der Besetzung des Rheinlands und Österreichs nur eine begrenzte Hilfe im Kriegsfalle zuließen. Und einen Krieg wollten gerade die Briten auch um den Preis beträchtlicher Zugeständnisse an Hitler wenigstens im Jahre 1938 vermeiden. Auf die russische Unterstützung konnte die Prager Regierung vorerst nicht allein bauen, da nach den Säuberungen in der Roten Armee, die durch Benešs wohlmeinende Übermittlung des vom Reichssicherheitshauptamt gefälschten Materials über Marschall Tuchačevskij nach Moskau mit ausgelöst worden waren, das Offizierskorps zuerst reorganisiert werden mußte. Da Polen wegen seiner Ansprüche auf Teschen und Rumänien wegen der vom Deutschen Reich genährten Befürchtungen über die expansiven Zielsetzungen der UdSSR zudem das Durchmarschrecht verweigerten, war an eine Überführung größeren Ausmaßes von Truppen und Material aus der Sowjetunion nach der Tschechoslowakei nicht zu denken. Der französische Ministerpräsident Daladier und der britische Regierungschef Chamberlain einigten sich daher, eine Bereinigung der Sudetenfrage durch Verhandlungen zu suchen. Durch die Gewährung größerer Konzessionen an die Sudetendeutschen glaubte man Hitler beruhigen, England und Frankreich aber ein Krieg ersparen zu können. Schon hier wurde der Grundstein zum »Geist von München« gelegt. Die ČSR blieb ohne wahre Unterstützung, denn auch die Kleine Entente besaß keine einheitliche Zielsetzung

und hätte nur gegen das entwaffnete Ungarn, nicht aber gegen ein von Italien unterstütztes Deutschland eine Einwirkungsmöglichkeit gehabt. Die Sowjetunion versicherte zwar mehrmals ihre Entschlossenheit, im Einvernehmen mit Frankreich ihren Vertragsverpflichtungen gegenüber der Tschechoslowakei nachzukommen; es bleibt jedoch zweifelhaft, ob angesichts der erwähnten Schwierigkeiten hinter den Worten auch eine konsequente Bereitschaft steckte. Doch in der trügerischen Hoffnung, daß alle Bündnispartner im Falle einer deutschen Aggression den Vereinbarungen voll gerecht würden und Hitler dadurch die Hände gebunden seien, hielt es Beneš auch weiterhin für unangebracht, den Minoritäten entgegenzukommen und den nationalitätenpolitischen Frieden herzustellen.
Diese Einstellung erklärt das lasche Vorgehen der Regierung gegenüber der SdP. Erst am 18. Mai, nach einem weiteren Besuch Henleins in London, wurden die Verhandlungen über die zweite Fassung des Nationalitätenstatus aufgenommen, am Tage darauf von der SdP jedoch mit der Begründung abgebrochen, daß in der durch die »tschechischen Provokationen« äußerst gespannten Atmosphäre im Sudetengebiet Gespräche nicht mehr zum Erfolge führen könnten. Beneš besaß damit einen Trumpf, um als Antwort auf mehrfache Demarchen der Westmächte die Unersättlichkeit und Unglaubwürdigkeit der Henlein-Partei darzulegen und um seinen Standpunkt zu bekräftigen, daß die notwendigen Veränderungen auf einen Nationalitätenstaat hin nur im Rahmen der Verfassung durchgeführt werden könnten. Eher als die Diplomaten der Westmächte hatte der tschechoslowakische Präsident erkannt, daß auch die Gewährung einer Autonomie nicht genügen werde, um Hitler endgültig zufriedenzustellen, da die Sudentenfrage nur einen Bestandteil im größeren Osteuropa-Konzept des Dritten Reiches bildete. Hier schätzte Beneš – wie das Jahr 1939 beweisen sollte – die Entwicklung in ihrem europäischen Zusammenhang richtig ein; sein Beharren auf einer dauerhaften Beseitigung der »deutschen Gefahr« findet hierin eine gewisse Rechtfertigung. In dem verständlichen Bemühen, das Gesetz des Handelns zurückzugewinnen, sollte die Teilmobilmachung vom 20. Mai 1938 der erste und letzte Versuch der tschechoslowakischen Politik bleiben, sich der Gängelung durch die Großmächte zu entziehen und das Schicksal in die eigene Hand zu nehmen.
Bis heute sind die Hintergründe für diesen Entschluß noch nicht mit letzter Sicherheit geklärt. Obschon die Militärs, gestützt auf die von britischen und tschechischen Informanten gemeldeten deutschen Truppenkonzentrationen entlang der Grenze zur ČSR, stärker als die Politiker eine Mobilmachung gefordert haben dürften, ließen sich aber auch die Zivilisten auf einer Plenarsitzung der Regierung unter Leitung Benešs von der Unumgänglichkeit dieser Präventivmaßnahme überzeugen. Die zusätzlich unter die Fahnen gerufenen 180000 Reservisten wurden in die personell unterbesetzten Verteidigungsstellungen eingewiesen und sollten Hitler von einem – zu diesem Zeitpunkt jedoch keinesfalls geplanten – Angriff abschrecken. Beneš wollte durch die Teilmobilmachung wahrscheinlich auch die erste Etappe der Gemeindewahlen beeinflussen und die Westalliierten zu einer eindeutigen, für

die Zukunft verbindlichen Stellungnahme gegen mögliche deutsche Aggressionsabsichten zwingen. Erst die plumpe anti-nationalsozialistische Pressekampagne in der ČSR, in der völlig ungerechtfertigt die Teilmobilmachung als ein tschechischer Triumph und eine deutsche Niederlage ausgeschlachtet wurde, veranlaßten Hitler, die seit dem 21. April erwogenen Angriffspläne endgültig zu formulieren und ohne Zögern konsequent zu verfolgen. In der am 30. Mai 1938 neugefaßten Weisung »Grün« legte Hitler seinen »unabänderlichen Entschluß« nieder, »die Tschechoslowakei in absehbarer Zeit durch eine militärische Aktion zu zerschlagen«. Nach Berücksichtigung der gesamteuropäischen politischen und militärischen Lage verfügte Hitler am 18. Juni, »ab 1.10.1938 jede günstige politische Gelegenheit zur Verwirklichung dieses Ziels auszunutzen«. Die Vermittlungsbemühungen der Westmächte bestätigten ihn in seiner Überzeugung, daß Frankreich und Großbritannien nicht mit militärischen Maßnahmen gegen seine expansionistische Ostpolitik einschreiten würden. So galten seine nächsten Schritte nicht nur der Abtretung des Sudetengebiets, sondern bereits der Weichenstellung für die Eingliederung der Rest-Tschechoslowakei.
Als am Tage nach der Teilmobilmachung die SdP, zu der sich jetzt bereits mehr als 1,3 Mill. Mitglieder bekannten, mit rund 90% der sudetendeutschen Stimmen aus den Gemeindewahlen hervorging, hielt das sich geprellt vorkommende britische Kabinett Beneš eindringlich zu entgegenkommenden Verhandlungen mit den Henlein-Leuten an. An eine Erfüllung der Karlsbader Forderungen wurde dabei nicht gedacht. Die am 30. Mai offerierten Zugeständnisse gingen nicht über das Prinzip der Proportionalität hinaus. Doch schnell wandelte sich die Szene: Nach dem zweiten Verhandlungstag am 8. Juni zeichnete sich ein so weitgehendes Nachgeben der Prager Regierung ab, daß Henlein nach der Akzeptierung seiner vorgelegten »Vierzehn Punkte« die Aufforderung, in die Regierung einzutreten, nicht abschlagen zu können glaubte. Diese Entwicklung lag keinesfalls im Interesse Berlins, das ein hinhaltendes Taktieren anordnete. Selbst eine Änderung ihrer Außenpolitik um 180 Grad und die vorbehaltlose Erfüllung der Karlsbader Forderungen hätte nach dem Juni 1938 der Prager Regierung bei Hitlers Entschlossenheit, den Staat der Tschechen und Slowaken zu zerschlagen, nichts genützt. Von Hitler und Henlein getäuscht sowie von der betrügerischen Ruhe und den Scheinverhandlungen eingeschläfert, zeigten sich Daladier und vor allem Chamberlain im Frühsommer 1938 durchaus von der Möglichkeit eines friedlichen Ausgleichs überzeugt.
Doch nicht allein die SdP, auch die polnischen und die ungarischen Minderheitsparteien meldeten im Frühjahr 1938 analoge Forderungen nach Gewährung einer Gebietsselbstverwaltung an. Die Regierungen ihrer Heimatstaaten pflegten enge Kontakte untereinander und mit dem Deutschen Reich. Als besonders peinlich für die Regierung Hodža erwiesen sich aber die wiederbelebten Autonomieforderungen der Slowakischen Volkspartei Hlinkas, die am 4./5. Juni 1938 bei den Feiern zum 20. Jahrestag der Unterzeichnung des Pittsburgher Abkommens in Preßburg einen Höhepunkt erreichten. Nur mit

der Föderalisierung des Staates wollten sich Hlinka und seine Anhänger zufrieden geben. Die Kluft zwischen einem beträchtlichen Teil – sicher an die 50% – der Slowaken und den Anhängern Hodžas wurde auf einer »zentralistischen« Gegenkundgebung am 6. Juni offenkundig. Bei diesen auseinanderstrebenden, auf einen grundsätzlichen Staatsumbau zielenden Tendenzen mußte in der Weltöffentlichkeit allmählich der Eindruck entstehen, daß diesem »künstlichen Staat« nur durch eine radikale Amputation zu helfen sei.

Inzwischen schleppten sich die Verhandlungen zwischen SdP und Regierung lustlos dahin. Das Kabinett hielt Henleins »Vierzehn Punkte«-Memorandum vom 8. Juni – abgesehen von einigen extremen Forderungen – für realisierbar und zeigte sich bereit, den Vorstellungen der SdP über eine staatliche Reorganisation zu entsprechen. Meinungsverschiedenheiten über das geforderte freie Bekenntnis zur nationalsozialistischen Weltanschauung, die im völligen Widerspruch zur tschechoslowakischen Demokratie stand, konnten in den Verhandlungen vom 14. Juni nicht ausgeräumt werden. Eine am 23. Juni an die Regierung gerichtete Stellungnahme der SdP bildete die Grundlage für dreimonatige Verhandlungen, die für die SdP von einem Ausschuß unter dem Abgeordneten Ernst Kundt und für den Ministerrat von Hodža geführt wurden, bis Beneš sie Ende August selbst in die Hand nahm. In der Hoffnung, strittige Fragen mit der Zeit beilegen zu können, gab sich die Regierung optimistisch und glaubte an einen erfolgreichen Abschluß der Beratungen. Bald aber wurde die Ausweglosigkeit der Bemühungen offenbar, denn Kundt, an eine strikte Marschroute gebunden, hatte das Kabinett nur hinzuhalten. Über die bornierte Unnachgiebigkeit einiger Regierungsmitglieder wie Šrámek und Dérer tief verbittert, erwog Hodža andererseits Mitte Juli ernsthaft seinen Rücktritt. Auch in den tschechisch-slowakischen Gesprächen war Ende Juli der Verhandlungsspielraum erschöpft. Benešs vermittelndes Eingreifen und die Überlegung, daß ein Auseinanderbrechen der Koalition nur den Gegnern nützen werde, hielt die Regierung notdürftig zusammen. Als Kabinett und SdP nur noch den Ausweg in Pressepolemiken und gegenseitigen, nicht ganz ungerechtfertigten Beschuldigungen sahen, schalteten sich die Westmächte direkt in die Verhandlungen ein.

Den ganzen Frühsommer über hatte sich die britische Diplomatie bemüht, Prag zu einem Einlenken und Berlin zu einer Mitwirkung an den Verhandlungen zwischen SdP und Hodža zu veranlassen. Im guten Glauben an die übertriebenen Schilderungen Henleins über die »Verfolgung« der Sudetendeutschen schreckte Lord Halifax, der im Februar 1938 als Nachfolger Edens die Leitung des Foreign Office übernommen hatte, nicht vor dem Versuch zurück, Beneš durch die Drohung einer Kündigung der französisch-tschechoslowakischen Allianz unter Druck zu setzen. Der britische Botschafter in Berlin, Sir Nevile Henderson, dem eine bedeutsame Rolle bei der Festlegung der englischen Außenpolitik zukam, trat mit Verve für einen härteren Kurs gegen die ČSR und die Unterstützung der von Hitler gedeckten Forderungen der SdP ein. Der französische Ministerpräsident Daladier wollte dieses Spiel

zwar nicht mitmachen, doch auch er trieb eine doppelbödige Politik: Er und sein zwielichtig agierender Außenminister G. Bonnet versuchten einen deutschen Angriff auf die ČSR und damit das Wirksamwerden der Bündnisverpflichtung um jeden Preis abzuwenden, gleichzeitig aber Hitler davon zu überzeugen, daß sich seine – ihnen in ihrem ganzen Ausmaß ja nicht bekannten – Forderungen auch auf friedlichem Wege realisieren lassen würden. Erste Andeutungen, den Sudetendeutschen durch die Abhaltung eines Plebiszits Genüge zu tun oder die ČSR zu neutralisieren und unter die Garantie der Großmächte zu stellen, wurden in Prag entschieden zurückgewiesen. Als sich aber die direkten Verhandlungen Hodža–Kundt festgefahren hatten, griffen Chamberlain und Halifax einen bereits Ende April 1938 erwogenen Vorschlag auf, einen »inoffiziellen britischen Vermittler, der das Vertrauen Dr. Hodžas und Henleins genieße«, nach Prag zu entsenden. Hier darf nicht unerwähnt bleiben, daß die Mission Lord W. Runcimans von vornherein von der Prämisse einer möglichen Neutralisierung der ČSR und der Durchführung einer Volksabstimmung, die eine Mehrheit für den Anschluß des Sudetenlandes an das Reich erwarten ließ, ausging. So sind das Abkommen von München und die in ihm zwangsweise begründete Errichtung des Protektorats im März 1939 nicht zuletzt auch auf die britische Initiative und die der englischen Politik unterlaufenen Fehlbeurteilungen zurückzuführen.
Während Hitler im Sommer 1938 seinen Friedenswillen beteuerte, insgeheim aber systematisch seine Kriegsvorbereitungen traf und die polnische und ungarische Regierung für seine Pläne zu gewinnen trachtete, ersuchte Beneš am 23. Juli unter dem stärksten Druck Londons, der »wohl einer ultimativen Drohung gleichkam«, um die Vermittlung des »neutralen« Lord Runciman. Die britische Regierung war entschlossen, die Tschechoslowakei-Pläne Hitlers, einen militärischen Konflikt ausgenommen, zu unterstützen und die Erfüllung der sudetendeutschen Forderungen – selbst den Wunsch nach Angliederung an das Reich – zu erzwingen. Als die SdP am 26. Juli der Vermittlung des Lord-Präsidenten des Geheimen Königlichen Kabinettsrates zustimmte, war das Gesetz des Handelns der Prager Regierung bereits entglitten. Sie zeigte in den am 3. August aufgenommenen Besprechungen großes Verständnis und eine zunehmende Kompromißbereitschaft. Der insgesamt schleppende Verlauf der Vermittlungsaktion bewog Halifax am 18. August zu der Empfehlung an Runciman, keinen eigenen Ausgleichsvorschlag zu unterbreiten, sondern entweder die Abhaltung einer Konferenz der interessierten Staaten zur Regelung der ungelösten Fragen zu empfehlen oder die Durchführung eines Plebiszits anzuregen. Selbst als Beneš in letzter Stunde am 24./25. August die Verhandlungsführung an sich riß und in seinem »Dritten Plan« weitreichende Zugeständnisse anbot, ja, als er am 5. September im Prinzip die Karlsbader Forderungen Henleins im »Vierten Plan« erfüllte, bestanden kaum noch Chancen für eine friedliche Beilegung des Konflikts, zumal Hitler unverrückbar an der Durchführung der militärischen Lösung festhielt. Während Runciman und Beneš mit Kundt noch um die Sprachengesetzgebung, Beamteneinstellungen und das Ausmaß der

Selbstverwaltung rangen, ließ Hitler planmäßig den Einmarsch für den 1. Oktober vorbereiten.
Bereits am 31. Juli hatte während des »Deutschen Turn- und Sportfestes« in Breslau eine Aussprache zwischen Hitler, Henlein und Frank stattgefunden. Am 26. August veröffentlichte die SdP einen »Aufruf über das Notwehrrecht«, der die Spannungen in beiden Lagern erhöhen und die Weltöffentlichkeit davon überzeugen sollte, daß das Leben der Sudetendeutschen durch »marxistische Terroristen« schwer gefährdet sei. Henlein schaltete sich Ende August stärker in die laufenden Verhandlungen Runciman–SdP ein und rang der britischen Delegation die Zusage ab, selbst einen Kompromißvorschlag zu unterbreiten, wenn die direkten tschechoslowakisch-sudetendeutschen Gespräche bis zum 15. September nicht zum Erfolg führen sollten. Hitler und seine sudetendeutschen Statthalter mußten sich nach diesem taktischen Fehler Runcimans geradezu ermutigt fühlen, jedes noch so weitgehende Einlenken Prags zurückzuweisen, um bei dem offenkundigen Bestreben Londons, jeden militärischen Konflikt zu vermeiden, die tschechoslowakische Regierung mit britischer Schützenhilfe zur vollständigen Kapitulation zu zwingen. Dieser Konzeption entsprach die Marschroute, die einzuhalten Hitler am 1./2. September Henlein bei einem Besuch in Berchtesgaden befohlen hatte.
In Prag hatte man sich – nicht aus freiem Willen, sondern unter starkem französischen und britischen Druck und der durch die offenkundigen deutschen militärischen Vorbereitungen sowie den bevorstehenden Parteitag in Nürnberg geschaffenen äußerst prekären Zwangslage – am 5. September zu der Bereitschaft durchgerungen, im »Vierten Plan« dem Karlsbader Programm der SdP zu entsprechen. Bevor die überraschte SdP ihr weiteres Vorgehen festlegen konnte, bot ihr ein geschickt inszenierter Zwischenfall in Mährisch-Ostrau die willkommene Gelegenheit, die Verhandlungen mit der Regierung abzubrechen. Die unentschlossene Haltung des französischen Kabinetts, die schwunglosen sowjetisch-französischen Vorstellungen in Rumänien wegen der Gewährung des Durchmarschrechtes, mehrere Versuchsballons der britischen Regierung in Berlin – so der eine Abtretung befürwortende Leitartikel der »Times« vom 7. September – und die nach einer persönlichen Botschaft an Mussolini ermutigende Reaktion Italiens überzeugten Hitler, daß er die ČSR fast vollständig isoliert hatte. Noch vor einer für den 12. September angekündigten Hitler-Rede auf dem Parteitag in Nürnberg ergriff Beneš in realistischer Einschätzung der deplorablen Lage am 10. im Prager Rundfunk das Wort, um seine Landsleute unverblümt auf die drohende Gefahr aufmerksam zu machen. Den Hinweis, allen Nationalitäten im Rahmen des »Vierten Plans« ihre nationalen Rechte dem Proporz entsprechend zu gewähren, krönte er mit dem Bekenntnis: »Ich war immer Optimist, und mein Optimismus ist heute stärker als je zuvor.« Unter den aggressiven Antworten Görings, Goebbels' und zuletzt Hitlers aus Nürnberg mußte seine Zuversicht aber ins Schwanken geraten.
Dennoch wählte Hitler am 12. September einen relativ gemäßigten Ton. Die

Mißachtung des Selbstbestimmungsrechts der Völker und die Verzögerungstaktik der Prager Regierung mußten zur Begründung der persönlichen Angriffe gegen Beneš herhalten. Hitler verfolgte damit das Ziel, das Kabinett Hodža zu einem Abbruch der Verhandlungen mit der SdP zu provozieren, um anschließend Prag für das Scheitern verantwortlich machen zu können. Bereits in der Nacht vom 9. auf den 10. September hatte Hitler mit dem OKW die letzten technischen Einzelheiten für die Durchführung des Angriffs am 1. Oktober festgelegt. Die von der SdP am 12. und 13. September provozierten Zwischenfälle, die Prag zur Verhängung des Standrechtes im Sudetengebiet zwangen, dienten Henlein und Frank als Anlaß, ihrerseits die für den 13. September angesetzten Beratungen abzusagen und am 15. September den »Heim-ins-Reich«-Aufruf zu erlassen, der sich unter grober Verzeichnung der Tatsachen um den Nachweis bemühte, daß ein Zusammenleben von Deutschen und Tschechen in einem Staat fortan unmöglich sei. Henlein und seine Unterleutnants flohen nach Deutschland; am 16. wurde die SdP aufgelöst. Der deutsche Gesandte Eisenlohr wurde nach Berlin zurückbeordert; die deutsche Gesandtschaft forderte Reichsangehörige zur Abreise auf. Goebbels' Propagandamaschinerie lieferte so genial erfundene Nachrichten über die »Verfolgung« der Sudetendeutschen, daß ein oberflächlicher Beobachter nicht an deren Wahrheitsgehalt zweifeln konnte. Die Aufstellung eines »Sudetendeutschen Freikorps« auf deutschem Gebiet sollte dem »Selbstschutz« der Volksgruppe dienen. Die Ansprachen von SdP-Parlamentariern über deutsche Rundfunkstationen heizten die Spannung im Sudetenland zusätzlich an. Die militärischen Vorbereitungen für einen Angriff wurden planmäßig fortgeführt. In dieser hektischen Atmosphäre verkündete der britische Premier Chamberlain überraschend einen – von ihm seit mehreren Wochen erwogenen – Plan, in konsequenter Fortsetzung seiner Appeasement-Politik durch eine persönliche Aussprache mit Hitler einen Versuch wagen zu wollen, den drohenden Krieg doch noch zu verhindern.

In einem dreistündigen Gespräch am 15. September in Berchtesgaden verstand es Hitler, dem greisen, mit diplomatischen Winkelzügen nur wenig vertrauten Chamberlain die Notwendigkeit der Eingliederung des Sudetengebiets in das Deutsche Reich eindringlich nahezubringen. Hitlers Zusage, bis zur Konsultation der britischen und französischen Regierung stillhalten zu wollen, wertete Chamberlain bereits als einen Erfolg seiner Mission. Die durch diese Unterredung ausgelösten Beratungen zwischen London und Paris besiegelten das Schicksal der Tschechoslowakei: Am 18. September kamen Chamberlain und Daladier überein, Beneš unter stärkstem diplomatischem Druck die Abtretung der Sudetengebiete zu »empfehlen«. Weder die Kritik der Chamberlain-Gegner um Churchill noch die Bedenken der französischen Generalität oder gar das Angebot des deutschen Widerstandes, Hitler bei der Unpopularität eines kriegerischen Unternehmens in Deutschland zu entmachten, konnten die Opferung der ČSR verhindern.

Die dem Kabinett Hodža am 19. September unterbreiteten britisch-französischen »Vorschläge« sahen die Abtretung der Gebiete mit mehr als 50%

deutschen Einwohnern, wenn möglich ohne Plebiszit, unter der Aufsicht einer internationalen Kommission vor. Das Angebot einer Garantie der neuen Grenzen gegen einen unprovozierten Angriff sollte der ČSR die Annahme erleichtern. Die Einlösung der ungarischen und polnischen Forderungen sowie des slowakischen Autonomie-Begehrens wurde vorerst nicht verlangt. Zwar hatte auch Beneš seit dem 15. September eine größere Gebietsabtretung erwogen – die Vorschläge der Alliierten übertrafen jedoch die schlimmsten tschechischen Befürchtungen. Deshalb erteilte die Prager Regierung am Abend des 20. September dem britisch-französischen Plan eine eindeutige Absage, obgleich sie weiterhin Konzessionsbereitschaft signalisierte. Vor allem Hodža und der Beran-Flügel der Agrarpartei waren zu der Auffassung gelangt, daß allein eine Gebietsabtretung den Fortbestand der Ersten Republik gewährleisten könne. Die unerwartet schroffe Reaktion der Westmächte auf die Zurückweisung zwang Beneš in der Nacht vom 20. auf den 21. September, den Regierungsbeschluß zurückzunehmen: Die Drohung, den tschechoslowakisch-französischen Pakt aufzukündigen, und die Erklärung der britischen Regierung, bei einer Aufrechterhaltung der Ablehnung und des zu erwartenden deutschen Angriffs sich am Schicksal der ČSR zu desinteressieren, führten den Umschwung herbei. Am 21. September um 17 Uhr war die Entscheidung von München durch die unter ultimativem Druck zustande gekommene Annahme der alliierten Vorschläge im Prinzip schon vorweggenommen. Erst danach hat die UdSSR in vagen Formulierungen ihre Bereitschaft zu einer Verteidigung der ČSR gegen einen unprovozierten Angriff Hitlers angedeutet – in der Gewißheit, daß die Annahme des britisch-französischen Plans eine Einlösung a priori ausschließen werde. Am 22. September fuhr Chamberlain in dem guten Glauben, jede erdenkliche Schwierigkeit ausgeräumt und den Frieden gerettet zu haben, zu einer weiteren Aussprache mit Hitler nach Bad Godesberg.

Doch Chamberlain erntete bei Hitler keinen Dank, sondern er handelte sich völlig neue Forderungen ein, die noch einmal eine Kriegsgefahr heraufbeschworen. Überzeugt davon, daß weder England noch Frankreich für die ČSR zu kämpfen bereit waren, wollte Hitler seine Maximalforderungen verwirklicht haben- zudem warf er sich zum Protektor der Polen und Ungarn auf, deren Vertreter er am 20. September in Berchtesgaden auf die deutsche Linie eingeschworen hatte. Ultimaten an Prag und Demarchen bei den Regierungen der Westmächte, gekoppelt mit einer verstärkten Aktivität der Nationalitäten, ließen daraufhin die innenpolitischen Spannungen in der ČSR nicht unerheblich anwachsen. Für Chamberlain mußte eine Welt zusammenbrechen, als Hitler seine Bemühungen lakonisch mit: »Es tut mir furchtbar leid, aber das geht nicht mehr«, quittierte und die Durchführung des Anschlusses endgültig bis zum 1. Oktober verlangte. Nachdem ein Abbruch der Verhandlungen bereits nach dem Eintreffen der Nachricht über die tschechoslowakische Mobilisierung drohte, lenkte Hitler scheinbar in einem »Memorandum« ein – ohne die Möglichkeit eines begrenzten Krieges unter Beteiligung Polens, Ungarns und Italiens an der Seite des Reiches auszu-

schließen. Chamberlains Optimismus, den Frieden dennoch erhalten zu können, schien unbegründet.
Bereits am 21. September hatte nämlich die tschechische Bevölkerung mit Demonstrationen unter Rufen nach der allgemeinen Mobilmachung und der Errichtung einer Militärdiktatur unter dem legendären General Jan Syrový auf die Kapitulation vor dem britisch-französischen Plan geantwortet. Die gewaltige, vom Nationalstolz getragene Welle der Entrüstung fegte am Vormittag des 22. September die Regierung Hodža hinweg. Dem Wunsch der Massen entsprechend, wurde eine weitgehend aus Nichtpolitikern bestehende Regierung unter Syrový eingesetzt, die mit Benešs Unterstützung Beruhigung predigte. Die Enttäuschung über den »Verrat« Englands und Frankreichs übertraf die anti-deutsche Stimmung. Durch Zugeständnisse in der Frage der Autonomie-Gewährung konnte Beneš am 23. September die Slowakische Volkspartei aus der Front der Gegner herausbrechen. Nach dem Tode ihres autoritären Parteiführers Hlinka am 16. August 1938 wollten die durchaus staatsbejahenden Politiker des gemäßigten Prälaten-Flügels nicht den Vorschlägen der separatistisch ausgerichteten jungen »Radikalen« folgen und den Staat im Augenblick der größten Gefahr zerschlagen, zumal Ungarn immer unnachgiebiger auf die Rückgabe der gesamten Südslowakei pochte. So befolgten auch die Slowaken die am Spätabend des 23. September verkündete Mobilmachung, die 1,5 Millionen Mann der Altersklassen bis zu 40 Jahren zu den Waffen rief. Auch die betroffenen 300000 Sudetendeutschen und 100000 Ungarn und Polen leisteten der Einberufung weitgehend Folge. Chamberlain dürfte auf Grund der überzogenen Forderungen Hitlers in Godesberg Beneš nicht mehr länger Zurückhaltung bei der Mobilmachung angeraten haben.
Mit 40 Divisionen in gut ausgebauten Stellungen war das Kabinett Syrový nicht bereit, vorbehaltlos dem Godesberger »Memorandum« mit der ultimativ auf den 1. Oktober begrenzten Besetzungsfrist zuzustimmen. Die Kriegsgefahr wuchs, als die Antwort aus Prag am 25. September eindeutig ablehnend ausfiel. Weder Hitler noch Beneš zeigten Kompromißbereitschaft, sondern schlossen systematisch ihre Kriegsvorbereitungen ab. Das britische Kabinett und die französische Regierung tagten in Permanenz; am Abend des 25. und am 26. September wurden die gemeinsamen Beratungen in London fortgesetzt. Um die letzte Friedenschance zu nutzen, sollte Sir Horace Wilson, Chamberlains politischer Berater, Hitler durch eine persönliche Botschaft des Premierministers zum Nachgeben bewegen. Nach einer Rede im Sportpalast am 26., in der Hitler Beneš zum Ziel übelster Ausfälle machte, nach geheimen Teilmobilmachungsbefehlen am 27. und der Festsetzung des Operationsbeginns auf den 30. September schien ein Krieg jedoch unabwendbar zu sein. Allein die Entschlossenheit der Tschechen, ihr Land auch alleine zu verteidigen, und die mit der Regierungspolitik unzufriedene öffentliche Meinung in Frankreich und England bauten Hitlers Überzeugtheit von der Nichtbeteiligung der Westmächte an einem Konflikt ab. Die offene Ablehnung, die am Nachmittag des 27. einem Propagandamarsch motorisierter

Truppen durch das Berliner Regierungsviertel durch die Bevölkerung zuteil geworden war, mußte Hitler zu denken geben. Aber weder der Hitler von Wilson übermittelte Vorschlag Chamberlains, eine Lösung der an sich geringfügigen offenen Streitpunkte im direkten Kontakt Berlin–Prag anzustreben, noch die fortgesetzten fieberhaften Konsultationen zwischen der britischen und der französischen Regierung oder die Friedensbotschaft des amerikanischen Präsidenten Roosevelt zeigten einen gangbaren Ausweg auf.

Unter Hitlers aufrechterhaltener Drohung, am 28. September um 14 Uhr die Gesamtmobilmachung anzuordnen, wenn Prag bis dahin dem Godesberger »Memorandum« nicht zugestimmt habe, konnte Mussolini die seit längerem erwogene Lösungsmöglichkeit der Krise, eine Konferenz der Großmächte Deutschland, Frankreich, Großbritannien und Italien einzuberufen, dem »Führer« nahebringen. Zunächst stimmte Hitler einer Verschiebung der Mobilmachung um 24 Stunden zu. Schließlich stand um 14.40 Uhr des 28. September fest, daß Chamberlain, Daladier, Hitler und Mussolini tags darauf in München zusammentreffen würden. Der Frieden war gerettet. Eine Welle der Begeisterung ergriff die Welt – nur in Prag herrschte tiefe Niedergeschlagenheit. In dem Wissen, bei der Kompromißbereitschaft der Westmächte seinem kleinen Lande keinen isolierten Krieg zumuten zu können, lehnte Beneš das Drängen der Militärs, Deutschland den Krieg zu erklären, ab. Erst um 19 Uhr wurde die Prager Regierung mit dem vagen Versprechen Chamberlains, sich der tschechischen Sache annehmen zu wollen, von dem Zusammentreten der Konferenz unterrichtet und aufgefordert, einen Beobachter nach München zu entsenden. Eine tschechoslowakische Erklärung, jetzt auch ohne Konferenz alle Gebiete mit einer 50prozentigen deutschen Mehrheit ohne Plebiszit abtreten zu wollen, verhallte ungehört. Zu spät, zu gezwungen und mit dem Odium der Unglaubwürdigkeit behaftet, kam dieses Nachgeben; Prag trug an der Ausschaltung bei der Festlegung seiner staatlichen Zukunft wegen seiner verfehlten Nationalitätenpolitik über zwanzig Jahre hinweg ein gerütteltes Maß an Schuld.

Der Ausgang der Konferenz und damit das Schicksal der ČSR war praktisch schon vor den Beratungen der vier Regierungschefs in München entschieden. Auf der Grundlage des Godesberger »Memorandums«, ohne größere Meinungsverschiedenheiten und unter Wahrung der äußeren Formen, verliefen dann die eigentlichen Beratungen, so daß der Unterzeichnung des Münchener Abkommens am 30. September um 1.30 Uhr im Führerbau des »Braunen Hauses« nichts mehr im Wege stand. In formaler Hinsicht ähnelte »München« der Versailler Konferenz: Dort wie hier handelte es sich um die Festlegung der Zugehörigkeit umstrittener Gebietsteile durch Großmächte, um einen Entscheid, auf den die Vertreter der unmittelbar interessierten Bevölkerung keinen direkten Einfluß nehmen konnten. Ein wesentlicher Unterschied bestand jedoch darin, daß die Tschechoslowakei keinen Krieg verloren hatte. Dennoch wurde den tschechischen Vertretern ohne Rücksichtnahme, ja in beinahe entehrender Form der Inhalt des Hauptteils, eines Zusatzes und dreier zusätzlicher Erklärungen zur Kenntnis gebracht. »Unter Berücksichtigung des Abkommens, das hinsichtlich der Abtretung des sudetendeutschen Gebiets bereits grundsätzlich erzielt wurde« und dem auch die ČSR »freiwillig« zugestimmt hatte, legten die Großmächte lediglich die Modalitäten der Übergabe fest. Die Tschechoslowakei wurde praktisch der Willkür Hitlers ausgeliefert: Durch die am 1. Oktober beginnende, bis zum 10. Oktober durchzuführende Besetzung der vier Zonen unter Eingliederung von 800000 Tschechen in das Deutsche Reich verlor die ČSR ihre Lebensfähigkeit. Ohne von der Wirksamkeit der in München vorgesehenen internationalen Garantie wirklich überzeugt zu sein, stimmten die Westmächte der Einbeziehung des seiner strategischen und wirtschaftlichen Positionen beraubten tschechoslowakischen Reststaates in die deutsche Einflußsphäre zu.

Die in dem Schlagwort »München« zusammengefaßten Ereignisse haben wie kaum ein anderer historischer Vorgang einen tiefen Einschnitt in dem Bewußtsein und in der Geschichte der Tschechen und Slowaken zurückgelassen. Die tschechoslowakische Regierung schickte sich in den Spruch, weil sie von ihren Verbündeten in Stich gelassen worden war. Der tschechoslowakische Anteil am Zustandekommen des Münchener Diktats mag darin gesehen werden, daß es dem jungen Staatswesen in den zwanzig Jahren der Ersten Republik an Männern mit dem Mut und der Einsicht gebrach, die schwerfällige, durch Koalitionskompromisse uneffektive parlamentarische Maschinerie zu einer raschen und grundsätzlichen Abstellung der im Ansatz nicht von vornherein unbegründeten oder gar staatsgefährdenden Klagepunkte der Minderheiten zu zwingen. Die tschechoslowakische Politik hat in nationalen Fragen stets die notwendige Dynamik vermissen lassen und nur unter Zwang reagiert, anstatt selbst die Initiative zu ergreifen. Trotz ihres offenen Bekenntnisses zur parlamentarischen Demokratie nach westlichem Vorbild, zur persönlichen Freiheit und zur Achtung der Menschenrechte, trotz ihres unverbruchlichen Friedenswillens in einer Umwelt der totalitären Instrumentalisierung des Menschen und des Staates sowie des National- und Rassenhasses haben es die tschechoslowakischen Staatsmänner nicht verstanden, durch Großzügigkeit und mit dem erforderlichen Pragmatismus die Sudetendeutschen zu loyalen Staatsbürgern heranzuziehen.

Die Sudetendeutschen dagegen ließen sich früh vom Virus des Nationalsozialismus infizieren und, von Hitlers Magie und Programm geblendet, unter mißbräuchlicher Verwendung ihres Rechts auf nationale Selbstbestimmung zu einem Instrument eines antidemokratischen, inhumanen und totalitären Systems degradieren. Die freiwillige Aufgabe der politischen Entscheidungsfreiheit durch die Führung der SdP und die bedingungslose Auslieferung des sudetendeutschen Schicksals an einen Mann wie Hitler konnten nur in einer Atmosphäre der nationalen Hysterie stattfinden, die einmal durch die Versäumnisse der tschechoslowakischen Regierungen und dann durch ihre propagandistisch-übersteigerte Ausschlachtung und Intoleranz auf deutscher Seite vorgegeben war.

Die an sich einander widersprechenden Begriffe »Selbstbestimmungsrecht« und »Imperialismus« wurden von Hitler während der Sudetenkrise von 1938 verschmolzen und sind wie die Instrumentalisierung der Nation und der Volksgruppen ein Beispiel für den allgemeinen Vorgang der Mittelsetzung politischer Ziele. Gegen einen zum Kampf und Krieg um den Lebensraum fanatisch entschlossenen Hitler, in dessen Augen sich die kleinen Völker Europas dem »Führervolk des Großraums auf Gedeih und Verderb« auszuliefern hatten, wäre aber auch ein intaktes, in sich geschlossenes Staatswesen ohne Chance geblieben. Bevor die Krise der tschechoslowakischen Staatsidee, die fragwürdige Prager Nationalitätenpolitik, die kurzsichtige Opposition und der Mangel an Loyalität bei den Sudetendeutschen, das Scheitern des Systems der kollektiven Sicherheit und damit der Außenpolitik von Beneš sowie das Versagen der kränklichen Appeasement-Politik als gewiß äußerst bedeutsame Faktoren zur Erklärung des Auseinanderbrechens der ČSR und der planvollen Entfesselung des Zweiten Weltkriegs durch Hitler herangezogen werden, sollte die deutsche Selbsterkenntnis zuerst nach der Eigenverantwortung fragen, warum und wie durch das Gelingen der inneren Machtergreifung in Deutschland erst die Voraussetzungen für Hitlers maßlose Raum- und Ausrottungspolitik geschaffen wurden.
Im Münchener Abkommen lag der nächste Schritt in Hitlers Ostpolitik – die Ausrufung des slowakischen Vasallenstaates am 14. und die Errichtung des Protektorats am 15. März 1939 – als logische Konsequenz zwingend vorgezeichnet. Das Aufatmen nach der monatelangen Kriegsgefahr schwemmte klare Analysen und kritische Stimmen hinweg: In Deutschland, Frankreich und Großbritannien identifizierte sich die enthusiastische Bevölkerung mit den Worten des erschöpften Chamberlain: »Ich glaube, daß dies ein Frieden für unsere Zeit ist.«
In der durch die Härte des Spruches erschütterten tschechischen und slowakischen Bevölkerung machte die Resignation bald einem lauten Ärger gegen die Verbündeten und gegen Beneš persönlich Platz, dessen unentschlossenem Taktieren die Hauptverantwortung für die Katastrophe angelastet wurde. Der revolutionäre Schwung des 22. September war sogleich verflogen. Polen und Ungarn pochten in Ultimaten auf ihr in München verbrieftes Recht, die von ihren Minderheiten bewohnten Gebiete möglichst rasch übertragen zu erhalten. Am 2. Oktober besetzten polnische Truppen das Gebiet von Teschen. Die Ungarn gaben sich zwar militant, hatten aber den Mut zu militärischem Vorgehen nicht. Nach dem von ihnen verursachten Abbruch der Verhandlungen in Komorn am 13. Oktober einigten sich Prag und Budapest, eine deutsch-italienische Arbitrage anzurufen. Am 2. November 1938 sprachen Ribbentrop und der italienische Außenminister Ciano im »Ersten Wiener Schiedsspruch« Ungarn großzügig die Südslowakei und Teile der Karpatenukraine zu. Bei den am 30. September begonnenen Sitzungen der Internationalen Botschafterkonferenz konnte der Vertreter der ČSR bei der Uninteressiertheit der britischen und französischen Repräsentanten kaum Konzessionen durchsetzen: unter Vorbehalt stimmte das Kabinett Syrový am

20. November 1938 der endgültigen Linienführung der Grenze gegenüber dem Deutschen Reich zu und gab ihrem Abgleiten ins deutsche Lager durch die Genehmigung eines Autobahnprojekts von Breslau nach Wien und zum Bau des Oder-March-Donau-Kanals beredten Ausdruck.

Das Auseinanderbrechen der Tschecho-Slowakischen Republik

Während die Folgen des Münchener Diktats auf außenpolitischem Gebiet vorherzusehen gewesen waren, mußten die sich überstürzenden innenpolitischen Erschütterungen überraschen. Die Prager Regierung sah keine reale Chance, allein auf das vage sowjetische Hilfeversprechen gestützt, den Spruch zurückzuweisen und einem auf dem Höhepunkt seiner außenpolitischen Erfolge stehenden Hitler Paroli zu bieten. Der Zusammenbruch des bisherigen Allianzsystems zwang Prag zur Neuausrichtung seiner Politik auf Berlin. Die öffentliche Meinung wandte sich gegen die Verantwortlichen des politischen Fiaskos und damit gegen Beneš persönlich, der am 5. Oktober 1938, nach der Weigerung Hodžas, in einem Präsidialkabinett das Außenministerium zu übernehmen, »seiner eigenen Initiative folgend und nicht unter irgendwelchem Druck« die Konsequenzen zog und zurücktrat. Am 22. Oktober verließ er das Land, um in seinem zweiten Exil fortan unermüdlich sein Ziel zu verfolgen, in einem zu erwartenden »II. europäischen Weltkrieg ... wie 1914 wieder einen allgemeinen, allseitigen Kampf« zu beginnen und eine Revision der Entscheidung von München zu erreichen. In Prag dagegen fiel die Politik von einem Extrem in das andere: Der rechte Flügel der Agrarpartei bemächtigte sich der Regierung und gliederte den Reststaat mit der stillschweigenden Duldung der Westmächte fast vorbehaltlos in das deutsche Hegemonialsystem ein.
Zuerst war den Forderungen der Slowakischen Volkspartei nachzukommen, die am 6. Oktober 1938 die anderen slowakischen politischen Organisationen unter Druck veranlaßt hatte, sich hinter das Autonomieprogramm zu stellen und die Schwäche der Zentralregierung zu weitreichenden Zugeständnissen in der Landesselbstverwaltung auszunützen. Eine von radikalen Nationalisten gewünschte Eigenstaatlichkeit hielt der am 7. Oktober von Premier Syrový bestätigte neue slowakische Ministerpräsident J. Tiso im Augenblick noch für inopportun, obgleich jetzt auch die klerikale Führungsgruppe ein evolutionäres Verselbständigungsprogramm künftig zu verfolgen bereit war. Am 8. Oktober wurde auch dem jetzt in »Karpaten-Ukraine« umbenannten Ruthenien eine autonome Landesregierung unter dem Vorsitz des magyarophilen A. Bródy zugestanden, der jedoch bereits am 26. Oktober dem Msgr. A. Woloschin Platz machen mußte. Bei dem Fehlen der notwendigen wirtschaftlichen und finanziellen Voraussetzungen und bei dem Mangel an Erfahrung im praktisch-politischen Bereich konnten sich bald ehrgeizige junge Politiker an die Spitze von faschistoiden, anti-tschechischen Bewegungen setzen und zur steten Beunruhigung des Reststaates beitragen. Paramilitäri-

sche Formationen wie die slowakische Hlinka-Garde und der ruthenische Sič mit einem aus faschistisch-nationalsozialistisch-ständestaatlichen Vorstellungen gewonnenen ideologischen Konglomerat sicherten Sidor, Mach, Ďurčanský und dem amnestierten Tuka in der Slowakei sowie den Brüdern Revay in der Karpaten-Ukraine ein Mitspracherecht auch in der tschecho-slowakischen Innenpolitik. Aus Opportunismus und in lautstark bekundeter Germanophilie trugen sie zudem Sorge, daß Hitlers Wünschen und Anregungen von Prag weitestgehend nachgekommen wurde. Die nach langem Tauziehen am 23. November 1938 verabschiedeten Autonomie-Gesetze mit der Föderalisierung des Staates zur Tschecho-Slowakischen Republik schufen nicht die Voraussetzung für eine wirkliche Normalisierung der innenpolitischen Lage, sondern trugen durch die unklaren Formulierungen und die illusionären Machtbefugnisse für die Länder Slowakei und Karpaten-Ukraine zum schnellen Verfall der Č-SR bei.

Die Umorientierung der tschecho-slowakischen Politik auf das Deutsche Reich nahm der neue Außenminister F. Chvalkovský in der Folgezeit energisch in die Hand. Am 13. Oktober konnte er vor Ribbentrop in Berlin, tags darauf vor Hitler in München die Entschlossenheit seiner Regierung betonen, mit der Katastrophenpolitik Masaryks und Benešs zu brechen, um »in der Zukunft eine Politik der engsten Zusammenarbeit mit Deutschland (zu) verfolgen ...« Diese neue Außenpolitik bedingte natürlich die Aufgabe des bisherigen Bündnissystems. Hitler machte der Prager Regierung innenpolitisch zur Auflage, sich der Betätigung der NSDAP und einem Verbot der KPTsch nicht zu widersetzen und militärisch umfassend abzurüsten. Hitler war jedoch nicht bereit, diese Unterwerfung durch Zugeständnisse bei der endgültigen Grenzfestlegung oder bei der Beilegung der Gebietsstreitigkeiten mit Polen und Ungarn zu honorieren. Weder zu einem persönlichen Entgegenkommen gegenüber Chvalkovský, der sich um die Nachfolge im Amt des Staatspräsidenten bemühte, noch zur loyalen Einhaltung des Münchener Diktats sah sich der mit der friedlichen Beilegung des Konflikts von Anfang an unzufriedene Hitler veranlaßt: Am 12. und am 19. Oktober trugen Minister der slowakischen Landesregierung Göring und Ribbentrop ihre Souveränitätspläne vor und hatten nichts dagegen einzuwenden, daß ihnen Hitler die bisherige Rolle der Sudetendeutschen übertrug. Sie sollten, unterstützt vom deutschen Sicherheitsdienst und der verbliebenen deutschen Minderheit, als leicht lenkbare »Fünfte Kolonne« je nach politischer Opportunität den Vorwand zur endgültigen Liquidierung der Č-SR liefern. Denn bereits am 21. Oktober befahl Hitler dem OKW, bei der »Erledigung der Rest-Tschechei ... (für) die rasche Besetzung der Tschechei und die Abriegelung gegen die Slowakei« Vorsorge zu tragen.

Hand in Hand mit dem Bemühen um die Gunst des Deutschen Reiches liefen auch die Normalisierungsbestrebungen im Innern. 41296 von 140508 qkm waren an die Nachbarn verlorengegangen mit 70% der Schwerindustrie, 80% der Textilproduktion, 66% der Kohlevorkommen, 70% der Elektrizitätserzeugung und 40% der Holzbestände. Knapp 3 Mill. Sudetendeutsche,

500000 Ungarn, 100000 Polen, doch auch 875000 Tschechen und 290000 Slowaken waren von der neuen Grenzziehung betroffen; die Č-SR hatte neben 40% des Nationaleinkommens auch 4,75 Mill. Menschen, rund ein Drittel der Gesamtbevölkerung, eingebüßt. Die Neuausrichtung der Außenpolitik mußte die vom Schock des Münchener Abkommens gelähmte Bevölkerung ebensosehr verblüffen wie die in rascher Folge durchgeführte Anpassung der innenpolitischen Verhältnisse nach deutschem Vorbild: ein Einparteien-System, die Suspendierung der Verfassung nach der Verabschiedung eines Ermächtigungsgesetzes durch die am 1. Dezember 1938 eingesetzte Regierung Beran, das Aufleben eines offenen Anti-Semitismus, die beißende Kritik an allen bislang staatserhaltenden Werten. Die von der Slowakischen Volkspartei – als Generalprobe für die insgeheim vorbereitete Eigenstaatlichkeit – durchgeführten Landtagswahlen nach dem bewährten deutschen Muster mit Einheitsliste und plebiszitärer Befragung am 18. Dezember 1938, die festliche Eröffnung des Landtags am 18. Januar 1939 und die erste Arbeitssitzung zwischen dem 21. und 23. Februar sprachen der bisherigen demokratisch-parlamentarischen Praxis ebenso Hohn wie das Verbot jeglicher Opposition und die Einrichtung von Konzentrationslagern für politische Gegner. Die nach ermüdenden tschechisch-slowakischen Verhandlungen schließlich am 30. November 1938 vollzogene Wahl des unpolitischen, aber gutwilligen Dr. E. Hácha, zuvor Präsident des Obersten Verwaltungsgerichtshofs, zum Staatspräsidenten dokumentierte die jetzt dem Staatsoberhaupt allein zukommende rein repräsentative Funktion. R. Beran, der einflußreiche Vorsitzende der tschechischen Agrarier, der sich endlich zur Übernahme der Regierungsgeschäfte entschloß, konnte wegen des beträchtlichen Substanzverlusts und des fehlenden inneren Zusammenhalts mit all seinem schlauen Operieren die drängenden Aufgaben keiner dauerhaften Lösung zuführen. Wenn auch seine Regierung die wirtschaftlichen Schwierigkeiten trotz der Stornierung des in München zugesagten britischen Darlehens – allerdings kaum zufriedenstellend – zu meistern verstand, reichten die ergriffenen Maßnahmen doch nicht aus, die immer selbstbewußter auf die volle staatliche Selbständigkeit hinsteuernden Slowaken in Schach zu halten oder gar Abwehrmaßnahmen gegen die von Hitler konsequent verfolgte Politik einer Liquidierung des Reststaates zu ergreifen.
Ohne wirkliche Anteilnahme stellten die britische und die französische Regierung im November 1938 Überlegungen an, wie sie die der Č-SR im Art. 6 der Londoner Vorschläge vom 19. September und im Art. 8 des Münchener Abkommens zugesagte internationale Garantie verwirklichen könnten. Im Januar 1939 kamen sie überein, sich um eine gemeinsame Garantie aller vier Signatarstaaten zu bemühen und diese in dem System der europäischen Politik zu verankern. Erst am 8. Februar forderten Paris und London die Reichsregierung ohne großen Nachdruck zu einer Stellungnahme zu diesen Plänen auf. Als die – weitgehend von Hitler selbst konzipierte – dilatorische Antwort dem britischen und dem französischen Botschafter schließlich am 2. März überreicht wurde, hatte sich der deutsche Reichskanzler aber bereits zur bal-

digen Beilegung der leidigen tschecho-slowakischen Frage in seinem Sinne entschlossen.

Schon im November 1938 hatten führende Politiker in Prag befürchtet, daß von deutscher Seite noch weiterreichende Forderungen auf außenpolitischem, militärischem und wirtschaftlichem Gebiet gestellt werden könnten; sie hofften jedoch, »daß ihrem Land die äußere Unabhängigkeit belassen und für das von selbst gegebene Vasallenverhältnis eine Form gefunden wird, die sie vor dem eigenen Volk vertreten können«. Hitler hatte nie die Absicht, sich durch eine Grenzgarantie die Hände binden oder durch eine Bürgschaftsgewährung der Westmächte gar seine Anschlußpläne gefährden zu lassen. Einen im Auswärtigen Amt vor dem 20. November 1938 gefertigten Entwurf eines »Freundschaftsvertrages« schienen Hitler und Ribbentrop anfangs als eine praktikable und durchaus annehmbare Basis zur Lösung der Garantiefrage wie zur Ausgestaltung der deutsch-tschecho-slowakischen Beziehungen zu beurteilen. Zwei von Berlin abgesagte Konsultationsgespräche mit Chvalkovský im November und Dezember schoben die Unterzeichnung auf, bis sich Hitler unter dem Eindruck eines angeblichen »Wiederauflebens des Beneš-Geistes« Mitte Dezember zur militärischen Besetzung der Č-SR entschlossen haben dürfte. Als Chvalkovský endlich am 21. Januar 1939 bei Ribbentrop und anschließend bei Hitler vorgelassen wurde, um herauszufinden, »was man von der Tschechoslowakei erwarte«, wurde er trotz der Beteuerung der Willfährigkeit seiner Regierung, in allen strittigen Fragen einlenken zu wollen, ohne Erwähnung der noch ausstehenden Garantie mit dem Eindruck entlassen, daß von Berlin weder eine Unterstützung bei der Konsolidierung der innenpolitischen Verhältnisse noch ein Entgegenkommen bei der Absicherung der staatlichen Existenz der Č-SR zu erwarten sei. Das latente Gefühl der Verunsicherung wurde durch die aktive deutsche Förderung der slowakischen Separationsbewegung noch weiter gesteigert. Ein Empfang des fanatisch anti-tschechisch eingestellten V. Tuka durch Hitler am 12. Februar und die Vorsprachen der Minister Ďurčanský und Pružinský bei Göring am 1. März, das Wiederaufleben der verzerrenden deutschen Presse- und Rundfunkpropaganda und die Intensivierung der deutschen Agententätigkeit mußten der Regierung Beran als eine Bestätigung ihrer Besorgnis gelten. Die ungnädige deutsche Reaktion vom 3. März auf eine schüchterne Anfrage nach dem Stand der Überlegungen zur Garantiegewährung war ein ebenso schlechtes Vorzeichen wie die Tatsache, daß einem persönlichen Sendboten des Außenministers Chvalkovský, dem Gesandten Masařík, zwei Tage zuvor weder Ribbentrop noch ein hoher Beamter in der Wilhelmstraße Gehör geschenkt hatten, obschon seine Vorschläge zur Erhaltung einer tschecho-slowakischen Pseudostaatlichkeit von der Bereitschaft zum Abgleiten in ein Suzeränitätsverhältnis zum Deutschen Reich ausgegangen waren.

Als Prag nach mehrmaligem deutschen Urgieren, als Voraussetzung für die Gewährung der Garantie endlich Ordnung im eigenen Hause zu schaffen, von der slowakischen Landesregierung eine Loyalitätserklärung und die

Aufgabe des Separationskurses verlangte, hielt Hitler den Zeitpunkt zum Handeln für gekommen. Die ausweichenden slowakischen Stellungnahmen am 1. und 6. März sowie das Fernbleiben des Premiers Tiso bei einer für den 9. März angesetzten Sitzung der Zentralregierung veranlaßten Beran und Hácha, scharf durchzugreifen. In der Nacht vom 9. auf den 10. März 1939 wurden Tiso und drei Minister der Landesregierung ihrer Posten enthoben und kleinere Militär- und Gendarmerieeinheiten in Richtung Slowakei in Marsch gesetzt. Der nach Wien entflohene Verkehrsminister Ďurčanský lieferte prompt ein Hilfeersuchen, um Hitler einen Vorwand zur Besetzung der ČSR in die Hand zu spielen. Als aber der mit der Neubildung der Regierung beauftragte K. Sidor trotz massiver deutscher Einschüchterung die Lage konsolidieren und die durch Teile der Hlinka-Garde und der Deutschen Partei in Preßburg inszenierten Unruhen beilegen konnte, mußte Hitler einen neuen Anlauf nehmen. Die von deutschen Agitatoren angezettelten Provokationen in Böhmen und Mähren wurden in der Goebbels-Presse sogleich als schwerste Unterdrückung der dem Staat verbliebenen Deutschen gebrandmarkt. Nach einer Vorsprache des Ex-Premiers Tiso in Berlin legte Hitler dem slowakischen Landtag nahe, spätestens am 14. März eine Souveränitätserklärung abzugeben, weil sonst eine Aufteilung der Slowakei unter Ungarn, Polen und dem Deutschen Reich nicht ausgeschlossen werden könne. Die ungarische Regierung, die Hitler am 20. November 1938 und am 12. Februar 1939 noch vor einem Anschluß der Karpaten-Ukraine zurückgehalten hatte, wurde jetzt von Berlin gedrängt, die Rest-Provinz und Teile der Ostslowakei unverzüglich militärisch zu besetzen. Als der von den sich überstürzenden Ereignissen völlig überforderte Präsident Hácha am Abend des 14. März auf eigenen Wunsch von Hitler empfangen wurde, mußte er in die mit brutaler Unnachgiebigkeit geforderte Kapitulation seines Landes einwilligen. Der im Diktat von München – nicht ohne eigenes Verschulden – gedemütigte Staat der Tschechen und Slowaken wurde, von den Westmächten bereits zuvor abgeschrieben, trotz aller bekundeter Kooperations- und Unterwerfungsbereitschaft von Hitler in seine Bestandteile zerlegt. Während die Karpaten-Ukraine nach kurzer Gegenwehr unter eine ausbeuterische ungarische Verwaltung fiel und sich die Slowakei einer Pseudo-Souveränität erfreuen konnte, die wegen der weitgehenden wirtschaftlichen und politischen Abhängigkeit vom Deutschen Reich Hitler nur zweimal zu einem korrigierenden Eingreifen zwang, unterstanden nach der Amputation des deutschen Siedlungsgebiets die »historischen Länder« als »Protektorat Böhmen-Mähren« der unmittelbaren deutschen Kontrolle. Obschon Hitler die Ansicht vertrat, nach diesem leichten Erfolg als »der größte Deutsche in die Geschichte« einzugehen, hatte er sich mit der »Erledigung der Rest-Tschechei« endgültig die Maske vom Gesicht gerissen, den Grundsatz der nationalen Reintegration verlassen und seine mit der angeblichen Wiedergutmachung des im Versailler Friedensvertrag verankerten Unrechts begründete »Volkstumspolitik« durch eine rücksichtslose imperiale Machtpolitik ersetzt. Noch bevor Radio Prag am Morgen des 15. März 1939 seinen Hörern Mitteilung von der neuen Entwicklung machen konnte, hatten deutsche Truppen bereits die strategisch wichtigsten Positionen besetzt; als der erschöpfte Hácha um 22 Uhr in Prag eintraf, wehte von den Zinnen des Hradčin bereits die Führerstandarte. Sechs Jahre lang sollte der neue Herr das »Protektorat Böhmen-Mähren« unter seiner Knute halten.

VI. Die »Historischen Länder« und die Slowakei im Zweiten Weltkrieg (1939–1945)

Das »Protektorat Böhmen-Mähren«

Im Gefühl, von den ehemaligen Verbündeten aufgegeben und im Interesse der Friedenssicherung dem Diktator Hitler geopfert worden zu sein, reagierte die tschechische Bevölkerung mit Passivität, Hilflosigkeit und mit stiller Resignation auf die Vorgänge des 14./15. März 1939. Als durch »Erlaß des Führers über das Protektorat Böhmen und Mähren« vom 16. März der 49000 qkm große Rest der »historischen Länder« mit 7,3 Millionen Einwohnern als minderberechtigter Teil in das Reichsgebiet eingegliedert wurde und alle Merkmale der Souveränität verlor, wurden kaum Stimmen des Protests laut. Die dem Protektorat zugestandene autonome Selbstverwaltung mit einem Präsidenten und einer eigenen Regierung grenzte Hitler von Anfang an so eng ein, daß sich in der Praxis bald die absolute Weisungsbefugnis des Reichsprotektors und seiner dem skrupellosen, ambitiösen K. H. Frank unterstellten Verwaltung ergab. Unter dem am 18. März 1939 ernannten Reichsprotektor, dem früheren Außenminister K. Freiherr von Neurath, blieb der am 27. April eingesetzten Protektoratsregierung unter Ministerpräsident General A. Eliáš wenigstens äußerlich eine gewisse Handlungsfreiheit ungenommen, während nach Neurath, der wegen Unstimmigkeiten über ein Vorgehen gegen Eliás am 27. September 1941 »krankheitshalber« beurlaubt, am 25. August 1943 endgültig durch den ehemaligen Reichsinnenminister W. Frick ersetzt wurde, die Vertreter eines »harten Kurses« von Hitler den Vorzug erhielt. Der Chef des Sicherheitsdienstes, R. Heydrich, und – nach dem geglückten Attentat vom 27. Mai und Heydrichs Tod am 4. Juni 1942 – der Generaloberst der Polizei K. Daluege als Stellvertreter des Reichsprotektors verstanden es durch ihr mit großer Härte und einschüchternder Grausamkeit gegen die tschechische Intelligenz und das Bürgertum gerichtete Vorgehen, das gleichzeitig die für den Rüstungsprozeß notwendigen Arbeiter deutlich bevorzugte, alle Ansätze für Unruhen, Sabotagen oder einen Aufstand im Keime zu ersticken. Der am 25. August 1943 vom »Staatssekretär beim Reichsprotektor« zum »Staatsminister für Böhmen und Mähren« avancierte Frank, der nach Erlaß Hitlers »die die Wahrung der Reichsinteressen im Protektorat umfassenden Regierungsgeschäfte« zu führen hatte, trug Sorge, daß die Protektoratsregierung ab 1941 zu vollständiger Bedeutungslosigkeit absank.

Als Präsident stand auch nach dem 15. März 1939 Dr. E. Hácha dem Protektorat als einflußlose Repräsentationsfigur vor. Charakterlich integer und sicher kein Opportunist, blieben ihm doch zahlreiche Erniedrigungen und Zugeständnisse, Unterwürfigkeit und geflissentliche Servilität nicht erspart, um sein Land vor größerem Schaden zu bewahren. Das von ihm in Nachfolge

für die am 14. März zurückgetretene Regierung Beran am 27. April 1939 ernannte Kabinett Eliáš bestand in seiner Mehrheit aus Mitgliedern, die bereits zuvor Ministerposten verwaltet hatten. Eliáš, bis September 1938 stellvertretender Stabschef der tschechoslowakischen Armee, anschließend Verkehrsminister und die treibende Kraft hinter dem entschlossenen Vorgehen gegen die slowakische Landesregierung im März 1939, übernahm die schwere Verantwortung in der Hoffnung, Land und Volk möglichst unversehrt durch die Zeit der Bedrohung führen zu können. Nach der Flucht von zwei Kabinettsmitgliedern – des Landwirtschaftsministers Feierabend und des Handelsministers Šádek – im Februar 1940 nach England und der Entdeckung, daß der Ministerpräsident selbst Nachrichten an die Exilregierung in London übermittelt hatte, brach das Programm, durch eine gutgetarnte Konspiration einzelner eine entscheidende Niederlage Hitlers zu beschleunigen, sonst aber ohne jeden spektakulären Widerstand möglichst ungeschoren die Besatzungszeit zu überleben, zusammen. Am 27. September 1941 verhaftet, wurde Eliáš bereits am 1. Oktober wegen versuchten Hochverrats zum Tode verurteilt und am 19. Juni 1942 – als der einzige Ministerpräsident eines Vasallenkabinetts des Dritten Reiches – hingerichtet. Der Justizminister J. Krejčí, am 19. Januar 1942 mit dem Vorsitz im Ministerrat beauftragt, war nur noch für die reibungslose Eingliederung der bereits unter deutscher Leitung und Planung stehenden tschechischen Wirtschaft in die Kriegsindustrie des Reiches verantwortlich. Bis Anfang 1945 lieferten diese Betriebe, von Feindeinwirkung ebenso weitgehend verschont wie von nennenswerter Sabotage oder organisierten Arbeitsniederlegungen, Panzer, Kanonen, Flugzeuge und Geschosse; die Leichtindustrie steuerte Textilien, Chemikalien und feinmechanische Präzisionsinstrumente bei. Über die Unmöglichkeit, das Land im nationalen Interesse verwalten zu können, herrschte im Kabinett durchaus Klarheit, denn gegen Eingriffe deutscher Dienststellen gab es keine Berufung. Der »starke Mann« in der Regierung, Unterrichtsminister Oberst E. Moravec, sorgte zudem für die strikte Ausführung der deutschen Befehle. Als am 19. Januar 1945 der bisherige Innenminister R. Bienert schließlich Krejčí als Ministerpräsidenten ersetzte, nahmen bis Ende April 1945 die Loyalitätserklärungen an die Adresse des Reiches sogar noch zu. Die Eingriffe bis in die regionalen Verwaltungsstellen hinein hatten sich für die deutschen Besetzer durchaus bezahlt gemacht.
Bereits im Frühjahr 1939 hatte nämlich die Anpassung des politischen und öffentlichen Lebens an das deutsche Vorbild eingesetzt. Unter der Militärverwaltung General Blaskowitz' wurde die tschechoslowakische Armee zwischen dem 15. März und dem 16. April aufgelöst. Eine ausschließlich für zeremonielle Zwecke geschaffene Regierungsmiliz von 7000 Mann und 280 Offizieren sowie die Polizei wurden K. H. Frank unterstellt. Für den Schutz der deutschen Oberhoheit sorgten die in ausreichender Stärke im Protektorat stationierten Wehrmachtseinheiten. 5816 Mitglieder der Geheimen Staatspolizei und ein ausgeklügeltes Spitzelsystem machten eine gezielte Propagandakampagne gegen die Besatzungsmacht oder Aufstandsvorbereitungen

von vornherein unmöglich. Die dem Amt des Reichsprotektors unterstellten, den tschechischen Ministerien entsprechenden »Gruppen« und ihre in der tschechischen Verwaltung placierten deutschen »Beraterdelegationen« überwachten die Tätigkeit des betreffenden Ressorts und koordinierten die getroffenen Maßnahmen im deutschen Interesse. Die regionalen Behörden wurden von 19 deutschen Beamten, den Oberlandräten, beaufsichtigt; nach einer am 15. Juli 1942 in Kraft gesetzten Verwaltungsreform wurden in den sieben verbleibenden Oberlandratsbezirken die deutschen Oberlandratsinspektoren und die geschäftsführenden Bezirkshauptleute zur Sicherstellung der Machttransmission von der Regierung bis in den dörflichen Verwaltungsbereich hinab dem »Deutschen Staatsministerium für Böhmen und Mähren« direkt unterstellt. Die im Art. 2 des Protektoratsvertrags zu Menschen minderen Rechts degradierten Tschechen unterstanden je nach Art der begangenen Delikte der tschechischen oder der deutschen Gerichtsbarkeit.
Als Nachfolgeorganisation für die am 21. März 1939 aufgelösten Parteien wurde eine von Reaktionären der alten Agrarpartei beherrschte Sammelbewegung, der »Bund der nationalen Volksgemeinschaft« (Národní souručenství), mit einem streng christlich-nationalistischen, scharf anti-semitischen, stark anti-sozialistischen und schwach anti-liberalen Programm zugelassen. Die nach dem Führerprinzip von oben besetzten örtlichen Leitungsgremien legten einen besonderen Eifer an den Tag, die zur Mitgliedschaft zugelassene männliche Bevölkerung geschlossen in die »Volksgemeinschaft« einzubeziehen, so daß ihr bereits 1940 formell 2 Millionen Erwachsene und 500000 Jugendliche angehörten. An die Spitze der Bewegung trat Hácha selbst, zum Stellvertreter ernannte er den Agrarier A. Hrubý. Die anfangs vom Reich finanzierte und unterstützte Faschistenbewegung R. Gajdas gliederte sich der »Volksgemeinschaft« nie ganz ein. Die Hoffnung zahlreicher patriotisch gesinnter Tschechen, die in der »Volksgemeinschaft« eine Möglichkeit zur Pflege des tschechischen Nationalgefühls sahen, wurde bald enttäuscht. Im Mai 1939 erhielt die »Volksgemeinschaft« in einem nach bewährten totalitären Methoden durchgeführten Plebiszit 99,25% aller Stimmen; das Vertrauen der Bevölkerung nahm danach aber stetig ab. Nach einem faschistischen Putschversuch im Herbst 1940 und der Auflösung von zwei Ortsgruppen wegen »feindseligen Verhaltens gegen das Reich« wurde das Exekutivkomitee reorganisiert. Eine weitere Säuberung im Mai 1941 und die drastische Neuausrichtung im Herbst 1941 verwandelten die »Volksgemeinschaft« in ein bloßes Instrument zur Propagierung des Nationalsozialismus, denn im Rahmen von Heydrichs Politik besaß die »Volksgemeinschaft« keine Lebensberechtigung mehr. Der als Ersatz für das aufgelöste Parlament vorgesehene »Nationalrat« (Národní výbor), von Hácha von zuerst 50 schließlich auf 80 Mitglieder unter besonderer Berücksichtigung faschistischer Vertreter erweitert, besaß nie irgendwelchen Einfluß auf die Protektoratsverwaltung.
Ansatzpunkte für eine »erfolgreiche« Politik im deutschen Sinne waren im Protektorat im März 1939 durchaus gegeben: Die von den westlichen Ver-

bündeten maßlos enttäuschten, durch die Kapitulation der eigenen Regierung moralisch schwer angeschlagenen Tschechen waren bereit, einen Frontwechsel um 180 Grad zu vollziehen und sich durch die Eingliederung in das nationalsozialistische Lager ihre künftige Stellung in dem vom Deutschen Reich dominierten politischen System Mitteleuropas zu erkämpfen. Doch Hitler dachte bereits in der Terminologie der »Endlösung«, verwarf daher Pläne des OKW, die »eine Aussiedlung der Tschechen aus Mähren und ihre Konzentration in Böhmen« oder die zwangsweise Verbringung »aller Tschechen nach dem Osten« vorsahen, und wollte »die wertvollere Hälfte des tschechischen Volkes germanisieren, den rassisch minderwertigen mongolischen Teil und den größeren Teil der Intelligenzklasse ausschalten, einer Sonderbehandlung zuführen«. Wenn der Krieg auch die Verwirklichung einer solchen weitreichenden Planung unterband, so setzte von allem Anfang an eine unbarmherzige Unterdrückungspolitik gegen die tschechischen Intellektuellen ein. Demonstrationen am 28. Oktober 1939, die bei der Beisetzung des einzigen Opfers am 4. November in Studentenkrawallen ausuferten, boten den Anlaß zur Schließung aller tschechischen Universitäten, Hochschulen und Lehrerseminare am 17. November für zunächst drei Jahre, bald darauf für Kriegsdauer. Mit dem Richtpunkt einer systematischen Dezimierung der Intellektuellen wurde Angehörigen der akademischen Berufe anfangs zwar nur die materielle Basis durch Berufsverbote entzogen; Tausende wurden aber bald danach verhaftet und in die Konzentrationslager Dachau und Oranienburg verbracht. Eine geschickt gesteuerte Propaganda vertiefte zudem die Kluft zwischen Arbeiterschaft und Bürgertum. Die Politik, mit Zuckerbrot gegenüber den im Rüstungsprozeß so dringend gebrauchten Arbeitern und mit der Peitsche gegen die tragenden Schichten des tschechischen Nationalbewußtseins vorzugehen, wies bald Erfolge auf, untergrub die nationale Solidarität und verhinderte bis Mai 1945 das Ausbrechen größerer Unruhen. Der am 28. September 1941 von Heydrich verhängte Ausnahmezustand, der eine brutale Verhaftungs- und Hinrichtungswelle mit über 200 Toten auslöste, beunruhigte die durch höhere Löhne und eine bevorzugte Nahrungsmittelversorgung saturierte Industriearbeiterschaft nur wenig. Während der Zeit des nationalsozialistisch-sowjetischen Paktes bis Juni 1941 profitierte die deutsche Protektoratsverwaltung zudem von der den Westmächten feindlichen Einstellung der Kommunisten. Unter den über 36000 Opfern der deutschen Herrschaft waren nur relativ wenig Arbeiter: Lehrer und Universitätsprofessoren, Angehörige des Mittelstandes, ehemalige Politiker und Prominente, vor allem Schriftsteller und Künstler, wurden als potentielle Reichsfeinde vom SD planmäßig Zug um Zug »erfaßt« und einer »Sonderbehandlung« unterzogen. Gerade dieser Aderlaß bei der bisherigen Führungsschicht konnte nach 1945 nicht verkraftet werden; er trug zum Erfolg der gleitenden kommunistischen Machtübernahme nicht unwesentlich bei.

Die Wirkung der nach dem Vorbild der Maffia während des Ersten Weltkrieges organisierten Widerstandsgruppen im Lande blieb gering. Zwar

wurde die Exil-Regierung in London, bald auch die nach Moskau emigrierte Parteiführung der KPTsch regelmäßig mit Nachrichten versorgt, wobei sich die Mitteilungen des deutschen Spionage-Obersten P. Thuemel als besonders wertvoll erwiesen. Doch der bereits von Beneš im Oktober 1938 initiierten Untergrundorganisation PÚ – Politické ústředí (Politisches Zentrum) fehlte es an Breitenwirkung. Die Beneš nahestehenden Intellektuellen erweiterten sie in die ÚVOD (Ústřední vedení odboje domácího = Zentrale der Widerstandsbewegung im Lande), die unter der Leitung des Botanikers Prof. V. Krajna unentdeckt die Kriegsjahre überstand. Aus Kreisen der Sozialdemokratie rekrutierten sich die Mitglieder von Věrní zustaneme (»Wir bleiben treu«, entsprechend den letzten Worten Benešs am Sarge Masaryks). Ehemalige Armeeoffiziere fanden sich in der Obrana lidu (Verteidigung des Volkes) zusammen; im Juni 1941 gingen auch die Kommunisten in den Untergrund, ohne bemerkenswerte Erfolge erzielen zu können. In dauernder Furcht vor Verrat lebend, kümmerten die in nur ganz lockerem Kontakt untereinander stehenden Geheimbünde bis Anfang 1945 dahin.
Den tiefsten Einschnitt in der Geschichte der Protektoratszeit bildet das Attentat auf Heydrich. Aus Sorge, daß die ohne wirksame Sabotage- oder Widerstandsakte hingenommene deutsche Besetzung in der freien Welt den Eindruck einer willigen tschechischen Kollaboration hervorrufen könne, ließ Beneš seit Dezember 1941 gut ausgebildete Einzelkämpfer der tschechischen Exilarmee als Fallschirmspringer mit dem Auftrag über dem Protektorat absetzen, größere Widerstandsaktionen und ein Attentat auf Heydrich vorzubereiten. Ohne der Skepsis der Führer des Untergrunds und der aufgelösten nationalen Organisation Rechnung zu tragen, wurde am Morgen des 27. Mai 1942 Heydrich bei einem Attentat durch Bombensplitter so schwer verletzt, daß er am 4. Juni starb. Unverzüglich eingeleitete Repressalien betrafen alle Mitwisser und Helfer; die auf Befehl Franks in der Nacht vom 9. auf den 10. Juni durchgeführte Zerstörung des Bergarbeiterdorfes Lidice bei Kladno und die Ermordung der über 14 Jahre alten männlichen Bevölkerung, später ein gleichartiges Vorgehen gegen das Dörfchen Ležáky, wurden zum Symbol nationalsozialistischer Willkürherrschaft, unschuldigen Leidens und ungerechtfertigter Brutalität. Die am 18. Juni durch Verrat in der orthodoxen Karl-Barromäus-Kirche entdeckten Attentäter Kubiš und Gabčík und ihre Helfer nahmen sich nach aussichtslosem Kampf selbst das Leben. Der danach einsetzende Terror unter Daluege forderte mehrere Tausend Opfer und ließ die ständig neue Vergeltungsschläge befürchtende Bevölkerung in noch weitgehende politische Abstinenz und Resignation versinken.
Vergleichbarer brutaler Verfolgung war auch der jüdische Bevölkerungsteil ausgesetzt. Die etwa 100 000 Juden wurden zunächst nach deutschem Vorbild von der Teilhabe am öffentlichen und wirtschaftlichen Leben ausgeschlossen; im Winter 1941 wurde ihnen dann die ehemalige Festung Theresienstadt als Ghetto zugewiesen. Trotz qualvoller Enge, minimaler Tagesrationen und ungenügender medizinischer Versorgung »erfreuten« sich die

dort Inhaftierten dank einer gut funktionierenden jüdischen Lagerselbstverwaltung anfangs einer vergleichsweise bevorzugten Existenz. Etwa die Hälfte der tschechischen und viele Tausende deutscher und österreichischer Juden sind durch das Lager geschleust und schließlich doch in die Vernichtungsmaschinerie der Todeslager verbracht worden. Rund zwei Drittel, etwa 65000 tschechische Juden, haben die Protektoratszeit nicht überlebt.
Als nach den schweren militärischen Niederlagen das Ende des Dritten Reiches abzusehen und allein das Protektorat von Hitlers Kriegsgewinnen übriggeblieben war, wartete die tschechische Bevölkerung im Vertrauen auf die Exil-Politiker und im Wissen, daß ein Aufstand selbst gegen die fliehenden deutschen Truppen noch einen schweren Blutzoll fordern würde, bis zum 5. Mai 1945 in Ruhe und Disziplin ab. Als fast in letzter Sekunde, durch einzelne Schießereien ausgelöst, eine Lawine des sinn- und rücksichtslosen Hinschlachtens über Prag hinwegrollte, an dem sich auf tschechischer Seite auch die »Russische Freiheitsarmee« des Generals Wlassow beteiligte, brach sich der in den vergangenen Jahren aufgestaute Haß blutig Bahn. Doch einmal mehr, wie zuvor während des Ersten Weltkriegs, war das künftige Schicksal des Staates nicht im Inland, sondern in der Emigration entschieden worden. Nur hatte Beneš, der Hauptakteur von einst und jetzt, die Fronten gewechselt und – nicht zum Vorteil seines Landes – vornehmlich auf die östliche Karte gesetzt.

Der »Schutzstaat« Slowakei

Mit der Ausrufung des »souveränen« slowakischen Staates am 14. März 1939 fand eine Politik ihren Abschluß, die von den Autonomisten der Slowakischen Volkspartei und einem Teil der Intellektuellen seit 1919 erhofft und seit dem Abkommen von Sillein am 6. Oktober 1938 auch gezielt vorbereitet worden war. Ohne das im slowakischen Volk lebendige Bewußtsein seiner »Volksindividualität« oder den Wunsch, sein politisches Schicksal in einem eigenen Nationalstaat zu gestalten, schmälern zu wollen, darf nicht verschwiegen werden, daß allein Hitlers Direktiven die Staatsgründung am 14. März 1939 auslösten und auch die politische Entwicklung der folgenden sechs Jahre als »Schutzstaat« des Deutschen Reiches bestimmten. Die Eigenstaatlichkeit entsprach anfangs eindeutig dem Willen der Mehrheit der slowakischen Bevölkerung und erfreute sich der einhelligen Unterstützung des katholischen Klerus. Die rasche Teilbesetzung durch deutsche Truppen am 15. März und die weitgehende Beschneidung aller echten innen- und außenpolitischen Souveränität mit der Unterzeichnung des »Schutzvertrages« (am 23. März) sowie eines Vertraulichen Wirtschaftsprotokolls mußten die Verantwortlichen der slowakischen Politik jedoch sogleich davon überzeugen, daß sie von Gleichberechtigten in der Autonomie im Rahmen der Č-SR zu politischen Befehlsempfängern, zum ersten Vasallenstaat in Hitlers »Neuer Ordnung in Europa« abgesunken waren. Unter schwierigsten Voraussetzungen mußten sich die 2,6 Millionen Slowaken ihrer Eigenstaatlich-

keit würdig erweisen. In der Abhängigkeit von dem Wohlwollen des Deutschen Reiches konnte dieser 38 000 qkm große Pseudo-Staat allerdings die Interessen der Slowaken besser wahrnehmen und ihnen mehr Möglichkeiten zu einer geistigen und materiellen Entfaltung bieten, als es im Rahmen einer anderen in Frage kommenden Konstellation – der Besetzung und Aufteilung durch Ungarn, Polen und Deutschland, der Rückgliederung an Ungarn unter Beachtung einer politischen und kulturellen Autonomie oder der Errichtung eines deutschen Protektorats – möglich gewesen wäre.
Die neue Regierung unter J. Tiso, in der die Germanophilen um Tuka, Ďurčanský und Mach den größten Einfluß besaßen, wurde vor beinahe unlösbare Aufgaben gestellt. Ohne eine ausreichend qualifizierte Beamtenschaft in einer unzulänglich strukturierten Verwaltung und bei dem Fehlen einer größeren nationalbewußten Intelligenzschicht mußte sie in dem durch den Wiener Schiedsspruch seiner fruchtbarsten Regionen beschnittenen kargen Bergland einen Neuaufbau vollbringen, der von deutscher Seite nur unter dem Aspekt einer Nutzbarmachung des slowakischen Wirtschaftspotentials für die Rüstungsproduktion gefördert wurde. Erst als sich Hitlers Pläne zerschlagen hatten, die Nordslowakei als Kompensationsobjekt gegen polnische Konzessionen in der Danzig- und der Autobahnfrage durch den Korridor der polnischen Regierung zu überlassen, und auf das deutsche Veto hin der Vormarsch der ungarischen Armee in der Ostslowakei gestoppt worden war, konnte vorerst der Bestand der Slowakischen Republik für gesichert gelten. Die De-facto-, bald auch die De-jure-Anerkennung durch insgesamt 27 Staaten, unter denen auch die UdSSR, Frankreich und Großbritannien zu finden waren, hinderte die deutschen Behörden nicht, mit Hilfe umfangreicher »Berater«-Delegationen in den slowakischen Ministerien eine weitgehende Gleichschaltung vorzunehmen. Das im Lande stationierte deutsche Militär, die deutsche Volksgruppenführung unter dem rührigen F. Karmasin und die deutsche Gesandtschaft, der anfangs H. Bernard, dann M. von Killinger und schließlich H. E. Ludin vorstanden, sorgten mit Unterstützung der Germanophilen in der Regierung dafür, daß den deutschen Weisungen genauestens Folge geleistet wurde. So mußte Hitler nur zweimal unmittelbar in die innerslowakischen Belange eingreifen: am 29. Juli 1940 erzwang er in Salzburg die Umbesetzung der Regierung und das Ausscheiden des zu selbständig operierenden Außenministers Ďurčanský; nach dem Ausbruch des Slowakischen Nationalaufstandes am 29. August 1944 in der Mittelslowakei wurden wegen der Gefährdung der Nachschublinien in den Balkan und an die Karpatenfront deutsche Gegenmaßnahmen notwendig. Allein in dem Vorgehen gegen den jüdischen Bevölkerungsteil und in der Abwehr des von Tuka und der Hlinka-Garde gesteuerten nationalsozialistischen Kurses konnte sich Tiso, gestützt auf seine Popularität, bis 1944 ein bescheidenes Maß an Selbständigkeit bewahren.
Unter Einbeziehung der am 8. November 1938 proklamierten Einheitspartei und des am 18. Dezember 1938 gewählten Landtags, in dem die sorgfältig ausgesuchten Vertreter der »Opposition« keine Rolle spielten, nahm V. Tuka,

der bereits am 16. März 1939 den glücklosen K. Sidor als Innenminister ersetzt hatte, den Umbau des Staates nach faschistisch-nationalsozialistischem Vorbild in die Hand. Ein am 21. Juli 1939 verabschiedetes Grundgesetz, in dem sich Elemente der päpstlichen Sozial-Enzykliken, der Ständestaatslehre O. Spanns, der italienischen und der deutschen politischen Praxis und sogar Einflüsse aus der portugiesischen und der Dollfuß-Schuschnigg-Verfassung Österreichs nachweisen lassen, legte die eigentliche Macht im Staate in die Hände der allein zugelassenen Volkspartei und ihrer Organe. Der Landtag verlor stetig, besonders nach 1940, zugunsten der Parteitruppe, der den faschistischen Fasci di Combattimento und der SA nachgebildeten Hlinka-Garde, an Einfluß. In der 1943 auf 280000 Mitglieder angewachsenen Volkspartei und der zum Dienste in der Hlinka-Jugend oder der Hlinka-Garde – einer paramilitärischen Organisation – verpflichteten männlichen Bevölkerung zwischen 6 und 60 Jahren konnte das Ideengut eines von Tuka propagierten »slowakischen Nationalsozialismus« jedoch nicht den Widerhall gewinnen wie das von Tiso vertretene christlich-autoritäre Programm. Die Ausschaltung der Opposition durch eine strikte Pressezensur und die Einweisung der Gegner in Konzentrationslager, gleichzeitig aber auch die reizvollen schnellen Aufstiegsmöglichkeiten, die das neue Regime allen kooperationswilligen Kräften bot, ließen die Staatsführung bis 1944 alle inneren Erschütterungen meistern. Der am 26. Oktober 1939 zum Staatspräsidenten gewählte joviale, bauernschlaue Landpfarrer Tiso verstand es zudem, mit Hilfe eines ihm ergebenen Staatsrates, dank der Unterstützung des Klerus und durch konziliantes Paktieren frühzeitig alle schwerwiegenden Gegensätze auszuräumen und den Einfluß des fanatisch-radikalen Tuka und des charakterschwachen Kommandeurs der Hlinka-Garden, Mach, weitgehend zu beschneiden. Zudem fand die Bevölkerung auf materiellem Sektor kaum einen Grund zur Klage. Sie entsandte, nach ihrer wirtschaftlichen Bedeutung in sechs soziale Gruppen geteilt, ihre Vertreter in den durch Ernennungen auf 80 Mitglieder erweiterten Landtag und den Staatsrat und nahm – mit Ausnahme des kleinen, aber selbstbewußten protestantischen Bevölkerungsteils in der Mittelslowakei – alle politischen Veränderungen passiv zur Kenntnis.

Nicht unerheblich trug die Slowakei zu Hitlers militärischen Unternehmungen bei. Vom Waagtal aus, dem Stationierungsgebiet deutscher Einheiten, griff die Heeresgruppe List in den Polenfeldzug an der Karpatenfront ein. Die mehr symbolische Teilnahme der nach deutschem Vorbild und von deutschen Ausbildern organisierten slowakischen Armee an den Kampfhandlungen honorierte Hitler mit der Rückgabe des 1919 und 1938 in der Jaworina und dem Arwa-Distrikt an Polen gefallenen Gebiets und mit der Verleihung des Großkreuzes des Schwarzen Adler-Ordens an Tiso. Bei den Vorbereitungen der Jugoslawien- und Griechenlandoperation 1941 diente die Slowakei ebenso als Aufmarschbasis wie während des Rußlandfeldzugs, für den die Slowakei anfangs 50689 Mann stellte. Nach den ersten Erfolgen der sowjetischen psychologischen Kriegführung, die an der Kaukasusfront slo-

wakische Truppenteile zu Massendesertionen veranlaßte, wurden die Kampfverbände reorganisiert und nur noch rund 16000 Soldaten an der Ostfront, der Rest als technische Division in Italien eingesetzt. Bereits im Juli 1940 hatte Tuka, der Tiso im Amt des Ministerpräsidenten nachgefolgt war, der Verwendung der Karpatendeutschen in der Waffen-SS zugestimmt. Grundlage für dieses militärische Engagement des »Schutzstaates«, das in der Kriegserklärung an die USA am 13. Dezember 1941 einen makabren Höhepunkt der lächerlichen Linientreue und Selbstüberschätzung fand, bildete der Beitritt der Slowakei zum deutsch-italienisch-japanischen Dreimächtepakt am 24. November 1940, der auch den slowakisch-ungarischen Grenzstreitigkeiten in der Südslowakei ein Ende setzte. Einer Ausbeutung der Slowakei zugunsten der deutschen Rüstungswirtschaft, besonders der Montan- und Holzindustrie, schließlich der entschädigungslosen direkten Eingliederung der wichtigen Schwerindustrie-Anlagen in Podbrezová am 29. März 1941 in die Hermann-Göring-Werke konnte sich die slowakische Regierung nicht widersetzen. Etwa 120000 slowakische Arbeiter wurden nicht immer freiwillig während der Kriegsjahre in der Rüstungsindustrie des Reiches beschäftigt. Ohne über die auf deutschen Clearing-Konten eingefrorenen Summen frei verfügen zu können, wuchs die Staatsverschuldung bis zum Sommer 1944 auf 8,6 Milliarden Kronen an.
Auf politischem Gebiet hatten schon die Besprechungen in Salzburg am 29. Juli 1940 jedwedem Aufbegehren slowakischer Nationalisten gegen die deutsche Vorherrschaft ein Ende gesetzt. In einem Tauziehen um den vorherrschenden Einfluß auf Partei und Regierung hatte der gemäßigte Tiso-Flügel den Chef der Hlinka-Garde und Leiter des Propaganda-Amtes, A. Mach, am 21. Februar 1940 zum Rücktritt gezwungen. Als Tiso die Entlassung am 21. Mai bestätigte, schien eine weitere Machteinbuße der Germanophilen um Tuka unvermeidbar. Eine von dem ehemals scharf antikommunistischen Außenminister Durčanský befürwortete stärkere Anlehnung an die UdSSR mit dem Ziel, einem siegreichen Hitler die Eingliederung der Slowakei in das Reich oder in eine von Ungarn dominierte Donauföderation zu erschweren, andererseits bei einer deutschen Niederlage das Weiterbestehen eines selbständigen slowakischen Staates sicherzustellen, veranlaßte Hitler zum Eingreifen. Der nach Salzburg zitierte Tiso mußte – gegen seine Überzeugung – der Ernennung Machs zum Innenminister und der Übernahme des Außenressorts durch Tuka zustimmen; Ďurčanský wurde auf eine Professur an der Universität Preßburg abgeschoben. Obwohl der von den Reichsstellen von nun an vorbehaltlos unterstützte Tuka auf eine »nationalsozialistische Machtergreifung« in der Slowakei drängte und am 22. Oktober 1942 das Führerprinzip in Partei, Regierung und Staatsführung gesetzlich verankern ließ, konnte er sich – auch infolge der sich stetig verschlechternden Kriegslage – nicht gegen Tiso durchsetzen. Der Staatspräsident sparte zwar nicht mit Lippenbekenntnissen gegenüber dem Deutschen Reich und seinem »Führer«, doch vermied er sorgsam, totalitären Maßnahmen seine Unterstützung zu leihen.

Einen bescheidenen Erfolg konnte Tiso in seiner Politik gegenüber den slowakischen Juden verzeichnen, auch wenn nur knapp ein Drittel von ihnen die deutsche »Sonderbehandlung« überlebte. Von den 1930 rund 135000 Juden, 4,11% der Gesamtbevölkerung, waren viele in den akademischen Berufen und in der Industrie vertreten. Obzwar die Volkspartei von Anfang an anti-semitischen Ideen huldigte und sich Ďurčanský bereits am 12. Oktober 1938 Görings Unterstützung bei der Festlegung der Grenzen und des Separationsprogramms mit dem Versprechen zu erkaufen versuchte, in der Slowakei eine dem Reich analoge Judengesetzgebung einzuführen, hatte Tiso anfangs nur Maßnahmen zur Verdrängung der Juden aus dem Wirtschaftsleben zugestimmt. Doch bereits durch Gesetz vom 29. Mai 1940 waren die Juden zur Zwangsarbeit verpflichtet und danach Zug um Zug ihrer verfassungsmäßigen Rechte verlustig erklärt worden; am 10. September 1940 wurde ein parlamentarisches Ermächtigungsgesetz, ein dem Nürnberger Vorbild entsprechender Juden-Kodex verabschiedet, den Tiso durch Präsidialverfügungen manchmal zu umgehen verstand. Doch auch er begrüßte einen von SS-Hauptsturmführer Wisliczeny im Frühjahr 1942 initiierten Plan, die slowakischen Juden zur »Ansiedlung« nach Ostpolen abzuschieben. Die von A. Vašek geleitete XIV. Abteilung des Innenministeriums schuf gutgläubig die Voraussetzungen für die Verbringung von etwa 60000 slowakischen Juden in die polnischen Vernichtungslager. Nach Protesten des Vatikan konnte Tiso am 15. Mai 1942 die gesetzlichen Voraussetzungen für einen Stopp der Transporte und die Internierung der Juden in sechs slowakischen Konzentrationslagern schaffen; nach dem Slowakischen Nationalaufstand »kümmerten« sich deutsche Reichsbeauftragte ohne Einschaltung der slowakischen Behörden eigenmächtig um die »Endlösung«.

Nach dem Umschlagen der Kriegslage im Winter 1942/43 nahmen auch die innerslowakischen Unruhen zu. Vertreter der im Untergrund losen Kontakt haltenden ehemaligen »tschechoslowakischen« Parteien suchten Verbindung zu der Exil-Regierung in London; auch die zuvor auf einer »separatistischen« Linie operierenden slowakischen Kommunisten ordneten sich der »zentralistischen« Führung um Gottwald in Moskau unter und propagierten die Wiedererrichtung einer »tschechoslowakischen Nachkriegs-Republik«. Im »Weihnachtsabkommen« von 1943 erzielten die Untergrundorganisationen Einvernehmen, einen Slowakischen Nationalrat zur Vorbereitung der »Befreiung von der deutschen Diktatur« und der Wiedererrichtung einer von gleichberechtigten Partnern getragenen demokratischen Tschechoslowakischen Republik einzusetzen. Nach Beiziehung verläßlicher Kreise aus der Armeeführung und nach Ermutigung von der Londoner und Moskauer Emigration wurde, gestützt auf die vorsorglich in das Bergland der Mittelslowakei verlegten slowakischen Truppen, ein erfolgreicher Aufstand gegen das Tiso-Regime für möglich gehalten. Selbst Verteidigungsminister Čatloš gab sein Interesse zu erkennen, rechtzeitig von einem dem Untergang geweihten Deutschland in das Lager der Sieger überzuwechseln. Doch die Aufstandsvorbereitungen wurden so dilettantisch durchgeführt, daß weder eine am 4. August 1944 nach Moskau entsandte Kommission eine verbindliche Zusage für sowjetische Hilfe erhalten noch eine Vereinbarung mit Beneš und den Westalliierten getroffen werden konnte. Unzeitgemäße Einzelaktionen sowjetischer Partisaneneinheiten, die in der Erschießung einer aus Rumänien zurückkehrenden deutschen Militärmission unter General Otto am 26. August und Überfällen auf die karpatendeutsche Bevölkerung kulminierten, lösten verfrüht am 29. August den Nationalaufstand und als Gegenmaßnahmen den Einmarsch und die Besetzung der Slowakei durch eilig herbeigeholte deutsche Truppen aus. Die kampflose Entwaffnung zweier in der Ostslowakei stationierter Divisionen und das Ausbleiben eines ausreichenden Nachschubs aus der UdSSR, die sich sogar gegen westalliierte Unterstützungsaktionen über eine Luftbrücke wandte, begünstigten nach zwei Monate dauernden erbitterten, einen hohen Blutzoll fordernden Kämpfen die Wiederherstellung einer kurzlebigen deutschen Suprematie. Am 27. Oktober fiel das Aufstandszentrum Neusohl; die wichtige Bahnlinie durch das Waagtal als Nachschubweg für die Karpatenfront blieb in deutscher Hand. Die slowakischen Partisanen und die Reste der aus der UdSSR eingeflogenen 2. Tschechoslowakischen Brigade unter Oberst Přikryl zogen sich in die Berge zurück und sorgten in den letzten Kriegsmonaten weiterhin für Unruhe.

Die am 5. September 1944 eingesetzte neue slowakische Regierung unter Št. Tiso konnte, jetzt ganz zum Erfüllungsgehilfen der deutschen Besatzungsmacht abgesunken, keine politische Initiative mehr entfalten. Die Entscheidung über die Zukunft des Landes unter Verlust seiner Eigenstaatlichkeit wurde auch nicht vom Slowakischen Nationalrat, sondern von den kriegführenden Alliierten unter Berücksichtigung des gemeinsamen Wunsches der beiden Emigrationszentren getroffen. Die durch die Sozialdemokraten verstärkten slowakischen Kommunisten und die in einer bürgerlichen Sammelbewegung vereinten »Demokraten« konnten Beneš wenigstens die Zustimmung zur Anerkennung der Slowaken als eigenständige Nation und zum Umbau des Staates auf der Grundlage der Gewährung einer weiten politischen und kulturellen Autonomie für die Slowakei abringen. Viele Einzelheiten blieben jedoch offen, so daß politische Spannungen zwischen den beiden ungleichen Partnern bereits vorprogrammiert waren. Als die Rote Armee zu Jahresbeginn 1945 in breiter Front die Slowakei besetzte und am 4. April Preßburg einnahm, setzten sich Tiso und die Regierung im Schutze deutscher Truppen nach Kremsmünster in Österreich ab. Dort hatten sie am 8. Mai 1945 vor dem amerikanischen General W. A. Collier die Kapitulation zu unterzeichnen. Das Experiment der slowakischen Eigenstaatlichkeit war im Soge von Hitlers Niederlage gescheitert.

Benešs Politik im Exil

Als Edvard Beneš nach dem im Münchener Abkommen dokumentierten Fehlschlagen seiner Politik die Konsequenzen zog, am 5. Oktober 1938 formell seinen Rücktritt erklärte und am 22. Oktober zum zweitenmal ins Exil ging, wurde ihm von vielen seiner Landsleute hämisch die Alleinschuld für die Mißerfolge und für die Kapitulation der Ersten Republik zugemessen. Sechseinhalb Jahre später zog er, erneut von der Publikumsgunst getragen, als Nationalheld und Retter des wiedervereinten Staates auf dem Hradčin ein. Doch nach nur drei weiteren Jahren als Staatsoberhaupt fand er sich erneut verstoßen und geschmäht, krank, vereinsamt und bald vergessen im politischen Abseits wieder. Zweimal hatte Beneš in schicksalhafter Stunde die Leitung eines wirtschaftlich starken, sozial weitgehend saturierten, demokratisch ausgerichteten Staatswesens übernommen – und zweimal hatte er, dem Druck der jeweiligen Hegemonialmacht in Ostmitteleuropa ausgeliefert und ihm kampflos nachgebend, politisch Schiffbruch erlitten. Seiner facettenreichen Persönlichkeit, die in ihrem Beharrungsvermögen, ihrer beeindruckenden Arbeitskraft und in der Tragik des Scheiterns durchaus sympathische Züge besitzt, ist trotz zahlreicher Anläufe bisher kein Biograph wirklich gerecht geworden; seine Memoiren tragen nur wenig dazu bei, seinen zwiespältigen Charakter und die Motivation seines politischen Handelns aufzuhellen.

Mit dem ihm gegebenen diplomatischen Geschick, vor Verzeichnungen, fragwürdigen taktischen Manövern und politisch kurzsichtigen Alleingängen nicht zurückschreckend, setzte sich Beneš im Exil unermüdlich für die Wiederherstellung der ČSR in ihren Vormünchener Grenzen ein. Anfangs wurde er in Großbritannien sehr zurückhaltend aufgenommen, da er das lebendige schlechte Gewissen des faulen Münchener Kompromisses verkörperte. Dann aber bot ihm Hitlers Wortbruch durch die Errichtung des »Protektorats« die Möglichkeit, wieder aktiv in die politische Arena zurückzukehren. Unter Berufung auf die staatsrechtlich fragwürdige Kontinuität der Ersten Republik und auf seine – auch in der Emigration nicht unumstrittene – Legitimation zum politischen Handeln protestierte er bereits am 19. März 1939 von Chicago aus gegen die deutsche Besetzung des Reststaates und verstand es, noch vor dem Ausbruch des Zweiten Weltkriegs zum wahren Repräsentanten des tschechoslowakischen Staates im westlichen Ausland aufzusteigen. Seine Argumentation, die ČSR sei allein durch die Kapitulation der Westmächte vor den Forderungen Hitlers und ohne Eigenverschulden dem Deutschen Reich als hilfloses Opfer ausgeliefert worden und könne unter dem brutalen nazistischen Terrorregime nicht selbst die Stimme des Protestes erheben, verfehlte mit der Zeit ihre Wirkung in England und Amerika nicht. Das Verhältnis zu Frankreich kühlte sich ab; als neuen Partner in einem »Nachkriegs-Europa« wollte Beneš die UdSSR als Eckpfeiler in das künftige Paktsystem der ČSR einbeziehen. Der Hitler-Stalin-Pakt vom 23. August 1939 konnte Beneš in seinem Glauben, die Ereignisse würden die Sowjetunion bald in das Lager der Westalliierten zwingen, nicht erschüttern.

Der Kriegsausbruch veranlaßte den französischen Premier Daladier am 2. Oktober 1939, die nach der Errichtung des Protektorats in Paris und London gegründete »Tschechoslowakische Befreiungsbewegung« als kriegführenden Verbündeten anzuerkennen. Das vom ehemaligen Gesandten in Frankreich, Št. Osuský, »im Namen der Provisorischen Regierung der Tschechoslowakischen Republik« abgeschlossene Abkommen sah die Aufstellung einer selbständigen tschechoslowakischen Armee als Teil der französischen Streitkräfte vor. Ein eilends von Beneš errichtetes und unter seiner Leitung stehendes »Tschechoslowakisches Nationalkomitee« wurde am 14. November von der französischen Regierung, am 20. Dezember 1939 vom britischen Kabinett als »geeignet zur Vertretung des tschechoslowakischen Volkes« anerkannt. Der militärische Zusammenbruch Frankreichs im Juni 1940 und die Verbringung der tschechoslowakischen Truppen nach England gaben am 9. Juli den Ausschlag zur Umbildung des Nationalkomitees in eine am 23. Juli vorläufig anerkannte »Provisorische Regierung der Tschechoslowakei«, in der Beneš das Präsidium und der ehemalige Führer der Katholischen Volkspartei, Msgr. J. Šrámek, den Vorsitz der Regierung übernahmen. Im Kreis der Beneš loyal ergebenen Mitarbeiter war für gegenteilige Ansichten kein Raum: Das Versäumnis der nichtsozialistischen Parteien – mit Ausnahme der Klerikalen –, führende Repräsentanten ins Exil zu entsenden, ermöglichte Beneš in London die Ausschaltung aller potentiellen oppositionellen Kräfte. Hodža, der Warner vor dem pro-sowjetischen Kurs, der zwanzig Jahre als tschechoslowakischer Gesandter in Paris tätige Osuský, General L. Prchala, der letzte Militärkommandant und Innenminister der Karpaten-Ukraine, die führenden Sozialdemokraten Bělina, Nečas und Bechyně wurden ebenso aus dem Kernkreis verdrängt wie der deutsche Sozialdemokrat W. Jaksch, der Beneš wiederholt eine loyale Zusammenarbeit unter Berücksichtigung der sudetendeutschen Interessen angeboten hatte. Vom Landsitz Ashton Abbots unweit London regierte Beneš mit britischem Startkapital von anfangs 6 Millionen, bald 40 Millionen Pfund Sterling seine Miniaturausgabe des tschechoslowakischen Staates auf englischem Boden mit starker Hand und oft zum Befremden seiner Asylgeber.

Politische Erfolge stellten sich rasch ein. Ein von Beneš-Anhängern beherrschter, ernannter Staatsrat konstituierte sich auf seiner ersten Sitzung am 11. Dezember 1940 als Exilparlament. Den im Ausland lebenden sudetendeutschen Emigranten wurde dort ein Vertretungsrecht nicht eingeräumt. Der Ausbau der Auslandsarmee im Westen wurde aktiv vorangetrieben; gegen den Protest des tschechischen kommunistischen Exils wurden etwa 7000 Mann mit britischer Hilfe ausgerüstet, obschon sie im Kriegsverlauf dann keine aufsehenerregende Verwendung fanden. Auch die nach 1942 in der Sowjetunion unter General L. Svoboda aufgestellten, etwa 12–15000 Mann starken tschechoslowakischen Streitkräfte waren lediglich an einigen unbedeutenden Gefechten beteiligt. Nach Hitlers Angriff auf die UdSSR am 22. Juni 1941 schlug endlich Benešs große Stunde. Obwohl die UdSSR nach der Unterzeichnung des Hitler-Stalin-Paktes mit der De-jure-Anerkennung des slowakischen Staates am 16. September und der De-facto-Billigung der deutschen Besetzung Böhmens und Mährens durch die Schließung der zuvor noch geduldeten tschechoslowakischen Gesandtschaft in Moskau am 14. Dezember 1939 Beneš wenig Hoffnung gelassen hatte, mit ihrer Unterstützung rechnen zu können, hatte der Ex-Präsident den Plan einer künftigen engen Zusammenarbeit nie fallengelassen. Aus der Überlegung heraus, daß bei der strategischen und wirtschaftlichen Bedeutung des böhmisch-slowakischen Raumes von dort her die politische Entwicklung Nachkriegs-Europas bestimmend beeinflußt werden könnte, und aus Enttäuschung über das Verhalten der alten Bündnispartner während der Münchener Krise verwarf Beneš die bisherige Westorientierung der ČSR; unter Rückbesinnung auf die romantisch-slawophilen Traditionen des 19. Jahrhunderts und in klarer Voraussicht der möglichen Machtverhältnisse glaubte er die Zukunft seines Landes und eine optimale Absicherung seiner Lebensinteressen künftig vor allem durch eine enge Kooperation mit der Sowjetunion gewährleisten zu können.

Bereits als Gastprofessor in Chicago hatte Beneš im Frühjahr 1939 Kontakte zum sowjetischen Botschafter in den USA, Umanskij, aufgenommen und sie im August in Gesprächen mit I. Majskij, dem Londoner Sowjetbotschafter, vertieft. Die deutsch-sowjetische Zusammenarbeit konnte Beneš nicht irremachen; die Warner vor diesem Kurs wurden aus der Umgebung des Präsidenten verdammt, die vagen Pläne für eine tschechoslowakisch-polnische Union als slawisches Zentrum des künftigen Mitteleuropa verworfen. Die Verhandlungen mit der Sowjetregierung verliefen so erfolgreich, daß die Annäherung am 18. Juli 1941 in der Anerkennung der Provisorischen Tschechoslowakischen Regierung und in der Bestätigung des tschechoslowakisch-sowjetischen Bündnisses vom 16. Mai 1935 eine neue vertragliche Grundlage fand. Die gegenseitige Unterstützung im Kriege gegen Deutschland sollte durch die Aufstellung einer tschechoslowakischen Armee in der UdSSR dokumentiert werden. A. J. Bogomolov vertrat als Gesandter die sowjetischen Interessen in London, in Moskau wurde Z. Fierlinger wieder die Akkreditierung erteilt. Am gleichen Tag sprach auch die britische Regierung ihre volle, das amerikanische Kabinett die formelle Anerkennung der Provisorischen Tschechoslowakischen Regierung aus. Am 31. Juli nahmen die USA die diplomatischen Beziehungen zur Exil-Regierung auf.

Der Initiative der UdSSR hatte es Beneš zu verdanken, daß auch die Frage der Nachkriegsgrenzen frühzeitig in seinem Sinne geregelt wurde. Die Sowjetunion war bereit, die territoriale Integrität der ČSR in ihren Vormünchener Grenzen zu akzeptieren, obwohl Beneš schon früh Befürchtungen wegen eines möglichen sowjetischen Anspruchs auf die Karpaten-Ukraine hegte. Am 9. Juni 1942 räumte Außenminister Molotov offiziell diese Bedenken aus und ließ wissen, daß die UdSSR eine unabhängige, demokratische Ausrichtung der wiedervereinigten ČSR unterstützen werde. Am 5. August 1942 setzte Außenminister Eden die Provisorische Regierung in Kenntnis, daß sich das britische Kabinett völlig frei von allen in München eingegangenen Verpflichtungen betrachte und daß es sich »bei der endgültigen Festlegung der tschechoslowakischen Grenzen ... von keinerlei Änderungen, die 1938 oder nachher vorgenommen wurden, beeinflussen lassen« werde. Dieser Erklärung schloß sich am 29. September 1942 General de Gaulle im Namen des »Freien Frankreich« an; am 22. August 1944 stimmte die französische Regierung in einer in London unterzeichneten gemeinsamen Deklaration dieser Auffassung zu. Nach der Niederlage Hitlers war also eine Restauration der Vormünchener Republik zu erwarten – Beneš hatte es jedoch bisher strikt vermieden, irgendeine verbindliche Erklärung über die Stellung der Sudetendeutschen in diesem Staate abzugeben. Die nach Moskau emigrierte kommunistische Prominenz um K. Gottwald und Prof. Nejedlý, die bisher Beneš leidenschaftlich als Werkzeug des westlichen Imperialismus und in der Broschüre »The Guilty Men of Czechoslovakia« als den Totengräber des Staates gebrandmarkt hatten, schwenkten schnell auf die neue Linie ein. Seit dem 29. Juli 1941, als Gottwald erstmals über den Moskauer Rundfunk zu den Landsleuten im »Protektorat« sprechen konnte, versuchten Ost- und Westemigranten sich gegenseitig an Patriotismus und Nationalismus zu übertrumpfen. Die Gruppe der kommunistischen Emigranten in London um V. Nosek und V. Clementis durfte sich auf Weisung der KPTsch aber weiterhin nicht aktiv an der Arbeit der Provisorischen Regierung beteiligen.

Als 1943 an der Ostfront die große Wende eintrat und die Wahrscheinlichkeit wuchs, daß die ČSR eher vom Osten als vom Westen her befreit werden könnte, näherte sich Beneš der Sowjetregierung noch weiter an. Gewarnt durch die sich dramatisch zuspitzenden polnisch-sowjetischen Beziehungen und in der durch die leidvollen Erfahrungen begründeten Furcht, vor einem später möglichen deutschen Revisionismus keine ausreichende Unterstützung durch die Westmächte zu finden, gab es an der antifaschistischen UdSSR als ausschlaggebendem europäischem Ordnungsfaktor für die Nachkriegszeit kein Vorbeikommen. Die Annahme einer Einladung Roosevelts zu einem Besuch der USA, wo Beneš in Gesprächen mit führenden Politikern, in Vorträgen und Diskussionen seine pro-sowjetische Ausrichtung verteidigte und dadurch wohl auch zur Fehleinschätzung der Politik Stalins durch den Westen beitrug, verknüpfte er mit der Zustimmung zu einer geplanten Reise nach Moskau. Unbeschadet der Bedenken seiner britischen Gastgeber, die den Abschluß eines langfristigen sowjetisch-tschechoslowakischen Bündnisses vor Kriegsende bei dem im alliierten Lager bereits vorhandenen Konfliktstoff nicht für opportun hielten, bestand Beneš auf einer vertraglichen Bindung. Nach der Außenministerkonferenz in Moskau im Oktober und dem Zusammentreffen Roosevelts, Churchills und Stalins in Teheran zwischen dem 26. November und dem 3. Dezember 1943 hielt Beneš den Weg für seine Reise in die UdSSR für geebnet. Ein Benešs bekannter Eitelkeit entgegenkommendes Protokoll und die Aussprachen mit Stalin, Molotov und mit Mitgliedern des Politbüros vermittelten ihm den Eindruck, »daß wir uns in Fragen des Krieges und des künftigen Friedens wirklich einig sind – die Linien waren im Prinzip identisch«. In dem am 12. Dezember 1943 unterzeichneten »Vertrag über Freundschaft, gegenseitige Unterstützung und die Zusammenarbeit nach dem Kriege« sicherte die UdSSR der ČSR, speziell im Art. 4, die Beachtung der Unabhängigkeit, der Souveränität und der

Nichteinmischung in die Innenpolitik zu. In dem Glauben, Stalins Vertrauen und vorbehaltlosen Beistand gewonnen, somit seinen Staat künftig gegen alle Gefahren abgesichert zu haben, ging Beneš auch gegenüber Gottwald weitreichende Verpflichtungen ein: »Eine große revolutionäre Verschiebung nach links« sollte eine »klare sozialistische Mehrheit und eine überwältigende Niederlage unseres früheren Vorkriegs-Rechtsblocks (Agrarier, Nationaldemokraten und Gewerbepartei)« sicherstellen; durch eine »Nationale Front« aller an der Regierung beteiligten Parteien ohne parlamentarische Opposition wollten Beneš und Gottwald gemeinsam das tief in die Struktur von Volk und Staat eingreifende Nachkriegs-Revolutionsprogramm verwirklichen. Im Prinzip bedeutete dies die Aufgabe der bisher immer noch aufrechterhaltenen Staatskonzeption Masaryks. Gleichzeitig machte sich Beneš zum Sprachrohr seiner neuen Freunde: Im Januar 1944 überbrachte er Churchill ein Memorandum Stalins mit den sowjetischen Vorstellungen von den Grenzen Nachkriegspolens und schwang sich zum eifrigen Fürsprecher einer polnischen Westverschiebung auf Kosten Deutschlands zugunsten der UdSSR auf. Seine zweideutige Haltung über die künftige Stellung der Sudetendeutschen und die bisher gepflegten losen Kontakte zu ihren Exil-Vertretern konnte er nach der Moskau-Reise aufgeben, da Stalin ihrer vollständigen, entschädigungslosen Vertreibung zugestimmt hatte. Mit dem im Winter 1943/44 gefaßten Beschluß, die ČSR dem sowjetischen Operationsbereich zu unterstellen, ebneten die Alliierten Beneš den Weg zu der am 8. Mai 1944 in London unterzeichneten Vereinbarung mit der UdSSR, das Land durch die Rote Armee besetzen zu lassen, die anschließend die von ihr in Frontnähe ausgeübten Zivilverwaltungskompetenzen im befreiten Gebiet sogleich Vertretern der tschechoslowakischen Regierung übertragen sollte. Bereits am 8. April 1944 hatten Sowjettruppen die ehemalige tschechoslowakische Staatsgrenze in Ruthenien erreicht.

Doch die am 25. August 1944 ernannte, unter Leitung des prominenten Sozialdemokraten F. Němec stehende Kommission zur Einrichtung einer Zivilverwaltung in Ruthenien konnte nicht mit sowjetischer Kooperationsbereitschaft rechnen. Im Zuge der am 18. Oktober in breiter Front gestarteten Offensive, die am 27. Oktober mit der Einnahme Ungvars endete, wurden dem in Chust amtierenden Němec unaufhörlich Schwierigkeiten in den Weg gelegt, um den Erfolg der von den Kommunisten eifrig betriebenen Kampagne zum Anschluß Rutheniens an die Ukrainische SSR sicherzustellen. Die Ergebnislosigkeit der tschechoslowakischen Proteste und vermehrte Anschlußaufrufe der kommunistischen Nationalräte waren für Beneš mit ein Grund, im März 1945 zur Beilegung aller Meinungsverschiedenheiten und zur Umbildung seiner Regierung nach Moskau zu reisen, um mit seinem persönlichen Prestige eine identische Entwicklung in der Slowakei abzuwenden, die in einem neuen Vorstoß nach Westen im März/April 1945 von den Truppen Marschall Malinovskijs besetzt wurde. Das Schicksal der Nachkriegs-Tschechoslowakei wurde in den ab 17. März in Moskau geführten Verhandlungen weitgehend besiegelt. Anstelle einer vorgesehenen Erweiterung des

Londoner Kabinetts durch kommunistische Mitglieder kam es zu einer radikalen Umbesetzung aller einflußreichen Positionen, die den Kommunisten von Anfang an entscheidende Vorteile einräumte. Nach der Übereinkunft, daß die Parteien der »Nationalen Front« jeweils durch drei Mitglieder in der Regierung vertreten sein sollten, spaltete sich die KPTsch in eine tschechische und in eine slowakische Sektion und stellte im Kontingent der sechs parteipolitisch nicht gebundenen »Fachleute« zusätzlich vier ihrer Anhänger. Unter Z. Fierlinger, nominell einem linken Sozialdemokraten, der in Moskau ganz dem kommunistischen Einfluß hörig geworden war, nahmen mit K. Gottwald als Vorsitzendem der tschechischen und V. Široký als Führer der slowakischen Sektion zwei Kommunisten Posten als stellvertretende Ministerpräsidenten ein. Zum Innenminister und damit Chef der Polizei avancierte der Westemigrant V. Nosek; Professor Z. Nejedlý wurde Erziehungsminister; die Ressorts für Information, der Aufsichtsbehörde für Presse und Rundfunk, für Industrie, für Sozialfürsorge und schließlich für Landwirtschaft, dem durch das vorgesehene tiefgreifende Bodenreformprogramm besondere Bedeutung zukam, unterstanden Kommunisten. Mit General L. Svoboda übernahm ein gefügiger Mitläufer, der insgeheim bereits Parteimitglied geworden war, die Kontrolle über die Armee; dem parteilosen Fachmann J. Masaryk wurde im Außenministerium als Staatssekretär in V. Clementis ein kommunistischer Aufpasser beigeordnet. Mit Hilfe der Linkssozialisten Fierlinger und Laušman und ihrer Mitläufer verfügten die Kommunisten nicht nur über eine knappe Mehrheit im ersten Kabinett der Nachkriegsrepublik, sondern sie hatten sich durch geschicktes Taktieren während der von den anderen Parteien unvorstellbar leichtfertig geführten Moskauer Verhandlungen die politisch einflußreichsten Ressorts zu sichern verstanden. Als am 31. März das Kabinett in Begleitung des neuernannten sowjetischen Botschafters V. Zorin die Heimreise antrat, um seit dem 4. April 1945 von Kaschau aus die Regierungsgeschäfte in dem erst zur Hälfte befreiten Land zu übernehmen, waren bereits Weichenstellungen vorgenommen worden, deren Bedeutung für die Zukunft der ČSR weder der alte und neue Präsident Beneš noch die Vertreter der demokratischen Parteien in der Regierung abzusehen vermochten.

Trotz seines entschlossenen Eintretens für die Neuorientierung der tschechoslowakischen Nachkriegspolitik auf die UdSSR hin darf Beneš keineswegs als bewußter Wegbereiter einer kommunistischen Machtübernahme in der ČSR verunglimpft werden. Die Mitverantwortung der unkritischen Mitarbeiter des Präsidenten für die politischen Fehleinschätzungen und den drastischen Kurswechsel ist nicht zu übersehen. Das durch den »Verrat« der Westmächte in München ausgelöste Trauma und die Befürchtung, ohne starken Schutz langfristig den Pressionen selbst eines militärisch besiegten deutschen Nachbarn allein nicht standhalten zu können, begünstigten die im zweiten Exil getroffenen Grundsatzentscheidungen. Der Freundschaftspakt mit der UdSSR vom 12. Dezember 1943 und die Folgevereinbarungen mit der kommunistischen Emigration beschnitten die Handlungsfreiheit der bürgerlich-demokratischen Kräfte in dem von Sowjettruppen »befreiten« Lande und machten sie anfangs zu willfährigen, bald zu hinhaltend Widerstand leistenden Werkzeugen der Politik des Kreml. Die Abkehr von Tradition und Geschichte, die Beeinflussung der Tagespolitik durch Benešs persönliche Sympathien und Animositäten sowie die wider besseres Wissen fortgesetzte Kooperation mit den Kommunisten forderten ihren Tribut. Als die Umsetzung der in seltener Eintracht und Übereinstimmung in Moskau beschlossenen prinzipiellen Propgrammpunkte – die Bildung von »Nationalausschüssen« und einer »Nationalen Front«, das Verbot der konservativen Parteien, die Gewährung einer Autonomie für die Slowakei, die Aussiedlung der Deutschen, Retribution des Bodens, die Nationalisierung von Industrie, Banken und Versicherungen, Strafverfolgung, Konfiskation und Enteignung der Kollaboranten, schließlich die außenpolitische Annäherung an die UdSSR und die slawischen Staaten – in der Praxis anstand, mußten die bürgerlich-demokratischen Kräfte schnell erkennen, daß sie ihre Entscheidungsfreiheit und die Möglichkeit uneingeschränkter Mitwirkung entsprechend ihrer politischen Zielvorstellungen bereits in hohem Maße eingebüßt hatten.

VII. Die gleitende kommunistische Machtübernahme (1945–1948)

Die Durchführung des Kaschauer Programms

Noch hatte die Rote Armee keine ernsthaften Anstalten getroffen, auch in die »historischen Länder« einzumarschieren, da verkündete die am 4. April 1945 durch Präsidialdekret Nr. 1 in der ostslowakischen Stadt Kaschau eingesetzte Regierung Fierlinger am 5. April ihr Regierungsprogramm. Es war vom Wunsche nach einer grundlegenden Umgestaltung der sozioökonomischen und politischen Verhältnisse gekennzeichnet und stellte einen Kompromiß zwischen den weitergehenden Forderungen der Kommunisten und den unklaren Reformvorstellungen der bürgerlich-demokratischen Kräfte dar. Mit dem zwar erst nach dem Februar 1948 offen propagierten Ziel, »in erster Linie gegen die Angehörigen der Großbourgeoisie und die reaktionären Gruppen« vorzugehen, um im Kampf um das endgültige Klassengefüge der ČSR alle potentiellen Gegner einer kommunistischen Dominanz von vornherein auszuschalten, verstand es die KPTsch, im »Kaschauer Programm« die Basis für ihre spätere Alleinherrschaft zu schaffen. In dem Bemühen, sich zu diesem Zeitpunkt noch als echte Demokraten zu erweisen, hatten Gottwald und Genossen den verbleibenden vier Parteien – den Sozialdemokraten, den National-Sozialisten, der Katholischen Volkspartei und den slowakischen Demokraten – ein Verbot der Agrarpartei, der Gewerbepartei, der Nationalen Vereinigung, der Slowakischen Volkspartei Hlinkas und der Minderheitenvertretungen abgerungen. Das durch das Parteienverbot geschaffene Vakuum wußten die sich äußerst nationalistisch gebärdenden Kommunisten zu ihren Gunsten zu nutzen: die KPTsch stieg rasch zur zahlenmäßig stärksten und bestorganisierten politischen Vertretung auf. Der Beschluß zur raschen Aussiedlung und entschädigungslosen Enteignung der Sudeten- und Karpatendeutschen sowie der Magyaren, die ihre Staatsloyalität während der Kriegszeit nicht nachzuweisen vermochten, wie auch die Strafverfolgung der Kollaborateure slawischer Zunge hatte einhellige Billigung gefunden. Diese einschneidenden Maßnahmen, von denen 30% der Bevölkerung betroffen wurden, mußten das bisherige Sozialgefüge ebenso erschüttern wie die Pläne zur Errichtung eines Wohlfahrtsstaates mit sozialer Sicherheit für alle, die Verstaatlichung der Grundindustrie, der Banken und des Versicherungswesens, die Ersetzung der traditionellen Distrikts- und Gemeindeverwaltungen durch die von der Bevölkerung zu wählenden »Nationalausschüsse« und die vorgesehenen Säuberungen auf dem Gebiet der Erziehung und Kultur. Die Reorganisation des »demokratisch-antifaschistischen« Heeres nach dem Vorbild der Roten Armee, seine Ausbildung durch sowjetische Instrukteure, das Studium tschechoslowakischer Offiziere an Militärakademien in der UdSSR und die Ernennung von Polit-Kommissaren

zu »Bildungsoffizieren« deuteten früh auf die Absicht der Kommunisten hin, die Streitkräfte zu unterwandern. Eine der Slowakei eingeräumte, aber noch nicht genau definierte politische Autonomie sollte alle Separationstendenzen unterbinden. Das zur Richtlinie der tschechoslowakischen Außenpolitik erhobene Bündnis mit der »siegreichen slawischen Großmacht im Osten« sollte durch freundschaftliche Beziehungen zu den demokratischen Westmächten im Rahmen der »Antinazifront der Vereinten Nationen« ergänzt werden.
Die am 13. April 1945 von den vier sozialistischen Parteien erzielte Übereinkunft, in einem »sozialistischen Block« innerhalb der Nationalen Front als Vorstufe einer künftigen sozialistischen Einheitspartei zusammenzuarbeiten, ließ für die demokratische Zukunft des Staates Böses ahnen. In dem Bestreben, durch ihr Eingehen auf die kommunistischen Forderungen sozialistische Grundpositionen gegen die »Reaktion« durchsetzen zu können, von der Vorstellung einer »sozialistischen Gemeinsamkeit« angezogen sowie zur Rücksichtnahme auf den sorgfältig gepflegten Mythos der »tschechoslowakisch-sowjetischen Freundschaft« und der Rolle der UdSSR bei der »Befreiung« der ČSR gezwungen, verzichteten die demokratischen Sozialisten anfangs freiwillig auf Positionen zugunsten der Kommunisten. Als sie – zu spät – den Trend bemerkten und das Steuer herumzureißen suchten, konnten sie ohne Schwierigkeiten und unter Einhaltung pseudo-legaler Maßnahmen zur Kapitulation gezwungen werden. Die Entscheidung der Westalliierten, auf die Besetzung der »historischen Länder« zu verzichten, die vorher festgelegte Linie Karlsbad–Pilsen–Budweis nicht zu überschreiten und außer der Besetzung Prags der Roten Armee auch die Liquidierung des Aufstands zu überlassen, trug zur Mehrung des Ruhms der UdSSR und der von ihr vorbehaltlos unterstützten KPTsch bei. Von Beneš in dem Glauben bestärkt, die tschechischen und slowakischen Kommunisten seien echte Demokraten und nicht mit den Kommunisten anderer Länder gleichzusetzen, verzichteten die Regierungen der Westmächte auf ein stärkeres Mitspracherecht bei der politischen Neuausrichtung der ČSR. Als die Regierung Fierlinger am 10. Mai 1945 in Prag einzog, hatte die KPTsch jedenfalls bereits gute Fortschritte im Hinblick auf die von ihr konsequent verfolgte Politik der Machtübernahme erzielt.
Durch Hitlers Zwangsumsiedlungen und Massenvernichtungen anscheinend legitimiert, ging die Regierung sofort mit äußerster Schärfe gegen die Angehörigen der nationalen Minderheiten vor. Selbst in seiner Mehrheit von Hitler für die Ziele seiner expansionistischen Ostpolitik mißbraucht, mußte das in jahrhundertelanger Geschichte durchgeformte Deutschtum Böhmens und Mährens die nationalsozialistische Terrorherrschaft während der Protektoratsjahre mit der Aufgabe der Heimat und der Last der Leiden in der Vertreibung bezahlen. In einer Zeit aufflammenden Hasses und der Rache ist von den Sudentendeutschen mit Kriegsverlusten von 215000 Menschen und den 225600 direkten oder indirekten Opfern der tschechischen Vergeltungs- und Zwangsumsiedlungspolitik ein schwerer Blutzoll gefordert worden. Ohne ein internationales Abkommen abzuwarten, wurden durch »wilde

Vertreibungen« im Sommer 1945 750000 Sudetendeutsche, vornehmlich alte Menschen, Frauen und Kinder, nach Deutschland abgeschoben. Nach dem Potsdamer Abkommen fanden 1945 noch 70000, 1946 weitere 750000 Sudetendeutsche Aufnahme in der sowjetischen Besatzungszone, 1,2 Millionen in der amerikanischen Zone Deutschlands. Von den schätzungsweise 500000 in der ČSR verbliebenen Deutschen bekannte sich 1964 noch ein Drittel zur deutschen Nationalität; seit 1973 werden Ausreiseanträge von den tschechoslowakischen Behörden großzügiger entschieden. Das beschlagnahmte deutsche Eigentum wurde unter »nationale Verwaltung« gestellt, wobei die Kommunisten bei der Verteilung und Neubesiedlung schnell die Schaltstellen in die Hand bekamen. Bis Ende 1946 wanderten in das Sudetengebiet 1,8 Millionen Tschechen, meist besitzlose Landarbeiter und Kleinbauern aus den dichtbesiedelten Teilen Mittelböhmens, zu; die hohe Fluktuationsrate erlaubte erst in den 50er Jahren eine Konsolidierung der ehemaligen deutschen Siedlungsgebiete. Durch ein am 27. Februar 1946 in Budapest unterzeichnetes Übereinkommen wurde ein geregelter Austausch von 100000 Ungarn aus der Südslowakei, etwa 15% der ungarischen Volksgruppe, gegen die gleiche Anzahl von in Ungarn siedelnden Slowaken bei einer entsprechenden Entschädigung vereinbart. Wenn auch die ČSR durch den Friedensvertrag mit Ungarn am 10. Februar 1947 das im Wiener Schiedsspruch abgetretene Gebiet endgültig zugeteilt erhielt und gegen das Versprechen, der polnischen Minderheit weite nationale Rechte zu gewähren, sich den Distrikt von Teschen in den Grenzen von 1938 einverleiben durfte, so konnte sie den Anschluß Rutheniens an die Ukrainische Sowjetrepublik nicht verhindern: Am 29. Juni 1945 unterzeichneten Molotov und Fierlinger den Abtretungsvertrag. Mit dem Verzicht auf das rund 12600 qkm umfassende Territorium und auf das Nutzungsrecht der Joachimsthaler Urangruben honorierte Prag der UdSSR nicht nur die »Befreiung«, sondern ermöglichte Stalin auch die Errichtung eines Brückenkopfes südlich des Karpatenkammes mit einer gemeinsamen Grenze gegenüber Ungarn und der ČSR. Die Einbeziehung des Donaubeckens in die sowjetische Einflußsphäre konnte nicht eindrucksvoller demonstriert werden.

Unnachsichtig griff die Regierung gegen »Staatsfeinde« und »Kollaborateure« durch. Mit einem Retributions-Dekret vom 19. Juni 1945 schuf sie die Voraussetzung für die nun in rascher Folge anlaufenden Volksgerichtsprozesse, in denen bis zum 5. Mai 1947 475 Deutsche und 234 Tschechen wegen »Verbrechen gegen den Staat« zum Tode, 443 Deutsche und 293 Tschechen zu lebenslänglichem Zuchthaus und weitere 19888 Personen zu Gefängnisstrafen von durchschnittlich mehr als 10 Jahren verurteilt wurden. Bereits im April 1946 waren über 5000 Slowaken in einer »anti-faschistischen Bereinigungsaktion« zusätzlich zu den »Hauptverbrechern« verhaftet und angeklagt worden. Etwa 250000 Tschechen und Slowaken verloren wegen des Verdachts der Kollaboration durch Verfügung des Innenministeriums das aktive und passive Wahlrecht. Ein von der Provisorischen Nationalversammlung am 8. Mai 1946 erlassenes Gesetz sprach dagegen eine Amnestie für die zwi-

schen dem 30. September 1938 und dem 28. Oktober 1945 begangenen strafwürdigen Handlungen aus, deren Zweck es gewesen war, »einen Beitrag zum Kampf um die Wiedergewinnung der Freiheit der Tschechen und Slowaken« zu leisten – eine Legalisierung der Übergriffe, die im Befreiungstaumel der »Nationalen Revolution« nicht nur gegen die Angehörigen der nationalen Minderheiten stattgefunden hatten.
Obwohl es der Regierung 1945 bald gelang, die durch Kriegseinwirkungen kaum zerstörte Industrie in Gang zu setzen, die Währung zu stabilisieren und eine ausreichende Versorgung der Bevölkerung mit Nahrungsmitteln sicherzustellen, gefährdete sie mit ihren eigenen Anordnungen den sozialen Frieden im Lande. Das am 19. Mai 1945 publizierte Präsidialdekret unterstellte das gesamte Vermögen aller Deutschen und Ungarn der staatlichen Verwaltung; in einer Ergänzung vom 21. Juni wurde deren landwirtschaftlicher Besitz entschädigungslos zugunsten des Staates konfisziert. 1,65 Millionen Hektar Ackerboden und 1,3 Millionen Hektar Wald, vor allem im Grenzgebiet, wurde Ansiedlungswilligen aus dem Binnenland angeboten. Die unter Aufsicht des kommunistischen Landwirtschaftsministers Ďuriš vollzogene Landzuteilung diente der KPTsch als Lockmittel beim Stimmenfang, dem das ländliche Proletariat kaum zu widerstehen vermochte. Bei dem Fehlen von Maschinen, Vieh und Saatgetreide konnten die Neusiedler die wirtschaftlichen Einbußen der Austreibung weder wettmachen noch einen Ersatz für den Niedergang der innerstaatlichen Agrarproduktion wegen des danach auftretenden Mangels an landwirtschaftlichen Arbeitskräften bieten. Die Nahrungsmittelmisere des Jahres 1947, mit deren Behebung die UdSSR den Verzicht auf die Marshall-Plan-Hilfe von der Prager Regierung erzwang und damit die zu den Februar-Ereignissen von 1948 führende Eskalation einleitete, ist nicht zuletzt dieser verfehlten Agrarpolitik der Jahre 1945/46 zuzuschreiben. Die Mitte 1947 von den Kommunisten erzwungene Revision der ersten Landreform aus den zwanziger Jahren mit einer Beschränkung des Grundbesitzes auf 50 Hektar betraf weitere 0,94 Millionen Hektar Ackerland und schadete besonders den Großbauern. Die Zwangskollektivierung nach 1948 hat die früheren Landreformen weitgehend aufgehoben und zu einem weiteren Verfall der Agrarproduktion beigetragen.
Im Sinne des Kaschauer Programms erließen Regierung und Präsident Beneš in rascher Folge Dekrete zur Beschleunigung des »Aufbaus des Sozialismus« in der ČSR. Nach der Beschlagnahme des Vermögens der »Deutschen, Magyaren, Verräter und Kollaboranten« am 19. Mai und der Konfiskation am 25. Oktober 1945 kontrollierte der Staat allein in den böhmischen Ländern 45% aller Industrieunternehmen mit 75% aller in der Industrie Beschäftigten. Am 9. September und 24. Oktober stimmte Beneš in den Dekreten Nr. 100–103 der Verstaatlichung sämtlicher Großbetriebe, Bergwerke, Banken und Versicherungsgesellschaften zu. Mit der Aufsicht über den gesamten Kohlenbergbau, die Schwerindustrie, die Energiewirtschaft und die chemischen Großbetriebe war der Staat auch auf diesem Sektor zum Arbeitgeber von 80% der Industriearbeiterschaft geworden. Da die Privatinitiative

in Betrieben mit weniger als 250 Beschäftigten anfangs kaum beschnitten wurde und die Verbrauchsgüterindustrie, der Binnen- und der Außenhandel vorerst dem Staat nicht unterstellt waren, konnte das Privatkapital ein gewisses Mitspracherecht in der Ausrichtung der Wirtschaftspolitik behaupten, auch wenn insgesamt 57,7% aller Unternehmungen der staatlichen Verwaltung unterstanden. Erst als am 28. Oktober 1946 ein Zweijahrplan zur Beseitigung der Kriegsschäden und eine Produktionssteigerung um durchschnittlich 10% bei starker Bevorzugung der Schwerindustrie verkündet wurde, konnten die Spannungen zwischen privaten Unternehmen und staatlicher Wirtschaftslenkung nur noch mühsam bereinigt werden. Auch wenn der Außenhandel mit den Westmächten seit 1947 stagnierte, hatten zu diesem Zeitpunkt weder die UdSSR noch die anderen sozialistischen Staaten eine ökonomische Prädominanz erreicht, ja, der Wirtschaftsaustausch mit den osteuropäischen Staaten ging sogar etwas zurück und erzielte erst nach 1948 dynamische Wachstumsraten.
Von ausschlaggebenderer Bedeutung für die Zukunft des Staates als diese einschneidenden bevölkerungs- und wirtschaftspolitischen Maßnahmen wurde das großzügige Entgegenkommen der bürgerlichen Parteien gegenüber der KPTsch auf innenpolitischem Gebiet. Bereits im Dezember 1943 hatte Beneš in Moskau dem Vorschlag Gottwalds zugestimmt, die Distrikts- und Gemeindeverwaltungen durch gewählte »Nationalausschüsse« zu ersetzen, denen die örtliche Polizeigewalt und die Aufsicht über die Verwaltung auf unterster Ebene zustehen sollte. Am 3. Februar 1944 hatte Beneš dann zur Bildung von Nationalausschüssen im Lande als Zentren des Widerstands gegen die deutsche Besatzung aufgerufen; am 4. Dezember erließ er in London ein Verfassungsgesetz, das die Wahlen zu den Nationalausschüssen im befreiten Gebiet sanktionierte und diesen das Recht zur Auswahl der Abgeordneten für die Provinz-Nationalausschüsse einräumte. Deren Mitglieder sollten danach die Kandidaten für die Provisorische Nationalversammlung nominieren. In den ergänzenden Regierungsverordnungen vom 5. Mai und 7. August 1945 stimmten die anderen Parteien dem Vorschlag der KPTsch zu, in den Gemeinden, Bezirken und Ländern sowohl die herkömmliche Behördenorganisation als auch die Kreistage und Landesvertretungen durch die Nationalausschüsse zu ersetzen. Durch die Verquickung von Legislativ- mit Exekutivfunktionen konnten die im Schutze der Roten Armee von den Kommunisten eingesetzten Nationalausschüsse bald einen überragenden mittelbaren Einfluß auf die Regierungsarbeit gewinnen. 1947 stellte die KPTsch in 57% der örtlichen Nationalausschüsse den Vorsitzenden; 80% der Bezirks- und alle Provinz-Nationalausschüsse wurden von Kommunisten kontrolliert. Als örtliche »Sowjets« nach russischem Vorbild haben die Nationalausschüsse die Transmission der Macht von unten nach oben und umgekehrt im kommunistischen Sinne beeinflußt und die Übernahme der Staatsgewalt durch die KPTsch wesentlich begünstigt.
Obwohl die in der »Nationalen Front« zusammengeschlossenen Parteien ihre einheitliche Zielsetzung und die prinzipielle Übereinstimmung in ihrem

politischen Handeln unermüdlich betonten, zeigte die Koalition doch bald erste Risse. Ohne den Mut zur Konsequenz aufzubringen, tadelten die demokratischen Politiker zwar die Eigenmächtigkeiten der KPTsch, versuchten sonst aber, die Bedeutung von Meinungsverschiedenheiten herunterzuspielen, Streitfragen auf dem Wege politischer Tauschgeschäfte beizulegen und in Grundsatzfragen zu – oft wirklichkeitsfremden – Kompromissen zu gelangen. In dem Werben um die Unterstützung der Bevölkerung schreckten selbst die bürgerlichen Parteien nicht vor Ergebenheitsadressen an die sowjetische Hegemonialmacht zurück; durch ihr übervorsichtiges Lavieren und häufiges Nachgeben verloren sie bei den Wählern an politischer Glaubwürdigkeit. Auf Benachteiligungen bei der Papierzuteilung für ihre Presseorgane oder beim Bereitstellen von Sendezeiten und auf die Behinderung ihrer politischen Arbeit reagierten die nichtkommunistischen Parteien entweder gar nicht oder nur mit halbherzigen Protesten. Die von der KPTsch kontrollierte Einheitsgewerkschaft spielte zudem ihren ganzen Einfluß offen zugunsten der Kommunisten aus. Viele Faktoren trugen zu den Erfolgen der KPTsch bei, die mit 80000 Mitgliedern im Jahr 1938 eine unbedeutende politische Organisation gewesen war, aber bereits am 1. April 1946 1 Million, am 29. November 1947 1,25 Mill. und, mit den »Februar-Gefallenen«, am 15. Juli 1948 2,3 Mill. eingeschriebene Anhänger erfaßte. Während die KPTsch im Vergleich zum Parteihader im Lager der Demokraten über eine klare politische Linie und über eine nach außen geeinte Führung verfügte, zudem durch den Anreiz, Anschluß an den Sieger von morgen zu finden, Scharen von Opportunisten anzog sowie vor Irreführung, Einschüchterung und der Propagierung eines allslawischen Mythos nicht zurückschreckte, fehlte es den Bürgerlichen an dem – durch die Kapitulation von 1938/39 angegriffenen – notwendigen politischen Selbstbewußtsein. Ihr aus den Erfahrungen des Auseinanderbrechens des Staates und der Okkupationszeit genährtes Sicherheitsbedürfnis veranlaßte auch sie, die zunehmende Abhängigkeit von der sowjetischen Hegemonialmacht hinzunehmen, obgleich sie sich der damit verbundenen Gefahren durchaus bewußt waren. In dem Gefühl, die Zügel der Politik fest in der Hand zu halten, ließ es der am 25. Mai 1945 triumphal nach Prag zurückgekehrte Präsident Beneš an einer ausreichenden Kontrolle der Regierung fehlen. Seine wie auch die Wachsamkeit der Regierungsmitglieder wurden durch die mit großer Vorsicht und Umsicht agierenden Kommunisten eingeschläfert. Mit dem offenkundigen Scheitern von Benešs großer Vision, sein Land zum Vermittler und Bindeglied zwischen den Weltmächten in Ost und West zu machen, in einer Synthese aus bürgerlicher Demokratie, Marxismus und Christentum die geistigen und politischen Werte in Ostmitteleuropa umzugestalten und als ausgleichender Mentor die UdSSR und die angelsächsisch-französische Welt einander näherzubringen, fehlte es den demokratischen Parteien im Vergleich zu der die Massen pragmatisch-demagogisch ansprechenden KPTsch ganz einfach an einem überzeugenden Sachprogramm. Ein Gefühl der Resignation, des Ausgeliefertseins gegenüber dem weltpolitischen Geschehen und der Eskalation des Kalten Krieges machte sich seit 1946 in erschreckendem Maße in den Reihen der Demokraten breit.

Die Durchführung des »Kaschauer Programms« stand im Vordergrund der Regierungsarbeit, wobei die den Wirtschaftssektor kontrollierenden bürgerlichen Politiker sich zu sehr um den Wiederaufbau eines nicht-marxistischen Wirtschaftssystems und die Beibehaltung einer demokratischen Gesellschaftsordnung kümmerten, ohne die von den Kommunisten vorgenommenen gut getarnten Veränderungen in Presse und Rundfunkt, Polizei und Armee, Erziehung und Literatur zu registrieren. Das in der Ersten Republik oft gespannte Verhältnis zwischen Staat und Kirche konnte sich nicht besser entwickeln, zumal nachdem Beneš offenbar seinem früheren Atheismus abgeschworen hatte und keine Gelegenheit zu einer unmittelbaren Fühlungnahme mit den Führern des politischen Katholizismus verstreichen ließ. Als die von der Nationalen Front mit Hilfe der Provinz-Nationalausschüsse am 14. Oktober bestimmten 300 Abgeordneten am 28. Oktober 1945 in der Provisorischen Nationalversammlung zusammentraten, ergaben sich keine Schwierigkeiten bei der nachträglichen Billigung der bisherigen Regierungsverordnungen und der Nationalisierungsdekrete. Auch die Vorbereitungen und die Kampagne für die für den 26. Mai 1946 ausgeschriebenen Wahlen störten das Einvernehmen der Parteien der Nationalen Front äußerlich nicht. Der Abzug der gesamten alliierten Truppen am 1. Dezember 1945 schien die günstigen Prognosen für eine unabhängige Entwicklung der ČSR zu bestätigen.

Die Verhärtung der innenpolitischen Fronten

Der mit großem äußerem Aufwand durchgeführte VIII. Parteitag der KPTsch vom 28.–30. März 1946 eröffnete den Wahlkampf, in den auch der Episkopat mit der in einem umstrittenen Hirtenbrief enthaltenen Aufforderung an die Gläubigen, nur für Kandidaten mit christlicher Grundanschauung zu stimmen, direkt eingriff. Bei den am 26. Mai durchgeführten freien und geheimen Wahlen entfielen auf die KPTsch 2,2 von 7,6 Millionen gültigen Stimmen und 93 Mandate, die slowakische Sektion erhielt zudem noch 21 Abgeordnetensitze; den National-Sozialisten wurden 55, der Volkspartei 46, den slowakischen Demokraten 43, den Sozialdemokraten 37 sowie der kurz zuvor zugelassenen Slowakischen Freiheitspartei 3 und der Slowakischen Partei der Arbeit 2 Mandate zugeteilt. Von dem durch das Verbot der Rechtsparteien entstandenen Vakuum profitierten in Böhmen wohl die Kommunisten, in Mähren die Klerikalen und in der Slowakei die Demokraten am meisten, während der Mittelstand und die Intelligenz die National-Sozialisten unterstützten. Mit 37,94% der abgegebenen Stimmen waren die Kommunisten die stärkste Partei geworden und hatten sich, gestützt auf die zur Mitarbeit bereiten Sozialdemokraten, bei 153 von 300 Mandaten das Recht zur Nominierung des Ministerpräsidenten erworben. Nachdem am 19. Juni 1946 die Verfassunggebende Nationalversammlung Beneš einstimmig im Amt des

Staatspräsidenten bestätigt hatte, stellte am 3. Juli K. Gottwald seine neue Regierung vor. Auch wenn die KPTsch der Ersetzung des Erziehungsministers Nejedlý durch den National-Sozialisten J. Stránský zustimmen mußte, so hatte sie mit 9 Mitgliedern ihre Position im Kabinett weiter gestärkt und ihren Besitzstand auf einen Teil der Wirtschaftsministerien – Finanzen, Innenhandel, Ackerbau – ausgedehnt. Besonders Finanzminister Dolanský gewann rasch an Einfluß. Beneš hatte sich mit Hilfe von vier Vertrauensleuten der National-Sozialisten, mit Stránský, dem Justizminister Drtina, dem Außenhandelsminister Ripka und dem Vizepremier Zenkl, ein Mitspracherecht zu sichern verstanden. Trotz ihres großen Wahlerfolgs in der Slowakei (61% der Stimmen) und einer Umgruppierung des Slowakischen Nationalrates im Verhältnis 2 : 1 zu ihren Gunsten mußten die slowakischen Demokraten eine Machteinbuße bei der Verteilung der Ressorts hinnehmen. Die je drei Minister der Sozialdemokraten und der Volkspartei wurden auf politisch bedeutungslose Kabinettsposten abgeschoben.
Klement Gottwald, dem 1896 geborenen Zimmermann aus Dědice in Mähren, seit 1921 aktiv in der KPTsch tätig, seit 1926 Mitglied des Politbüros, seit 1929 Abgeordneter und Parteivorsitzender, gelang es mit seinen ungewöhnlichen politischen Gaben, mit Behutsamkeit und Geschick, mit schneidender Schärfe und Rücksichtslosigkeit, mit der Fähigkeit, die breite Masse des Volkes zu begeistern, mit verbindlichen Manieren und der glaubwürdigen Betonung seiner demokratischen Gesinnung schnell, den Einfluß seiner bürgerlichen Regierungspartner weiter zu beschneiden. In seinem Regierungsprogramm betonte er die Notwendigkeit sowohl zum Ausbau der sozialen Errungenschaften, der Nationalisierung, als auch der Förderung privater Unternehmen und der Fortsetzung der bisherigen Außenpolitik durch eine Vertiefung der »traditionellen Freundschaft zur UdSSR« und zu den Westmächten. Die am 26. Juli 1946 von Gottwald und Masaryk mit Stalin und Molotov in Moskau geführten Verhandlungen bestätigten jedoch die eindeutige Vorrangstellung der sowjetischen Schutzmacht. Für die Zusage, die tschechoslowakischen Forderungen gegenüber Ungarn und dem Deutschen Reich auf den kommenden Friedensverhandlungen voll zu unterstützen, einen sowjetischen Kredit für den Aufbau der Armee bereitzustellen und die Überführung ehemals deutscher Unternehmen in der ČSR in tschechischen Besitz zu beschleunigen, stimmte die Prager Regierung einem langfristigen, für sie ungünstigen Handelsabkommen und weitreichenden sowjetischen Luftrechten über ihrem Hoheitsgebiet zu. Die offene Pressepolemik gegen die westlichen »Imperialisten« beantworteten die USA bereits am 26. August 1946 mit der Stornierung eines Warenkredits über 40 Millionen Dollar und den Abbruch von Verhandlungen über eine Anleihe in Höhe von 150 Millionen Dollar. Die von den bürgerlichen Kräften nicht widerspruchslos hingenommene Verschiebung der Wahlen für die Nationalausschüsse und ihre zurückhaltende Zustimmung zu dem am Staatsfeiertag, dem 28. Oktober 1946, verkündeten Zweijahresplan ließ ernste Spannungen in der Regierung zutage treten. Der auf Wunsch der UdSSR am 10. März 1947 ab-

geschlossene Freundschafts- und Beistandsvertrag mit Polen vertiefte die im Kabinett bestehenden Meinungsverschiedenheiten; auch über die der Slowakei gegenüber einzuschlagende Politik kam es seit Jahresbeginn 1946 immer wieder zu Auseinandersetzungen.
Die Wahlen in der Slowakei hatten den Kommunisten einen Mißerfolg gebracht. Die KPTsch mußte trotz eines am 30. Mai 1946 in Preßburg inszenierten Generalstreiks eine Beschneidung ihrer Position im Nationalrat und dem einer Landesregierung entsprechenden »Beauftragtenausschuß« hinnehmen. Obwohl ihm weiterhin der Kommunist G. Husák vorstand, konnten bei den bislang nicht genau bgegrenzten Vollmachten zwischen Zentralregierung und Beauftragtenausschuß in Preßburg drei Gruppen ihre slowakisch-nationalen, zentralistischen oder tschechoslowakisch-kommunistischen Ansichten vertreten. Die slowakischen Nationalisten, in ihrer Mehrheit Anhänger der verbotenen Volkspartei und der Agrarier, verlangten eine Föderalisierung mit weitgehender Selbstverwaltung. Die tschechischen Zentralisten traten, von Beneš unterstützt, gegen einen anfälligen Dualismus auf und schlugen die Errichtung von drei Landesregierungen für Böhmen, Mähren und die Slowakei vor, die unter einem starken Zentralkabinett in Prag das gleiche Maß an Autonomie genießen sollten. Nach kommunistischem Wunsch sollte die Slowakei anfangs einen den konstituierenden Republiken der UdSSR analogen Status erhalten. In der seit Mai 1945 laufenden, von zunehmender Verbitterung gekennzeichneten Diskussion über die Grenzen der slowakischen Autonomie setzte die Zentralregierung in den drei »Prager Vereinbarungen« den politischen Spielraum des »Bevollmächtigtenausschusses« immer weiter herab; das mit 30% der Stimmen erschreckend schwache Abschneiden der slowakischen Sektion der KPTsch bei den Wahlen und die breite Unterstützung, die das beinahe ausschließlich von Protestanten besetzte Führungsgremium der Demokratischen Partei nach einem Abkommen mit dem Episkopat durch die zu 75% katholischen Slowaken fand, veranlaßten Gottwald, im östlichen Landesteil mit harter Hand durchzugreifen und das angebliche Wiederaufleben »klerikalfaschistischer« Tendenzen zu unterbinden. Er konnte bei seinem Vorgehen mit der vorbehaltlosen Unterstützung der National-Sozialisten und der Sozialdemokraten rechnen, die einem straffen Zentralismus das Wort redeten.
Das am 15. April 1947 von einem Volksgerichtshof verkündete Todesurteil gegen den ehemaligen Präsidenten Tiso löste die erste offene Regierungskrise aus. Zwei Drittel der slowakischen Bevölkerung traten für eine Begnadigung des populären Monsignore ein, der im Soge von Hitlers Ostpolitik eher ein Gefangener der Umstände denn ein die Vorgänge der Jahre 1939–1945 aktiv beeinflussender Staatsmann gewesen war. Kommunisten, National-Sozialisten und Sozialdemokraten beharrten unerbittlich auf der Vollstreckung des Urteils. Nur die slowakischen Demokraten und, nach anfänglichem Zögern, auch die tschechischen Klerikalen forderten die Begnadigung, unterlagen aber im Ministerrat mit 17 : 6 Stimmen. Beneš machte, obschon er Tiso persönlich einiges zu verdanken hatte, von seinem Begnadigungsrecht keinen

Gebrauch. Diese Kurzsichtigkeit blieb nicht ohne Folgen auf das tschechisch-slowakische Verhältnis und nutzte letztlich allein den Kommunisten. Am 11. Juni 1947 hatte sich ein außerordentlicher Ministerrat mit der sich zuspitzenden Lage in der Slowakei zu befassen und einen kommunistischen Antrag, durch Einsatz der bewaffneten Arbeitermilizen einen Putsch der »Reaktion« zu verhindern, zurückzuweisen. Die KPTsch schürte, davon unbeeindruckt, die Spannungen weiter an, um die alleinige Kontrolle über die Organe der Landesselbstverwaltung zu erlangen. Am 8. Oktober gab der Bevollmächtigte für innere Angelegenheiten, der parteilose General Ferjenčík, die Aufdeckung einer angeblichen Verschwörung der extremen Rechten bekannt, die mit Wissen der demokratischen Parteiführung Beziehungen zur slowakischen Emigration um den Ex-Außenminister Ďurčanský unterhalten haben sollte. Unter den 235 Verhafteten befanden sich die beiden parlamentarischen Geschäftsführer der Demokraten sowie der Sekretär des stellvertretenden Ministerpräsidenten Ursíny, der aus Protest gegen diese Maßnahme am 30. Oktober demissionierte. Am 31. Oktober traten die kommunistischen Beauftragten unter Führung G. Husáks in der Erwartung zurück, eine personelle Umbesetzung des »Beauftragtenausschusses« und des Nationalrates zu ihren Gunsten erzwingen zu können. Ein von der kommunistischen Gewerkschaft am 5. November proklamierter einstündiger Warnstreik konnte die von der KPS einberufene slowakische Nationale Front, um die 1946 gegründeten, von den Kommunisten beherrschten kleinen Parteien sowie Vertreter der Gewerkschaften und der Widerstandsorganisationen erweitert, nicht zur Annahme der kommunistischen Forderungen veranlassen. Nach einer von den bürgerlichen Parteien boykottierten Sitzung der von Gottwald einberufenen tschechoslowakischen Nationalen Front hatten sich die Demokraten am 18. November 1947 in eine Umbesetzung der Regierungsämter unter Verlust ihrer Mehrheit im »Beauftragtenausschuß« zu fügen, obwohl sie auch weiterhin die besonders umkämpften Ressorts für Ernährung und Landwirtschaft kontrollierten. Am gleichen Tag wurden weitere 206 Personen wegen »Verschwörung gegen die Staatsgewalt« in der Slowakei verhaftet. Die Kommunisten hatten ihre Generalprobe nach der weitgehenden Ausbootung der Demokraten erfolgreich bestanden und hielten sich nach Anzeichen, die auf einen unnachgiebigeren Kurs der bürgerlichen Parteien in der Zentralregierung hinwiesen, für stark genug, auch dort eine Entscheidung zu ihren Gunsten zu erzwingen.

»Coup de Prague«

Die Koalition in Prag hatte bis zum Sommer 1947 trotz ständiger Spannungen relativ konstruktive Arbeit geleistet und das öffentliche und politische Leben in annähernd normale Bahnen gelenkt. In der Verfassunggebenden Nationalversammlung prangerten die bürgerlichen Parlamentarier ganz offen die kommunistischen Willkürmethoden an und trugen für die strikte Beachtung der Gesetzesnormen Sorge. Die Kommunisten befanden sich in der Defensive, beachteten jedoch pro forma die Prinzipien der Rechtsstaatlichkeit. Dennoch war Gottwald nicht gesonnen, die einmal errungene Position kampflos zu räumen. Er tadelte die unerfreulichen Zustände in der Nationalen Front und das Wiederaufleben der »Reaktion«, klagte über die Gewinne der Privatunternehmer und die unzureichenden Ergebnisse der verstaatlichten Betriebe. Engpässe in der Lebensmittelversorgung, die im Frühjahr 1947 erstmals auftraten und die Landwirtschaftsminister Ďuriš durch eine Revision der ersten Bodenreform zu beheben suchte, zudem die Aussichten auf eine Mißernte bildeten den Hintergrund für eine vorentscheidende Auseinandersetzung der beiden ungleichen Koalitionspartner. Um die drohende Hungersnot, die nicht nur die Industrieproduktion und die Stabilität der Währung gefährden und in einem revolutionären Chaos enden konnte, zu vermeiden, mußte Hilfe von außen gesucht werden. Das Angebot des amerikanischen Außenministers Marshall, an einer in Paris geplanten Konferenz über eine Reorganisation der europäischen Wirtschaft durch amerikanische Kapitalhilfe teilzunehmen, kam der Regierung Gottwald so gelegen, daß das Kabinett am 7. Juli 1947 einstimmit die Entsendung einer Verhandlungskommission beschloß. Als jedoch Stalin einer gerade in Moskau weilenden tschechoslowakischen Regierungsdelegation am 8. Juli das Ultimatum stellte, »den Freundschafts- und Beistandspakt zwischen unseren Ländern als gültig zu betrachten oder es vorzuziehen, nach Paris zu gehen«, lehnte nach Gottwalds telefonischem Urgieren das Kabinett am 10. Juli die Einladung ebenso einstimmig ab. Nicht restlos von der Wirksamkeit und der raschen Erfüllung des Marshall-Planes überzeugt, kapitulierten die bürgerlichen Minister, billigten am 18. Juli die Unterzeichnung eines ausbeuterischen fünfjährigen Handelsvertrags mit der UdSSR und schwenkten für 700000 Tonnen Brot- und Futtergetreide ganz in das sich herausbildende »sozialistische Lager« ein. Am 11. Dezember garantierte die UdSSR der ČSR die Lieferung von 40% ihres Weizen-, 25% des Baumwoll-, 10% des Woll- und 15% des Eisenerzbedarfes.

Die Zurückweisung der Marshallplan-Hilfe durch die osteuropäischen Länder bedeutete zugleich das Ende der partnerschaftlichen Zusammenarbeit der Kommunisten mit den bürgerlich-demokratischen Parteien im Rahmen der »Nationalen-« oder »Volksfronten«. Nach der Gründung des Kommunistischen Informationsbüros (Kominform) im September 1947 hatten sich die kommunistischen Parteien zu verpflichten, die uneingeschränkte Staatsgewalt in den »Volksdemokratien« zu usurpieren. Die KPTsch nutzte die Nachgiebigkeit ihrer zahlenmäßig überlegenen, von der Bevölkerung jetzt wieder stärker unterstützten Koalitionspartner geschickt aus, um durch das kontinuierliche Schüren von Krisen die Macht fester in die Hand zu bekommen. So sollte eine zur Unterstützung der durch die Dürre hart betroffenen Landwirte vorgeschlagene »Millionärssteuer« alle größeren Vermögen mit einer Abgabe von 2 bis 20% belegen und den Besitzstand des mittelständischen Bürgertums beschneiden. Die Sozialdemokraten brachen in dem Tauziehen um das im Endeffekt wenig wirksame Gesetz auseinander. Zunächst siegte die kommunistenfreundliche Linke um Fierlinger; am 19. Oktober 1947 wies die Parteiführung jedoch entschieden Gerüchte über deren Aufgehen in einer anderen Partei – der KPTsch – zurück. Der Sieg des bürgerlich-rechtssozialistischen Flügels der Sozialdemokratie mit der Ersetzung Fierlingers durch B. Laušman auf dem Parteitag in Brünn am 16. November bedeutete für die KPTsch eine Niederlage und zwang Gottwald am 25. November zur Umbesetzung der Regierung. Auch die Mitteilung, drei mit hochexplosivem Sprengstoff gefüllte, an die Minister Masaryk, Zenkl und Drtina adressierte Päckchen seien gerade noch rechtzeitig entschärft worden, und die damit in Zusammenhang stehende Verhaftung von sechs Mitgliedern der Olmützer KPTsch-Leitung am 21. November waren dem innenpolitischen Frieden wenig zuträglich. In den Kompetenzstreit zwischen dem kommunistischen Innenminister Nosek und dem national-sozialistischen Justizminister Drtina über die Zuständigkeit bei der Strafverfolgung platzte die dann von der KPTsch verbreitete Nachricht, auf Beneš, der gerade zu einem Erholungsurlaub in der Slowakei weilte, sei von »Faschisten« ein Attentat vorbereitet und nur durch die Wachsamkeit der von den Kommunisten kontrollierten Polizei verhindert worden.

Diese hektische innenpolitische Atmosphäre wurde durch die für das Frühjahr 1948 anberaumte Verabschiedung der Verfassung und die Vorbereitung der Wahlen zur Nationalversammlung weiter angeheizt. Die Endphase des zähen Ringens leitete Gottwald am 29. November 1947 auf einer Sitzung des Zentralkomitees (ZK) mit der Erklärung ein, daß die KPTsch gegen den wachsenden Druck der vom Ausland geförderten Reaktion in den Wahlen die Mehrheit der Nation für den wahren Sozialismus gewinnen müsse. Als verbindliche Verpflichtung hatte er jedoch den Auftrag des Kreml auszuführen, die Abhaltung unbeeinflußter Wahlen, die mit großer Wahrscheinlichkeit den bürgerlichen Kräften einen Erfolg bringen mußten, zu verhindern, den Sturz der bestehenden Koalition vorzubereiten, die »Westler« aus der Politik, die Großbourgeoisie aus der Wirtschaft, die Kirchen aus dem öffentlichen Leben auszuschalten, die nichtkommunistischen gewerkschaftlichen und landwirtschaftlichen Organisationen aufzulösen sowie die Kontrolle über Armee und Polizei, Presse und Rundfunk, Erziehung und Verwaltung weiter zu festigen.

Die Führer der demokratischen Parteien, ermutigt von den diplomatischen Vertretern der Westmächte, planten dagegen, die Verabschiedung der Verfassung bis nach den Wahlen auszusetzen, die verunsicherten Sozialdemokraten fest in ihr Lager zu ziehen und durch die Neubesetzung des Innenministeriums auch Polizei, Gendarmerie und Verwaltung dem Einfluß der Kommunisten zu entziehen. Obwohl Verteidigungsminister Svoboda insgeheim der KPTsch angehörte, waren der Großteil des Offizierskorps und die Mehrheit der Truppen nicht kommunistisch unterwandert und konnten zum bewaffneten Schutz einer parlamentarischen Ordnung aufgerufen werden. Dagegen verfügte der Gegner nicht nur über eine größere innere Geschlossenheit und Skrupellosigkeit bei der Anwendung seiner Machtmittel, sondern er war zum Jahreswechsel 1947/48 auch viel besser gerüstet: Mehr als 2 Millionen Mitglieder zählte die vom Kommunisten A. Zápotocký geführte »überparteiliche« Organisation aller Werktätigen URO; die bewaffneten Arbeitermilizen unterstanden kommunistischer Kontrolle. Mit mehr als 1,3 Millionen Partei- und 500000 Frauenorganisations-Mitgliedern besaß die KPTsch eine zu striktem Gehorsam und Opferbereitschaft erzogene Gefolgschaft, die durch ihre großen Mehrheiten in den wichtigsten Industriezentren jederzeit die Wirtschaft lahmlegen konnte. Der dem Innenministerium unterstellte Staatssicherheitsdienst mit einer Stärke von 43000 Mann war fest in kommunistischer Hand.

Der Streit über die Kontrolle der Polizei und damit über die Sicherstellung unbeeinflußter Wahlen löste Mitte Februar 1948 die Staatskrise aus. Beeinflußt von einer Pressepolemik und der Weigerung der Kommunisten, den Staatsangestellten eine allgemeine Gehaltserhöhung zu gewähren, forderte am 12. Februar die bürgerliche Kabinettsmehrheit Innenminister Nosek auf, die weitere Unterwanderung des Polizeiapparats durch Kommunisten sofort einzustellen. Unvorbereitet und ohne Absprachen über das weitere Vorgehen getroffen zu haben, nahmen die den demokratischen Parteien angehörenden Minister die außerordentliche Beförderung von acht kommunistischen Polizeioffizieren zum Anlaß, um am 20. Februar ihre Demission anzubieten. Da sich jedoch nur der »rechte« Sozialdemokrat Majer dem Schritt der zehn Minister der National-Sozialisten, der Volkspartei und der slowakischen Demokraten anschloß, der parteilose Jan Masaryk aber, durch Verhandlungen mit seinen polnischen und jugoslawischen Kollegen beansprucht, keine Anstalten traf, sein Amt niederzulegen, blieb die KPTsch mit Hilfe der »linken« Sozialdemokraten und der parteilosen Fachminister in der Majorität und die Regierung beschlußfähig. Laut Verfassung bestand daher keine Handhabe, das Kabinett aufzulösen und, wie vorgesehen, eine Beamtenregierung mit der Führung der Geschäfte zu beauftragen. Beneš, der mit dem Schritt der demokratischen Parteien sympathisierte, genoß immer noch ein immenses Ansehen im Volk, doch hatte er sich nach 1945 bewußt aus dem Parteienhader herausgehalten und besaß jetzt, frühzeitig gealtert, krank und durch bald drohende, bald schmeichelnde Briefe und Vorsprachen der Kommunisten eingeschüchtert, nicht den Mut, offen Stellung zu beziehen.

Angesichts der Gefahr eines Bürgerkriegs oder einer sowjetischen Truppenintervention empfahl Beneš, die Regierungskrise durch Verhandlungen beizulegen. Dadurch bekam die KPTsch Zeit, um Massendemonstrationen zu organisieren und ihre Aktionskomitees zu mobilisieren. Bereits am 18. Februar hatte Gottwald zum Widerstand »aller demokratischen und fortschrittlichen Elemente« gegen die bürgerliche Verschwörung aufgerufen; nach Beratungen mit dem am 19. Februar angeblich zu Handelsgesprächen in Prag eingetroffenen stellvertretenden sowjetischen Außenminister Zorin ergriff die KPTsch überall die Initiative: Am 22. Februar sprachen sich 7000 Betriebsräte für eine vollständige Nationalisierung der Industrie aus; die

Amtsräume der zurückgetretenen Minister und die Büros der drei von ihnen geführten Parteien wurden von Kommunisten besetzt; Laušman kapitulierte und lieferte die Führung der Sozialdemokratie an die Linke unter Fierlinger aus. Nach der Weigerung Gottwalds, mit den zurückgetretenen Ministern zu verhandeln, erschienen am 23. Februar in den Straßen Prags und der größeren Städte bewaffnete Gewerkschaftler und kommunistische Stoßtrupps; ein Zug Prager Studenten zum Hradčin mit dem Ziel, Beneš zu einer unnachgiebigen Haltung gegenüber der KPTsch zu veranlassen, wurde von der Polizei mit Schüssen auseinandergejagt. Ein unter Leitung Zápotockýs, des KPTsch-Generalsekretärs Slánský, des Propagandaministers Kopecký und des Sozialisten Erban stehender Zentralausschuß koordinierte die Maßnahmen der örtlichen Aktionskomitees. Benešs Weigerung, die Armee in den Bereitschaftszustand zu versetzen, reduzierte die Erfolgsaussichten der demokratischen Parteien noch weiter. Ein einstündiger Warnstreik von 2,5 Millionen Arbeitern am 24. sowie die Drohung mit dem Generalstreik und die Möglichkeit blutiger Zusammenstöße am darauffolgenden Sonntag, dem 29., veranlaßten Beneš am Nachmittag des 25. Februar 1948 zur Kapitulation. Er akzeptierte den Rücktritt der bürgerlichen Minister und stimmte einem neuen Koalitionskabinett Gottwald zu, das durch die Mitarbeit von gefügigen Statisten aus den anderen Parteien den Anschein einer Fortsetzung der Nationalen Front erweckte. 12 der 24 Minister gehörten der KPTsch an, die alle bedeutenden Ressorts kontrollierte. Zápotocký und der Slowake Široký wurden zu stellvertretenden Ministerpräsidenten gemacht; der parteilose Jan Masaryk, über dessen Ansichten kein Zweifel, über dessen wahre Absichten jedoch weitgehende Unklarheit herrschte, verblieb im Außenressort. Den Kollaborateuren aus den bürgerlichen Parteien wurden nur einflußlose Ministerien zugewiesen. Als am 26. Februar ein gemeinsamer britisch-französisch-amerikanischer Protest gegen die kommunistische Machtübernahme eintraf, bereitete der erfolgreiche Zorin bereits seine Rückreise nach Moskau vor. Am 27. Februar verteidigte Beneš die neue Regierung. Ohne größere Unruhen in der Bevölkerung auszulösen, die innerhalb von zehn Jahren zum drittenmal – zum geringeren Teil mit klassenkämpberischer Begeisterung, in ihrer Mehrheit jedoch in passiver Ergebenheit – den Ablauf der von ihr nicht aktiv mitgestalteten Ereignisse verfolgte, stellte die KPTsch ihren Sieg sicher. Sie war zwar von der dramatischen Zuspitzung der Ereignisse zu diesem Zeitpunkt nach dem Rücktritt der demokratisch-bürgerlichen Kabinettsmitglieder überrascht worden, hatte aber in Geschlossenheit und mit Improvisationsvermögen auf den Angriff auf ihre bereits weitgehend gefestigte Position reagiert. Die offene Errichtung eines kommunistischen Regimes in Prag war nur die formelle Bestätigung der im großen ganzen bereits seit 1945 bestehenden Machtverhältnisse: innenpolitisch besaß die KPTsch schon seit drei Jahren einen dominierenden Einfluß; außenpolitisch hatte Moskau spätestens seit dem Sommer 1947 die strikte Beachtung seiner Weisungen erzwungen. Am 11. März sanktionierten die anwesenden 230 der 300 Abgeordneten einstimmig den Machtwechsel: Das neue Regime besaß nun die

Legitimation, jede Opposition in Keime zu ersticken und die Gleichschaltung auf allen Gebieten zu vollziehen. Einmal mehr hatte die Politik Edvard Benešs Schiffbruch erlitten: Das Erbe Masaryks, die demokratische Tradition der Tschechoslowakischen Republik, wurde in eine stalinistische »Volksdemokratie« pervertiert.

VIII. Von der »Volksdemokratie« zur »Sozialistischen Republik« (1948–1967)

Die Ausschaltung der nichtkommunistischen Kräfte aus Politik und Armee

Energisch und erfolgreich packten die neuen Herren auf dem Hradčin die Überleitung ihres Landes in das »sozialistische Lager« an. Die Verirrungen und das Versagen ihrer Eliten bezahlten Tschechen und Slowaken mit dem in völligem Widerspruch zur bisherigen Geschichte und der nationalen Tradition stehenden, nach stalinistischem Muster rücksichtslos durchgesetzten »Übergang vom Kapitalismus zum Sozialismus« und der »Diktatur des Proletariats«. Die Gleichschaltung auf sozioökonomischem Gebiet unter Zerstörung der bisherigen Gesellschaftsordnung traf vornehmlich das Besitzbürgertum, das bald seinen früheren Einfluß auf Verwaltung, Politik, Armee, Wirtschaft und Kultur weitgehend einbüßte. Dem Bruch mit den »kapitalistischen« Prinzipien in der Wirtschaft folgten der Verzicht auf alle nichtmarxistischen Traditionen im Kulturbetrieb, in Erziehung und Unterricht, in Literatur und Kunst. Die Anpassung des Grundgesetzes an die sozialistische Staatsform stellte die faktische Leitung des Landes durch die nach den Prinzipien des »demokratischen Zentralismus« aufgebaute KPTsch und ihr Sekretariat sicher; auf außenpolitischem Gebiet wurde der Anspruch, eine west-östliche Mittlerrolle einzunehmen, durch die willfährige Unterstellung unter das sowjetische Hegemonialsystem aufgegeben. Gefügige, sich opportunistisch den neuen Verhältnissen anpassende Mitglieder der alten demokratischen Parteien kaschierten mit ihrer Statistenrolle anfangs den wahren Charakter des Regimes, das die der neuen Ordnung offen Widerstand Leistenden entweder wirtschaftlich vernichtete, zur Flucht ins Ausland zwang oder in Schauprozessen aburteilte und in der politischen Versenkung verschwinden ließ. Mit dem Verbot oder der Umstellung der bürgerlichen Presse auf die kommunistische Parteilinie leitete das »Zentrale Aktionskomitee« der Volksfront unter dem Vorsitz Zápotockýs eine Reihe von Säuberungen gegen alle erdenklichen Herde möglicher Opposition ein: Eine Welle von Entlassungen brach über öffentliche Ämter, die Universitäten, Verbände und Unternehmen, Redaktionen, den »Sokol« und sogar die Sportvereine herein. Bereits am 9. April 1948 waren nach einer Mitteilung des Sozialministers Erban 4800 Personen wegen Unzuverlässigkeit aus dem Staatsdienst entlassen worden; durch ein Dekret vom 25. Oktober 1948 schuf die Regierung die Voraussetzung, »Personen zwischen 18 und 60 Jahren, die die Arbeit scheuen oder den Aufbau des volksdemokratischen Regimes oder das Wirtschaftsleben gefährden«, in Zwangsarbeitslager unterzubringen. Nach – nicht einwandfrei überprüfbaren – Schätzungen wurden noch 1955 in mehr als 230 Lagern 240000 Insassen, davon etwa 80% aus politischen Gründen, einer »Umerziehung« unterworfen. Die – zumal auf volkswirtschaftlichem Gebiet verheerenden – Folgen des Bruchs mit dem Westen und der vollständigen Anpassung an das Sowjetsystem sind selbst 30 Jahre nach den »Februar-Ereignissen« nicht überwunden. Der bis 1955 praktizierte stalinistische Terror und die Lehren aus dem »Prager Frühling« bleiben unvergessen. Die mythische Verklärung, die – vor allem bei der älteren Generation – der Ersten Republik und den kurzen Jahren der slowakischen Eigenstaatlichkeit zuteil wird, hat die Schrecken der »Verletzung der sozialistischen Gesetzlichkeit« und den Schock der Invasion der fünf Warschauer-Pakt-Partner 1968 um so lebendiger im Gedächtnis der Betroffenen verankert.

In der ČSR, die – nach der Abdankung des ungarischen Ministerpräsidenten F. Nagy, der Verurteilung des rumänischen Bauernführers J. Măniu, der Exekution des bulgarischen Oppositionspolitikers N. Petkoff und der Flucht des polnischen Demokraten St. Mikołajczyk – als letzte Bastion in Osteuropa zu einer Satrapie des Kremls absank, versuchten die KPTsch und die gesäuberten bürgerlichen Rumpf-Parteien durch einen besonders widerwärtigen Eifer bei der »Gleichschaltung« ihren Zeitverlust wettzumachen. Außenminister Jan Masaryk, der noch am 5. März eine große Rede für die Vertiefung des Bündnisses mit der UdSSR gehalten hatte, wurde am Morgen des 10. März 1948 zerschmettert unter dem Fenster seiner Dienstwohnung im Czernin-Palais aufgefunden. Mit dem bis heute nicht zweifelsfrei geklärten Ausscheiden des letzten Repräsentanten der alten demokratischen Ordnung aus der Regierung wurde auch Benešs angeschlagene Stellung weiter erschüttert. In einer Geste des hilflosen Protests gegen die nicht zuletzt auch von ihm mitzuverantwortende kommunistische Machtübernahme zog er sich auf seinen Landsitz Sezimovo Ústí bei Tábor zurück, bevor er einen leidlichen Anlaß fand, auf sein nunmehr einflußloses Amt zu verzichten. Die Unterschrift unter den von den Kommunisten umredigierten Verfassungsentwurf, der am 9. Mai 1948 die einstimmige Billigung der 254 anwesenden Abgeordneten gefunden hatte, verweigernd, gab er – wahrscheinlich im Zusammenhang mit einem weiteren Besuch Zorins in Prag – am 7. Juni 1948 die Präsidentschaft auf. Der Tod des »Präsidenten-Erbauers« nur knapp drei Monate danach, am 3. September, setzte den Schlußstrich unter eine politische Karriere, die eine höchst zwiespältige Beurteilung erfahren hat. Von der kommunistischen Historiographie bis 1967 und nach 1969 fast vollständig verschwiegen und höchstens als alleiniger Sündenbock für die Inkonsequenzen der tschechoslowakischen Politik und ihre verheerenden Folgen verantwortlich gemacht, erfuhr er auch im westlichen Ausland wegen des Scheiterns seiner ambitiösen, die Möglichkeiten seines kleinen Landes bei weitem überfordernde Politik eine zunehmend kritische Beurteilung, die in schroffem Kontrast zu den hagiographischen Darstellungen aus der Kriegs- und der ersten Nachkriegszeit steht. Sowohl 1938 als auch 1948 fand er sich mit der imperialen Politik zweier Großmächte konfrontiert und mußte vor den machtpolitischen Realitäten kapitulieren. Der Spielraum für ein eigenständiges Agieren war in beiden Fällen praktisch nicht gegeben. Immerhin darf bei der Beurteilung von Benešs Verantwortung die Frage nach der Klugheit

seines Kurswechsels nach 1943 – zumal auf außenpolitischem Gebiet und der sich daraus herleitenden innenpolitischen Konsequenzen – nicht ausgeklammert bleiben. Die Unterschätzung der kommunistischen Gefahr sowie das Verkennen der wahren Zielsetzungen Stalins und der KPTsch teilte Beneš mit vielen westlichen Staatsmännern seiner Zeit. Am Ende seiner langen, von Höhen und Tiefen gekennzeichneten Laufbahn mußte sich Beneš wohl selbst eingestehen, daß er sich – unbeschadet seiner hervorragenden Qualitäten als Politiker und behaftet mit zahlreichen menschlichen Schwächen – des großen Erbes von T. G. Masaryk nicht würdig erwiesen hatte.
Doch schon vor Benešs zweitem Rücktritt war die Regierung entschlossen auf ihren neuen Sozialismus-Kurs gegangen. Das am 16. April 1948 vom Parlament einstimmig angenommene Wahlgesetz legalisierte künftig die Vorlage einer Einheitsliste und sprach den Aktionskomitees das Recht zur »Säuberung der Verzeichnisse der Wahlberechtigten« zu. Am 5. Mai wurde die Sitzverteilung der für den 30. Mai 1948 ausgeschriebenen Parlamentswahlen festgelegt; am 9. Mai verschmolzen die bestehenden patriotischen und politischen antifaschistischen Organisationen in dem »Verband der Befreiungskämpfer« (Svaz boje za osvobození), um »alle Kräfte, Erfahrungen und Traditionen unseres Kampfes der Volksdemokratie zur Verfügung zu stellen«. Der am 10. April eröffnete Kongreß für nationale Kultur leitete die Gleichschaltung der Wissenschaft, der Kunst, des Theaters, des Rundfunks, des Films, des Verlagswesens und damit der Literatur nach den Richtlinien der KPTsch ein. Die am 28. April von der Nationalversammlung beschlossenen sechs zusätzlichen Verstaatlichungsgesetze brachten alle Betriebe mit mehr als 50 Beschäftigten und damit 91,5% der gesamten Produktion unter staatliche Kontrolle.
Die am 3. Jahrestag der »Befreiung« verabschiedete Verfassung legte dann nach einer dem sowjetischen Vorbild entlehnten historischen und programmatischen Präambel in 178 Paragraphen die Grundsätze und Einzelheiten der künftigen Staatsrechtsnormen fest. Das durch den eigenen Kampf und vor allem durch die »slawische Großmacht, die UdSSR« befreite tschechische und slowakische Volk, »zwei Brudernationen, Glieder der großen slawischen Familie«, bildeten demnach einen Nationalstaat, der in enger Verbundenheit mit allen friedliebenden Nationen zu leben bereit war. In dieser Volksdemokratie, in der die gesamte Wirtschaft dem Volke zu dienen hat, ging alle Gewalt vom Volke aus. Durch eine Kreuzung zwischen den in der UdSSR ausgebildeten Formen und der Tradition der Ersten Republik wurde trotz der Beibehaltung einer demokratisch-parlamentarischen Regierungsstruktur die absolute Vormachtstellung der KPTsch verankert. Das am 26. Mai 1954 auf 368 Abgeordnete aufgestockte Einkammer-Parlament verlor seinen bisherigen Einfluß an das Präsidium der Nationalversammlung, dem zugleich die Rechte eines Verfassungsgerichts zugesprochen wurden. Den Abgeordneten blieb bei den selten stattfindenden Sitzungen lediglich die Aufgabe, die getroffenen Maßnahmen der Regierung nachträglich gutzuheißen. Änderungen in der Wahlordnung – so wurden bei den Parlamentswahlen am 28. No-

vember 1954, 12. Juni 1960 und 14. Juni 1964 keine gesamtstaatlichen Einheitslisten vorgelegt, sondern das ganze Land in etwa gleichgroße Wahlbezirke mit jeweils nur einem Kandidaten eingeteilt – haben hier keine grundlegende Abhilfe geschaffen. Dem von der Nationalversammlung auf sieben Jahre zu wählenden Staatspräsidenten wurden die Befugnisse zur Einberufung, Vertagung und Auflösung des Parlaments, die beschränkte Ernennung und Abberufung der Regierungsmitglieder und – auf Wunsch – der Vorsitz im Ministerrat eingeräumt. Durch die Koppelung mit ihren hohen Parteiposten konnten Gottwald, Zápotocký und Novotný, die bis 1968 Beneš folgten, dem Amt des Staatspräsidenten eine – sonst in den Volksdemokratien nicht übliche – ungewöhnliche Machtfülle verleihen. Die vom Vertrauen des Parlaments abhängige Regierung konnte nur durch ein Mehrheitsvotum bei Anwesenheit der absoluten Mehrheit der Abgeordneten abberufen werden. Die der Slowakei zugestandene Autonomie, die von einem Nationalrat mit auf sechs Jahre gewählten 104 Abgeordneten und einer eigenen Regierung, dem »Beauftragtenausschuß«, wahrgenommen wurde (§§ 93–122), hat in der praktischen Politik nie größere Bedeutung erlangt und die zentrale Machttransmission nicht beeinträchtigt. Die Zentralregierung hatte sich auch nach der Erweiterung der autonomen Rechte am 31. Juli 1956, die der Slowakei auf dem Papier den einer sowjetischen Unionsrepublik analogen Status zugestand, alle Kontrollmöglichkeiten vorbehalten, um jedwedes Aufleben eines slowakischen Separatismus schon im Keime ersticken zu können. Im erschöpfenden Katalog der den Staatsbürgern in der Verfassung zugestandenen Grundrechte boten die häufigen Einschränkungen durch »vom Gesetz bestimmte Ausnahmen«, durch das öffentliche Interesse und durch »die Abwehr von Schaden für die Gesamtheit« der Regierung jederzeit die Möglichkeit, die verbrieften Freiheiten außer Kraft zu setzen. Als Hauptstützen des neuen Regimes sollten die auf drei Ebenen – im Ort, Kreis und Bezirk – organisierten Nationalausschüsse die Verwaltungstätigkeit ausüben und zugleich überwachen (§§ 123–133). Nach einer am 30. November 1948 beschlossenen, am 1. Januar 1949 durchgeführten Neugliederung der Verwaltung durch die Abschaffung der bisherigen Länder und ihre Ersetzung durch 13 tschechische und 6 slowakische Bezirke (kraje), durch das Aufschieben von Wahlen für die Ortsnationalausschüsse bis 1954 und die Unterstellung sämtlicher Nationalausschüsse unter die Regierung am 16. September 1953 wurde das auf dem Prinzip der Gewaltenteilung beruhende Verwaltungssystem der ČSR durch eine Anpassung an das russische Räte-System ersetzt. Die an sich liberalen Verfassungsparagraphen über die Gerichtsbarkeit (§§ 134–145) wurden praktisch bereits durch den Regierungsbeschluß vom 7. Juli 1948, der eine Erneuerung der gesamten Rechtsordnung vorsah, und die Folgegesetzgebung aufgehoben.

Diesen bereits zuvor praktizierten Veränderungen der »Gottwald-Verfassung« trug das neue »sozialistische« Grundgesetz vom 11. Juli 1960 Rechnung. Weniger juristische, sondern ideologische Überlegungen nach dem XXI. Parteikongreß der KPdSU im Januar/Februar 1959 und der – voreilige –

Schluß, den Aufbau des Sozialismus abgeschlossen zu haben und jetzt den Übergang zum echten »Kommunismus« bewerkstelligen zu müssen, veranlaßten den Parteichef und Staatspräsidenten Novotný am 7. April 1960 zur Vorlage eines neuen Verfassungsgesetzentwurfes. Nach öffentlichen Diskussionen im April und Mai und der Endredaktion durch eine gesamtstaatliche Parteikonferenz fand er die einstimmige Billigung der erneut auf 300 Abgeordnete begrenzten Nationalversammlung. In immer noch starker Anlehnung an die Stalin-Verfassung der UdSSR von 1936 wurden die führende Rolle der KPTsch als Vorhut der Arbeiterklasse in dem in »Tschechoslowakische Sozialistische Republik« (ČSSR) umbenannten Staat hervorgehoben und die Rechte des einzelnen gegenüber dem Kollektiv beschnitten. Durch den Verzicht auf jegliche Gewaltenteilung stieg das Parlament nominell zum höchsten Organ der Staatsmacht mit der Kontrollfunktion über die öffentliche Verwaltung in allen Bereichen auf. Die Vollmachten des künftig nur noch auf fünf Jahre gewählten Staatspräsidenten wurden zugunsten des Parlamentspräsidiums und der Regierung geringfügig beschnitten; ein strikter Zentralismus und die Aufsicht über die Nationalausschüsse hob die Selbstverwaltung auf und stellte zugleich den Einfluß der KPTsch sicher. Die breit und tief gestaffelten Kader ermöglichten es der Partei, ohne allzu große Rücksichtnahme auf die Masse der Parteilosen und Andersdenkenden zu regieren. Die Slowaken mußten sich einer weiteren Beschneidung ihrer Autonomierechte und »einer engen Anbindung der Tätigkeit der slowakischen Nationalorgane an die Regierung« beugen. Die durch mehrere Gerichtsreformen seit 1948 vorgenommene grundlegende Reorganisation der Rechtsprechung nach sowjetischem Vorbild, u. a. durch die Berufung von Volksrichtern am 22. Dezember 1948, durch die Ersetzung der Staatsanwälte durch Prokuratoren, die Wahl der Berufsrichter, die Zusammenlegung der Zivil- und Strafgerichte, die Einführung neuer Bürgerlicher und Strafgesetzbücher 1950 und 1951, wurde in der neuen Verfassung 1960 sanktioniert.
Die Wahlen vom 30. Mai 1948 brachten bei 1,57 Millionen Abwesenden oder Neinsagern der Einheitsliste der Nationalen Front 6,43 Millionen Stimmen = 89,25% ein. 211 Sitze fielen nach dem Schlüssel vom 5. Mai der KPTsch zu; 25 sorgfältig ausgesuchte Sozialdemokraten, 26 National-Sozialisten, 23 Volksparteiler, 12 Abgeordnete der als Nachfolgeorganisation für die verbotenen Demokraten zugelassenen Slowakischen Erneuerungspartei und 3 Mitglieder der Slowakischen Freiheitspartei besetzten die restlichen Plätze. Die formelle Vereinigung der Sozialdemokraten mit der KPTsch am 27. Juni 1948 stellten das zahlenmäßig gesicherte, erdrückende Übergewicht der fortan streng stalinistischen Fraktion über alle anderen geduldeten Gruppen und die Einstimmigkeit bei allen Abstimmungen sicher. Am 27. September gab die slowakische Sektion der Kommunistischen Partei ihre »Eigenständigkeit« auf und ordnete sich ganz der KPTsch unter. Der nach Benešs Abdankung mit der Führung der Präsidialgeschäfte beauftragte Gottwald unterzeichnete am 9. Juni 1948 die Verfassung und ließ sich am 14. Juni einstimmig zum Staatsoberhaupt wählen. Der populäre Gewerkschaftsführer Antonín Zápo-

tocký, der die organisierte Arbeiterschaft in ein willfähriges Instrument der KPTsch verwandelt hatte, übernahm den Vorsitz der Regierung. Damit waren Staat und Partei in ihrer Führungsspitze identisch; die KPTsch konnte jetzt daran gehen, die gesamte Staatsorganisation planmäßig nach dem verpflichtenden Vorbild der UdSSR umzumodeln. Nur fünf der 21 Minister in der Regierung Zápotocký gehörten nicht der KPTsch an; bei der am 7. September 1951 erfolgten Regierungsumbildung unter Schaffung zahlreicher neuer Wirtschaftsressorts verschob sich das Zahlenverhältnis weiter zuungunsten der »bürgerlichen« Kräfte. In der ersten Regierung Široký, die nach dem Tode Gottwalds im März 1953 amtierte, standen weiterhin 5 »bürgerlichen« nicht weniger als 38 kommunistische Minister gegenüber; nach einer Konzentration der Industrieressorts am 11. September 1953 fanden 27 Kommunisten und 5 »Bürgerliche« Aufnahme ins Kabinett. Nicht die Regierung oder das Parlament, sondern die KPTsch und ihre Organe übten die Herrschaft im Lande aus. In den 1955 ausgegebenen Richtlinien wurde diese seit 1948 geübte Praxis offen eingestanden: »Die Führung des volksdemokratischen Staates durch die Kommunistische Partei ist vorbehaltlos ... Die anderen politischen Parteien besitzen bereits keine eigene politische Linie mehr, sondern übernehmen als ihre Generallinie beim Aufbau des Sozialismus die von den kommunistischen Parteien herausgegebenen Richtlinien.«

Der Einbeziehung der Armee in den kommunistischen Einflußbereich widmete die KPTsch ihre besondere Aufmerksamkeit. Die hohe Zahl der als »unzuverlässig« eingeschätzten Offiziere machte, um die Ausbildung der Rekruten nicht zu gefährden, eine Säuberung in Etappen notwendig. Seit Februar 1949 hinterließen Gerichtsverfahren mit Todes- oder langjährigen Kerkerstrafen ebenso große Lücken wie die ohne Gewährung von Versorgungsbezügen durchgeführte Verabschiedung »bürgerlicher« Offiziere, die meistens durch unqualifizierte Parteimitglieder aus der Arbeiterklasse ersetzt wurden. Bereits im Dezember 1952 stammten 65,6% aller Kommandostelleninhaber aus der Arbeiterschaft, 14% aus Kleinbauernfamilien; 63% gehörten der KPTsch, 15% dem Tschechoslowakischen Jugendverband an. Der Schwiegersohn Gottwalds, A. Čepička, der am 25. April 1950 den bisherigen Verteidigungsminister Svoboda ablöste, trieb die Ausrichtung der Armee nach sowjetischem Muster energisch voran. Die Zusammenarbeit wurde durch den Beitritt der ČSR zum Warschauer Pakt am 14. Mai 1955 auch auf die Bereiche Strategie und Logistik erweitert. Nachdem im April 1956 Čepička, während der Nachwehen des XX. Parteitags der KPdSU, für »Fehler, Prunksucht und Unbescheidenheit« seiner Ämter in Armee, Regierung und Partei enthoben wurde, trat Generaloberst B. Lomský an die Spitze des Verteidigungsressorts, um es ganz im Sinne der sowjetischen Instruktionen zu verwalten. Mit der Begründung, dauernd eines Angriffs der in die »kriegslüsterne« Nato integrierten Bundesrepublik gewärtig sein zu müssen, versuchte die Armeeführung bis in die sechziger Jahre hinein der laschen Dienstauffassung der Rekruten zu begegnen und alle Unzufriedenheit mit der rigoros gehandhabten Disziplin von Anfang an zu brechen. Den in etwa 20 motorisierten, technisch gut ausgerüsteten Divisionen organisierten 200000 Soldaten stehen eine schlagkräftige Luftwaffe, Raketeneinheiten, Partisanenkampftruppen, die Grenzbrigaden und Sicherheitstruppen mit einer Sollstärke von ebenfalls 200000 Mann zur Seite. Durch die seit dem 1. Januar 1956 obligatorische, von der SVAZARM vorgenommene para-militärische Ausbildung aller Jugendlichen im Alter von 16 bis 26 Jahren schuf sich die Regierung neben den nach Erfüllung der zwei Jahre betragenden allgemeinen Wehrpflicht entlassenen Reservisten ein militärisch vorgeschultes Reservoir von weiteren 300000 Menschen.

Kirchen- und Kulturpolitik

Die unbedingte, auf jede selbständige politische Initiative verzichtende Ausrichtung der ČSR auf die Sowjetunion machte bald die Rücksichtnahme auf die anfangs als brauchbares Werkzeug in beschränktem Umfang geduldete Kirche unnötig. Die nach 1945 einsetzenden Bemühungen führender Kommunisten, die Sympathien der Gläubigen, des Klerus und sogar des Episkopats zu gewinnen, waren nicht ohne Erfolg geblieben, auch wenn in Fragen der Jugenderziehung, der Bewahrung des christlichen Glaubens im öffentlichen Leben, einer freien katholischen Presse und der Einbringung katholischer Prinzipien in Literatur und Kunst gravierende Meinungsverschiedenheiten auftraten. Der wegen seiner einfachen Herkunft und seiner langjährigen Konzentrationslagerhaft von der KPTsch-Führung durchaus akzeptierte Prager Erzbischof J. Beran zelebrierte nach Gottwalds Wahl zum Staatspräsidenten am 14. Juni 1948 im Prager Veitsdom gar ein Te Deum; doch bald trübten sich die guten Beziehungen, als die Kurie am 18. Juni 1948 einige Geistliche, die unter dem neuen Regime hohe Posten bekleideten oder sich auf der Einheitsliste der Wahl zur Nationalversammlung gestellt hatten, ihrer kirchlichen Funktionen entband. Das traf besonders den neuen Vorsitzenden der Volkspartei, den Gesundheitsminister J. Plojhar, und zwei Mitglieder des slowakischen Beauftragtenausschusses, die Priester Horák und Lukačovič, die sich dem Verbot ihrer Oberen, keine öffentlichen Ämter auszuüben, nicht gebeugt hatten. Die von der Regierung verlangte Abberufung von vier Bischöfen und schließlich die Forderung nach einer von sämtlichen Bischöfen zu unterzeichnenden Loyalitätserklärung zum neuen Regime wies die Kurie im Oktober 1948 und im März 1949 entschieden zurück. Bald darauf brach offen der Kirchenkampf aus.
Erzbischof Beran legte in mehreren Memoranden und danach in einem Hirtenbrief am 15. Juni 1949 die Bedingungen dar, unter denen dem Episkopat ein Übereinkommen möglich schien. Als die Regierung im Gegenzug eine schismatische »Katholische Aktion« unter Führung Plojhars organisierte, antwortete die Kirche am 28. Juni und 13. Juli mit Exkommunizierungsdekreten, deren Anwendung jedoch durch staatliche Maßnahmen unterbunden wurde. Bereits am 19. Juni hatte die Arbeitermiliz die Fronleichnamspredigt

Berans im Veitsdom gestört, ohne daß die Regierung Disziplinierungsmaßnahmen gegen die Unruhestifter ergriff. Der am 7. Juli von der Regierung publizierte Entwurf eines Kirchengesetzes löste einen richtigen Kulturkampf aus, wobei dem Episkopat durch die Gleichschaltung der katholischen Presse, durch Hausarreste, Internierungen, Anklage wegen angeblicher Spionage und Devisenvergehen, bald Verhaftungen und Verurteilungen fast alle Einflußmöglichkeiten beschnitten wurden. Das schließlich am 14. Oktober 1949 verabschiedete Kirchengesetz schuf als oberste Aufsichtsbehörde ein Staatsamt für kirchliche Angelegenheiten und übereignete das gesamte Kirchenvermögen dem Staate, der durch jährliche Subventionen von 2 Milliarden Kronen die Besoldung der Geistlichkeit übernahm. Dafür hatten die Priester dem Staat und seinem volksdemokratischen Regime einen Treueeid abzulegen. Wegen der finanziellen Abhängigkeit der Geistlichen und bei dem für jede kirchliche Ernennung geforderten Placet der weltlichen Behörden verhallte die Anweisung der Hierarchie, sich dem Druck der Regierung nicht zu beugen, im niedern Klerus ungehört; bereits am 22. Januar 1950 hatten 98% aller Priester den umstrittenen Loyalitätseid geleistet. Der Widerstand des höheren Klerus wurde in den Jahren 1950/51 durch eine Reihe von Prozessen gebrochen, in denen die Angeklagten zu langjährigen Kerkerstrafen verurteilt wurden, so am 15. Januar 1951 der 1964 verstorbene Zipser Bischof J. Vojtaššák zu 24 Jahren, am 23. Juli 1954 der Leitmeritzer Bischof Dr. Trochta zu 25 Jahren. Erzbischof Beran wurde, wie fast alle anderen Bischöfe der böhmisch-mährischen Diözesen auch, interniert, 1951 aus Prag entfernt und bis zum März 1965 in verschiedenen Klöstern konfiniert, bis ihm nach seiner Ernennung zum Kurienkardinal die Ausreise in den Vatikan gestattet wurde. Nach der am 5. April 1950 erfolgten Verurteilung von zehn führenden Vertretern der in der ČSR ansässigen Orden wegen »Spionage« konfiszierte die Regierung am 18. April den Klosterbesitz und brachte die Insassen in sogenannten »Konzentrations-Klöstern« unter. Eine vom Staat aktiv geförderte »Bewegung patriotischer Priester« konnte sich bald im niederen Klerus und bei einem Teil der Laien einen wachsenden Einfluß sichern und bis zum Frühjahr 1951 alle bischöflichen Kurien in die Hand bekommen. Ihr Versuch, eine Synthese zwischen Christentum und Kommunismus herzustellen, wurde von den Vertretern der anderen Religionsgemeinschaften begrüßt und aktiv gefördert. Die protestantischen Professoren Hromádka und Bartoš traten als beredte Verteidiger des neuen Kurses auf, der auch bei den Böhmischen Brüdern und der Tschechoslowakischen Nationalkirche Billigung fand. Nach der Verurteilung des griechisch-unierten Bischofs P. Gojdič von Prešov verleibte sich die Orthodoxe Kirche unter ihrem russischen Oberhaupt Metropolit Elevferij zwangsweise die griechisch-katholische Kirche ein und unterstützte danach offen das Prager Regime. Die Wiederaufnahme der am 16. März bzw. 29. April 1950 abgebrochenen diplomatischen Beziehungen zwischen dem Heiligen Stuhl und der Tschechoslowakei erwies sich trotz einer gewissen Annäherung der Standpunkte in den sechziger Jahren als unmöglich, weil die in der Verfassung garantierte unantastbare Freiheit des Kultus, die Ausbildung von Priestern und die Abhaltung des Religionsunterrichts durch Verwaltungsmaßnahmen erschwert, manchmal auch unmöglich gemacht wurden. Eine von der Regierung unterstützte atheistische Bewegung, die »Gesellschaft zur Verbreitung wissenschaftlichen und politischen Wissens«, konnte bislang keinen tiefen Einbruch in die Front der Gläubigen erzielen. Jeder offene Widerstand der Kirche gegen die staatlichen Zwangsmaßnahmen war jedoch ausgeschlossen, nachdem zahlreiche unnachgiebige Priester und Laien ihre Überzeugung mit Haft oder Zwangsarbeitslager bezahlen mußten und fast alle hohen Kirchenämter von Prälaten besetzt waren, die sich des Vertrauens der Staats- und Parteiorgane erfreuten.

Auch der Kulturbetrieb blieb nicht von radikalen Eingriffen durch die neuen Machthaber verschont. Die Sechshundertjahrfeier der Prager Karls-Universität am 7. April 1948 mit dem letzten öffentlichen Auftreten Benešs kann als Schwanengesang der geistigen Freiheit in der ČSR bezeichnet werden. Bald waren die Hochschulen und staatlichen Lehranstalten von allen »unzuverlässigen Elementen« gesäubert. Einem Schulgesetz vom 21. April 1948, das die dreizehnklassige Schulform bei obligatorischem Besuch der ersten neun Klassen einführte, folgte – wohl aus wirtschaftlichen Überlegungen – am 24. April 1953 nach sowjetischem Vorbild die Übernahme einer elfklassigen Mittelschule mit achtjährigem obligatorischem Schulbesuch. Doch nicht nur die Erziehung der Schüler im kommunistischen Geiste, auch die Umschulung der Lehrkräfte bereitete der Regierung mehrfach Schwierigkeiten, so daß sich die höchsten Parteigremien in regelmäßigen Abständen zu Korrekturen gezwungen sahen. Kritiker des neuen Erziehungssystems, die vor allem die für einen Hochschulbesuch nicht ausreichende Allgemeinbildung beklagten, wurden durch Parteiausschluß zum Schweigen gebracht. Der nach jedem größeren Revirement in der Kreml-Spitze notwendige Umtausch der Schulbücher trug nicht zur Hebung des Unterrichtsniveaus bei. Die Ersetzung des erst im September 1963 als Nachfolger von F. Kahuda zum Kultusminister ernannten Č. Cısař am 11. November 1965 durch J. Hájek ließ den Eindruck entstehen, als ob Unstimmigkeiten über die Erziehungsziele und über die Rolle der Intellektuellen im kommunistischen System schlechthin im ZK nicht beigelegt werden konnten.

Als Folge der »Februar-Ereignisse« wurden Tausende von Studenten vom weiteren Hochschulbesuch ausgeschlossen und die Universitäten durch das Gesetz vom 18. Mai 1950 »nach dem Vorbild der ruhmreichen sowjetischen Wissenschaft« umgestaltet. Die stärkere Spezialisierung, die Rangerhöhung von Fakultäten zu selbständigen Hochschulen und mehrere Neugründungen führten zu einer Verdreifachung der Anzahl der höchsten Lehranstalten und zu einer Verdoppelung der Studentenzahlen, wobei anfangs Arbeiter- und Bauernkinder bevorzugt Aufnahme fanden. Im Sommer 1953 wurde die Verleihung der bisher üblichen akademischen Titel unterbunden; allein über die wissenschaftliche Aspirantur und die Kandidatur der Wissenschaften konnte schließlich als höchster Titel das Doktorat der Wissenschaften erworben werden. Die strikte Zentralisierung und ausschließliche Konzen-

trierung der Forschung unter die am 22. Juli 1952 neugegründete Tschechoslowakische Akademie der Wissenschaften, die am 18. Juni 1953 ein Äquivalent in der Slowakei erhielt, hat dagegen gute Ergebnisse gezeitigt, obgleich von diesem Urteil die häufigen Reinterpretationen unterliegenden Arbeiten auf historischem und literaturwissenschaftlichem Gebiet ausgenommen bleiben müssen. Die nach 1956 schrittweise durchgeführte Liberalisierung der Wissenschaftspolitik trug jedoch nicht zur Wiederherstellung der alten akademischen Freiheiten und Selbstverwaltung bei.
Einschneidend in seinen Auswirkungen war das am 24. März 1949 erlassene Verlagsgesetz, durch das die gesamten periodischen und nichtperiodischen literarischen Erzeugnisse verstaatlicht und der Kontrolle des Informationsministeriums sowie der in der Verfassung verankerten Vorzensur unterstellt wurden. Da Zeitungen, Zeitschriften, Rundfunk, Fernsehen und die Filmproduktion ebenfalls verstaatlicht sind oder den von KPTsch und Staat sorgfältig kontrollierten Kulturinstitutionen der »bürgerlichen« Parteien, der Gewerkschaft oder der Nationalräte unterliegen, hat die Staatspartei der Verbreitung oppositioneller Ansichten oder unangenehmer Wahrheiten auf legalem Wege einen Riegel vorgeschoben. Die speziell in der Slowakei im Frühjahr 1963 auftretenden »liberalen« Strömungen, die sich als Organ vor allem der Wochenzeitung des Slowakischen Schriftstellerverbandes, des »Kultúrny Život«, bedienen konnten, wurden nach wenigen Wochen mit Hilfe des Zensors wieder eingedämmt. Schriftsteller, Dichter und Gelehrte konnten sich ebenso wie darstellende Künstler und Musiker bei Beachtung einer gewissen Loyalität dem Regime gegenüber nicht nur eine vorteilhafte Absicherung ihrer Existenz schaffen, sondern auch zu hohem Ansehen bei der Bevölkerung gelangen. Die Förderung der Theater, der Orchester, der Schönen Künste durch die Regierung waren und sind, ebenso wie die des Sports beispielhaft und haben dem Lande hohen Kredit eingetragen. Der tschechoslowakische Spielfilm erreichte in den Jahren vor 1968 Weltgeltung und erschloß durch sein hohes künstlerisches Niveau neue kinomatographische Gebiete.

Die Sozialisierung der Wirtschaft und Landwirtschaft

Wirtschaft und Landwirtschaft der Tschechoslowakei mußten die seit dem Februar 1948 betriebene schnelle Ein- und Unterordnung in das sowjetische System mit schweren Einbußen bezahlen. Nur der für die militärische Produktion und als Devisenbringer unbedingt notwendige Warenaustausch mit dem Westen wurde zugelassen; mit der Liquidierung der privaten Unternehmen und kapitalistischer Wirtschaftsreformen gingen eine zentrale Planung der Produktion und ihre Verteilung nach politischen Gesichtspunkten – hauptsächlich zur Erhöhung der Rüstungskapazitäten und bald zu der von Moskau diktierten bevorzugten Belieferung der sozialistischen und der Entwicklungsländer – unter Hintanstellung der eigenen Versorgungsengpässe

Hand in Hand. Die Verlagerung der Industriezentren, die vor allem das Wirtschaftspotential der Slowakei erheblich steigerte, begünstigte eine Verstädterung des flachen Landes, damit eine Uniformität des Lebensstandards und auch eine leichtere ideologische Erfassung der Bevölkerung. Die Kollektivierung der Landwirtschaft, behutsam in mehreren Ansätzen durchgeführt, diente dem gleichen Ziel. Unter dem Leitmotiv des Klassenkampfes wurde die Kluft zwischen physisch und geistig Arbeitenden weitgehend abgebaut; niedrige Löhne und Gehälter bei niedrigen Preisen schufen bei einer typisierten Versorgungsindustrie die Voraussetzungen zur Nivellierung der früheren Gegensätze. Durch Währungsreform und die Enteignung größerer Vermögen wurde jedermann vom Wohlwollen des Staates und der Partei abhängig und mußte, um sein Dasein fristen zu können, dem Regime wenigstens mit Lippenbekenntnissen seine Ergebenheit beweisen.
Gegen die Opposition einer starken Gruppe kommunistischer Wirtschaftsfunktionäre, die aus volkswirtschaftlichen Überlegungen heraus nicht alle Handelsverbindungen zum Westen abreißen lassen wollten, drängten Partei- und Staatsführung auf die von der UdSSR geforderte Einbringung der tschechoslowakischen Wirtschaftskapazitäten in das sowjetische Plansystem. Der im Oktober 1946 angenommene Zweijahrplan hatte die Voraussetzungen für eine Koordination mit der sowjetischen Wirtschaftsordnung geschaffen; durch die scharfen Sozialisierungsgesetze von 1948, durch beliebige Steuererhöhungen, durch Ausschluß von oder Benachteiligung bei Lieferungen sowie durch die übermächtige Konkurrenz der staatlichen Großunternehmen wurden bald die Kleinindustrie, danach das Kleingewerbe und die Handwerkerschaft, schließlich der Kleinhandel zur Aufgabe gezwungen. Ende 1954 unterlagen nur 0,3% des gewerblichen Sektors nicht der staatlichen Aufsicht. Die Überführung des Binnenhandels in staatlichen oder genossenschaftlichen Besitz blähte den Verwaltungsapparat stark auf, ohne daß dadurch die sich bis heute periodisch wiederholenden Engpässe in der Nahrungsmittel- und Verbrauchsgüterversorgung hätten beseitigen lassen. Während die Ziele des Zweijahrplanes – eine Steigerung der Produktion auf 110% des Standes von 1937 – in der Industrie weitgehend bis Ende 1948 erfüllt werden konnten, blieben sie auf dem landwirtschaftlichen und dem Bausektor weit hinter den Sollziffern zurück. Dennoch nahm der von L. Frejka entworfene, am 1. Januar 1949 in Kraft gesetzte erste Fünfjahrplan, der die Industrialisierung vorantreiben, die Mängel in der Landwirtschaft beseitigen, die Beschaffung von Arbeitsplätzen und einen verstärkten Wiederaufbau mit den Machtmitteln eines totalitären Staates sicherstellen sollte, auf die bereits zutage getretenen Schwierigkeiten keine Rücksicht. Das am 12. Dezember 1948 in Moskau unterzeichnete Handelsabkommen räumte der UdSSR in allen wirtschaftlichen Bereichen eine Vorrangstellung ein; die Gründung des Rates für gegenseitige Wirtschaftshilfe (RGW) am 25. Januar 1949 schuf die Voraussetzung, daß 1954 78% des tschechoslowakischen Außenhandels mit den sozialistischen Staaten (1939: 9%) abgewickelt wurden. Nach 1956, seitdem die ČSR wieder stärker in die Außenhandelsbezie-

hungen mit nicht-kommunistischen Staaten eingeschaltet wurde, ist diese Tendenz etwas rückläufig, dennoch gingen auch in den sechziger Jahren rund 60% aller tschechoslowakischen Exporte in RGW-Länder.
Unter Vernachlässigung ihrer zuvor gut ausgebauten Leichtindustrie hatte sich die ČSR vornehmlich um die Deckung des sowjetischen Maschinenbedarfs zu bemühen. Drei Viertel der tschechoslowakischen Exporte an die UdSSR bestanden aus Maschinen, für die Rohmaterialien, vornehmlich Eisen- und Manganerze und Buntmetalle, eingeführt werden mußten. Es ist unwahrscheinlich, daß die Ausweitung der gesamten Industrieproduktion um die geplanten 57% trotz mehrmaliger Plankorrekturen bis 1953 wirklich erreicht wurde. Die Reorganisation der Volkswirtschaft durch eine zentrale, Fachministerien unterstellte Verwaltung der einzelnen Zweige im September 1951 förderte eher die Unselbständigkeit; sie wurde im März 1953 gelockert und schließlich im Frühjahr 1958 erneut nach sowjetischem Vorbild umgestaltet. Das Fehlen ausreichender Investitionsmittel, eine stark angespannte internationale Zahlungsbilanz, die Überforderung der Hilfsquellen, die Anhäufung unproduktiver, fehlgeplanter Reserven, der Mangel an Arbeitskräften, ein veralteter Maschinenpark und eine oft unzureichende Versorgung mit Rohstoffen ließen die Arbeitsproduktivität weit hinter westlichen Normen zurückbleiben. Besondere Schwierigkeiten bereiteten die Steigerung der Kohlenproduktion und die Energieversorgung, die weder in zwei Einjahrplänen für 1954 und 1955 noch in dem mit dem sechsten sowjetischen Fünfjahrplan gekoppelten, am 4. Mai 1956 veröffentlichten zweiten tschechoslowakischen Produktionsplan für 1956 bis 1960 sichergestellt werden konnten und schließlich den Abbruch des dritten Fünfjahrplanes am 11. Juli 1962 mitverursachten. Die Regierungsumbildung im September 1963 war nicht zuletzt auch von der Notwendigkeit erzwungen worden, eine verfahrene Wirtschaft unter Aufrechterhaltung des planwirtschaftlichen Schemas wieder in das rechte Gleis zu bringen. Fachleute wiesen schon Anfang der sechziger Jahre auf die sich mehrenden Warnzeichen hin, aber die dogmatische Parteiführung griff nur zu unwirksamen Palliativmitteln und lehnte alle Vorschläge für eine sinnvolle Revision der Kommandoplanstellen ab. Erst als der Behelfsplan für die Industrieproduktion 1963 zweimal nach unten revidiert werden mußte, die Erzeugung unter dem Niveau von 1962 blieb und sich 1964 die Wirtschaftslage trotz des neuen Siebenjahrplans weiter verschlechterte, wurden den von einem »Reformerkreis« um Prof. O. Šik ausgearbeiteten Empfehlungen für eine »antagonistische Konzeption der Planwirtschaft«, für Betriebsorganisation, Arbeitsproduktivität, Kostenberechnung, Rentabilität und Profit seit Jahresbeginn 1965 mehr Aufmerksamkeit geschenkt. Das komplizierte und parasitische System der Kontrollen ist jedoch erst 1966 schrittweise beseitigt worden.
Ein ähnlicher Mißerfolg kennzeichnet auch die Landwirtschaftspolitik seit 1948. Die zuvor hofierten Bauern wurden aufgefordert, ihren Besitz in bevorzugt belieferte Kollektivgüter oder »landwirtschaftliche genossenschaftliche Einheiten« einzubringen. Das am 23. Februar 1949 erlassene Genossen-

schaftsgesetz bot den Anlaß, vor allem die Neusiedler im Sudetengebiet zum Zusammenschluß zu bewegen. Der Rückgang der Erzeugung erzwang 1951 eine Pause; ein erneuter Rückschlag nach einer unter gezieltem Druck im ganzen Staatsgebiet durchgeführten Werbung 1952 veranlaßte das Regime, seit Juni 1953 den Austritt der Bauern aus den Genossenschaften zuzulassen. Der X. Parteitag der KPTsch verabschiedete im Juni 1954 neue Richtlinien zur Erhöhung der landwirtschaftlichen Erzeugung und zur Gewinnung von zusätzlichen Arbeitskräften, ohne damit einen nachhaltigen Erfolg zu erzielen. So wurde ab 1955 die Kollektivierung wieder energisch vorangetrieben; am 25. März 1959 waren, nach einer Aussage Novotnýs, 80%, Ende 1960 über 90% des Bodens kollektiviert. Mit den dem sowjetischen Kolchossystem entsprechenden landwirtschaftlichen Einheitsgenossenschaften wurden auch die Maschinen-Traktoren-Stationen übernommen, die aber bereits 1959 mit der Überlassung des Maschinenparks an die Kollektivwirtschaften zum Großteil liquidiert wurden. Mißernten wie 1952, nach den schweren Überschwemmungen 1954, 1960 und 1965 haben gravierende Versorgungsengpässe bedingt, zumal die ČSR nach guten Ernten, wie beispielsweise 1956, erhebliche Nahrungsmittelmengen in die DDR zu liefern hatte. Die allein politisch-ideologisch bedingte, volkswirtschaftlich kaum vertretbare Kollektivierung hat der Agrikultur schweren Schaden zugefügt. Bei einer anhaltend starken Landflucht sank der ehemals gesunde Bauernstand zu einem Beruf ohne Zukunft ab; gegenüber der autarken Vorkriegs-Republik war der Staat trotz einer geringeren Bevölkerung zu einem Drittel von devisenzehrenden Nahrungsmitteleinfuhren abhängig. Die unzulängliche Versorgung der Bevölkerung mit Lebensmitteln und Gebrauchsgütern war mit ein Grund für das Anwachsen der Unzufriedenheit und trug mittelbar zur Verbreiterung der politischen Basis der späteren »Reformer« und zum Sturz des Novotný-Regimes bei.

Die Orientierung der Außenpolitik nach dem Tode Jan Masaryks

Nach den »Februar-Ereignissen« wurde auch die Außenpolitik der ČSR einer gründlichen Revision unterzogen und den Richtlinien des Kreml angepaßt. Bereits im März 1947 waren in einem Vertrag mit Polen die bestehenden Mißhelligkeiten, so auch der Streit um Teschen, begraben worden; im Herbst 1947 wurde eine enge wirtschaftliche Kooperation im schlesischen Schwerindustriezentrum aufgenommen. Die Beziehungen zum volksdemokratischen Ungarn konnten durch einen Stopp der Aussiedlung und der Einräumung weiter staatsbürgerlicher Rechte für die magyarische Minderheit in der Slowakei normalisiert und im April 1949 durch eine formelle Allianz besiegelt werden. Die Bereinigung des Verhältnisses zur sowjetischen Besatzungszone wurde in ersten Besprechungen im Januar 1949 zwischen Fierlinger und den Führern der SED angeschnitten, aber erst nach der Gründung der DDR und ihrer raschen Anerkennung durch die ČSR auf

Regierungsebene entschlossen angepackt. Unter Aufgabe der bisherigen Verketzerung aller Deutschen in der ČSR begrub man in einem am 23. Juni 1950 in Prag unterzeichneten Vertrag die Streitaxt und dokumentierte wenigstens äußerlich ein Einvernehmen der beiden Außenstellen des Kreml. Nach der gegenseitigen Erhebung ihrer diplomatischen Vertretungen in den Rang von Botschaften am 10. Oktober 1953 wurde nach der Erklärung des Präsidenten Zápotocký am 4. Februar 1955, der Kriegszustand sei beendet und eine Ära friedlicher Zusammenarbeit eingeleitet worden, ein gewisser Höhepunkt in den korrekten, aber dennoch kühlen Beziehungen zwischen Ost-Berlin und Prag erreicht. Mit der Anerkennung der dauernden Neutralität am 2. Dezember 1955 schuf die ČSR auch die Voraussetzung für normale Kontakte zum österreichischen Nachbarn.

Die Beziehungen zur Bundesrepublik Deutschland konnten dagegen nicht besonders gut gedeihen, weil sie von Prag immer mit seinem angespannten Verhältnis zu den Westmächten gekoppelt wurden. Bei der auf jede diplomatische Eigeninitiative verzichtenden Anpassung an die sowjetischen Richtlinien wurden in Zeiten weltpolitischer Spannung die »Wallstreet-Imperialisten« und, in ihrem Gefolge, die »kriegslüsternen« Westdeutschen zum Popanz aufgebaut und mußten zur Rechtfertigung der rigiden Sicherheits- und Staatsschutzmaßnahmen herhalten. Die Vorbehalte gegen die USA, die während der Präsidentschaft Trumans und Eisenhowers und der Amtszeit von Außenminister J. F. Dulles als die Protektoren eines gefürchteten deutschen Revisionismus galten, wurden durch eine geschickte Propaganda konsequent geschürt; die Opponenten oder Kritiker des stalinistischen Kurses im Innern und nach außen wurden als »Titoisten«, »Zionisten«, »Internationalisten«, »Westler« oder »Wallstreet-Emissäre« gebrandmarkt und ausgeschaltet. Auch die Kontakte zu Großbritannien und Frankreich schliefen fast völlig ein, als die Gründung der Nato im Januar 1949, die Diskussion um die Einbeziehung der Bundesrepublik Deutschland in die Westeuropäische Verteidigungsgemeinschaft und schließlich ihre Aufnahme in den Nordatlantikpakt im Mai 1955 anstanden. Mit einem Gerichtsverfahren gegen einen angeblichen jugoslawischen Spionagering und der Verurteilung des Preßburger jugoslawischen Vizekonsuls am 2. September 1950 erreichte die Anti-Tito-Welle ihren Höhepunkt, sie lief aber erst zu Jahresbeginn 1955 langsam aus.

Nach dem Beitritt zum Warschauer Pakt (WPO) am 14. Mai 1955 bekam die tschechoslowakische Außenpolitik von Chruščev neue Aufgaben übertragen. Nicht nur das wirtschaftliche, sondern auch das politische Engagement der weniger verdächtigen ČSR in den Entwicklungsländern, besonders in Lateinamerika und im Nahen Osten, wurde intensiviert. In zunehmendem Maße schaltete sich Prag in die Führung und Finanzierung kommunistischer Parteien und »anti-imperialistischer« Bewegungen ein, heizte durch die Lieferung von Waffen und Kriegsmaterial weltpolitische Spannungsherde an und stellte unter Vernachlässigung des eigenen Bedarfs auf Weisung Moskaus seine Produktion auf die Erfordernisse des »ideologisch« gerechtfertigten

Exports um. Weit über 100 Millionen Dollar kamen zu Beginn der sechziger Jahre allein Kuba zugute; an der Gewährung finanzieller Entwicklungshilfe war Prag mit etwa 20% der sowjetischen Verpflichtungen und rund der Hälfte der Summe aller anderen Volksdemokratien beteiligt. In der ČSR studierten nach der UdSSR auch die meisten Ausländer aus Entwicklungsländern. Dieses starke wirtschaftliche Engagement beim »Export« des Kommunismus konnte Präsident Novotný erfolgreich als Bremsklotz für die seit 1962 zaghaft eingeleiteten Entstalinisierungs- und Liberalisierungsversuche verwenden, ohne sich der Gunst Chruščevs zu begeben.
Im Rahmen der polnischen Initiative, durch den Rapacki-Plan eine atomwaffenfreie Zone in Mitteleuropa zu schaffen und den Austritt der Bundesrepublik Deutschland aus der Nato herbeizuführen, vertrat Ministerpräsident Široký vor dem Parlament im Juli 1958 die Aufnahme diplomatischer Beziehungen zu Bonn; in einem Brief an Bundeskanzler Adenauer schlug er den Abschluß eines Nichtangriffpaktes zwischen den Nato- und den WPO-Mitgliedern vor. Angesichts der verhärteten sowjetischen Deutschlandpolitik Ende 1958 und seit Frühjahr 1960 kam es nicht einmal zur Aufnahme von offiziellen Verhandlungen. Da die Handelsbeziehungen ein stetig wachsendes Volumen aufwiesen und westdeutsche Touristen als willkommene Devisenbringer seit Dezember 1963 in größerer Zahl Einreisevisen erhielten, wurde wenigstens der Austausch von Handelsmissionen mit Konsularabteilungen als erster Schritt zur Normalisierung der Verhältnisse und als Voraussetzung für den Abschluß eines formellen Handelsvertrags angestrebt. Zu Ergebnissen kam es erst 1967; weniger Meinungsverschiedenheiten über die von Bonn geforderte volle Einbeziehung Westberlins als das Beharren Prags auf eine offizielle deutsche Verzichterklärung hinsichtlich des Münchener Abkommens und die von Prag mit großer Überempfindlichkeit verfolgten, angeblich »revanchistischen« Tendenzen in der Sudetendeutschen Landsmannschaft haben ebenso wie die Meinungsverschiedenheiten über deutsche Entschädigungsleistungen für die Ausbeutung der Wirtschaftsressourcen während der Protektoratszeit und tschechoslowakische Zahlungen für die Verteibungsverluste der Sudetendeutschen die Verhandlungen scheitern lassen. Andererseits haben tschechoslowakische Proteste gegen die Ratifizierung des deutsch-französischen Freundschaftsvertrags und den Beitritt der Bundesrepublik zur EWG die mehrfachen Appelle für die Aufnahme der vollen diplomatischen Beziehungen und eine Beilegung der Meinungsverschiedenheiten durch Verhandlungen mit Bonn unglaubwürdig erscheinen lassen. Ohne die gleiche Bedeutung wie der Regelung der deutsch-polnischen Beziehungen mit der Anerkennung der Oder-Neiße-Grenze zu besitzen, stellte – wie in der »Friedensnote« der Regierung Erhard im März und in der Regierungserklärung K. G. Kiesingers im Dezember 1966 durchaus erkannt – ein aufrichtiger deutsch-tschechoslowakischer Ausgleich dennoch eine notwendige Voraussetzung für den Abbau der Spannungen in Mitteleuropa dar.

Obschon die tschechische und slowakische Öffentlichkeit meistens nur in grotesk entstellter Form und dazu noch sehr unregelmäßig oder lückenhaft durch die amtliche Propaganda von den Vorgängen in den Führungsgremien unterrichtet wurde, so konnte ihr doch nicht verborgen bleiben, daß trotz einer nach außen zur Schau gestellten Eintracht bald tiefgreifende Meinungsverschiedenheiten unter den Erben der »Revolution« ausgebrochen waren. Die Notwendigkeit einer Konsolidierung der neugewonnenen Macht, durch die fortdauernde Auseinandersetzung mit den noch nicht gleichgeschalteten Kirchen, »oppositionellen« Kräften wie den slowakischen »Nationalisten«, dem einer Kollektivierung ablehnend gegenüberstehenden Bauernstand oder den bürgerlichen Kreisen unterstrichen, ließ die schwelenden Gegensätze zwischen rivalisierenden Personengruppen und politischen Richtungen innerhalb der KPTsch erst nach mehr als einem Jahr offen zutage treten. Die Massenaufnahmen in die Staatspartei, die am 1. Oktober 1948 2,42 Millionen Mitglieder zählte, machten nach der endgültigen Vereinigung der tschechischen und slowakischen Sektion am 17. November 1948 eine Mitgliedersperre und die Einführung einer einjährigen Kandidatur für Arbeiter, einer zweijährigen Probezeit für andere Parteibewerber notwendig. Auf dem vom 25. bis 29. Mai 1949 in Prag in Anwesenheit Malenkovs und Suslovs abgehaltene IX. Parteitag, der ein neues Organisationsstatut beschloß, kamen erste Spannungen zwischen einer Gruppe um Gottwald und Zápotocký, den Parteiapparatschiks um den Generalsekretär R. Slánský und den Freunden des mit der Leitung der autonomen Slowakei betrauten G. Husák zum Vorschein. Slánský, der anscheinend in der Gunst Stalins stand, war bei den tschechischen Altgenossen unbeliebt. Sie warfen ihm vor, systematisch die Kontrollfunktionen im Partei- und Staatsapparat Söhnen aus der jüdischen Bourgeoisie, die nach außen kaum in Erscheinung traten, zugeschanzt und sich dabei der Fraktionsbildung schuldig gemacht zu haben. In der Tat hatten Slánský und B. Geminder das zentrale KPTsch-Sekretariat fest im Griff; die wichtigen Außenstellen Pilsen, Mährisch-Ostrau und Brünn besetzten ihre Vertrauensleute ebenso wie die Redaktion des Parteiorgans »Rudé Právo« und die höheren Ränge der Wirtschaftsbürokratie. Selbst im diplomatischen Dienst und in der Armeeführung hatten sie einflußreiche Positionen erobert. Der Burgfriede blieb vorerst noch gewahrt, weil während der hysterischen Kampagne gegen den »Titoismus« und im Soge des Rajk-Prozesses in Ungarn allein in den ersten Oktobertagen 1949 mehr als 10000 »Unzuverlässige« verhaftet wurden und eine erste Säuberungswelle über die KPTsch hinwegging. Dabei kam es zur Verurteilung der Generale Pika und Kutelvašr sowie zur Verhaftung des stellvertretenden Außenhandelsministers Löbl. Der erste Schlag richtete sich zudem gegen die auf mehr Selbständigkeit pochende slowakische KP-Faktion. Nach einer stürmischen Sitzung des Zentralkomitees (ZK) am 14. März 1950 wurde Außenminister V. Clementis abberufen, der sich nach vergeblicher Selbstkritik in das Präsidium der Nationalbank abgeschoben

fand und der durch den stellvertretenden Ministerpräsidenten Široký ersetzt wurde. Die Ablösung des Verteidigungsministers Svoboda durch den Gottwald-Schwiegersohn A. Čepička am 25. April 1950 und die Ernennung eines neuen Generalstabschefs am 5. Mai waren ein erster Sieg der »tschechischen« Kommunisten um Gottwald gegenüber den später als »Zionisten« und »Trotzkisten« gebrandmarkten Anhängern Slánskýs. Noch zogen beide Gruppen am gleichen Strang, als sie die einen slowakischen Nationalkommunismus verfolgenden und die Kirchenpolitik der Regierung kritisierenden Husák, L. Novomeský, I. Horvath, L. Holdoš und D. Okály, die Führer des Aufstandes von 1944 und Mitglieder des slowakischen Beauftragtenausschusses, am 5. Mai 1950 zum Rücktritt zwangen und den fanatischen, brutalen K. Bacílek zum starken Mann in der Slowakei machten. Auf dem IX. Parteitag der slowakischen KP vom 24.–27. Mai wurden sie, des »bürgerlichen Nationalismus« angeklagt und der unzureichenden Selbstkritik beschuldigt, ihrer Parteiämter enthoben, ohne vorerst ihre Mitgliedschaft einzubüßen.
Während im Sommer 1950 in Prag ein trügerisches Einvernehmen herrschte, bereiteten sich die beiden verbliebenen Fraktionen doch energisch auf die Endabrechnung vor. Im September konnte die Gottwald-Fronde bei einem Moskau-Besuch dank ihrer Bereitschaft, einen für die ČSR ungünstigen Handelsvertrag mit der UdSSR zu unterzeichnen, die Zustimmung Stalins für die Ausschaltung der Rivalen erhalten. Bei einem Prag-Besuch am 21./22. Oktober gab Molotov grünes Licht für die Generalabrechnung. In Verbindung mit dem Ausschluß von 170000 Parteimitgliedern wurden im November der Brünner Parteisekretär O. Šling, die Slánský persönlich nahestehende stellvertretende Generalsekretärin M. Švermová, V. Clementis und andere hohe Funktionäre verhaftet. Bei einem Besuch des NKVD-Chefs Berija aus Anlaß des dritten Jahrestags der »Revolution« wurden sie auf einer Sitzung des ZK als »Verräter« gebrandmarkt und wegen einer angeblichen »Verschwörung gegen den Staat« den Gerichten überantwortet. Durch fortgesetzte Säuberungen wurde der Mitgliederbestand der KPTsch auf knapp 1,7 Millionen verringert. Die Schwierigkeiten bei der Nahrungsmittelversorgung und die Notwendigkeit, zur Erfüllung des Fünfjahrplanes 77500 »Kopfarbeiter« dem Produktionsprozeß einzugliedern, mußten aber auf einen Sündenbock abgewälzt werden. Gottwald und Zápotocký gelang es, im Kreml den Eindruck zu erwecken, daß nur durch die Opferung des unpopulären Slánský und seiner jüdischen Freunde die Unzulänglichkeiten im Apparat beseitigt und die wachsende Beunruhigung der Bevölkerung unter Kontrolle gebracht werden könnten. Am 6. September 1951 verloren Slánský und seine Gruppe ihre Positionen in der Partei; nach der Regierungsumbildung tags darauf, bei der die Wirtschaftsressorts dezentralisiert wurden, fand sich der zuvor allmächtige Generalsekretär auf den ominösen Posten eines stellvertretenden Ministerpräsidenten abgeschoben. Nachdem am 19. Oktober die Reorganisation der slowakischen Parteiführung zu Gunsten der Gottwald-Anhänger abgeschlossen worden war, wurde Slánský am 27. November 1951 wegen »Konspiration gegen den Staat« verhaftet. Das im Mai

1950 neu eingerichtete Sicherheitsministerium bekam am 23. Januar 1952 Bacílek, der die Anklage vorbereitete und weitere Säuberungen initiierte. Gestützt auf die bereits am 6. Dezember 1951 von Gottwald gegen Slánský und seine »Clique« vorgetragenen Beschuldigungen wurden jüdische Intellektuelle, slowakische Nationalisten, Gewerkschafts- und Jugendverbandsführer, »Wirtschaftsverbrecher« und »Kulaken« aus ihren Stellungen entfernt. Mit der Denunziation, ein Jude, ein Slánský-Anhänger oder gar ein »Westler« zu sein, wurden in diesen Monaten einer weitgehenden Rechtsunsicherheit, des Hasses und der blinden Verdächtigungen vornehmlich persönliche Rechnungen beglichen. Eine Gerichtsreform, die dem Generalprokurator im September 1952 nach sowjetischem Muster den »Schutz der volksdemokratischen Republik vor den Anschlägen der Klassenfeinde« übertrug, machte die Ausnahmegerichtsbarkeit zur Regel. Nachdem Gottwald während des XIX. Parteitags der KPdSU im Oktober 1952 die Zustimmung Stalins zur »Liquidierung« der »trotzkistisch-zionistisch-titoistischen, bürgerlich-nationalistischen Verräter und Feinde des tschechoslowakischen Volkes, der volksdemokratischen Ordnung und des Sozialismus« eingeholt hatte, lief vom 20. bis 27. November ein Schauprozeß widerlichster Prägung gegen 14 Angeklagte ab. Alle bekannten ihre Schuld, beklagten im Parteijargon die eigenen Verfehlungen und nahmen das Urteil als gerecht an: Am 3. Dezember wurden Slánský, Clementis, Geminder und acht weitere gehenkt; drei kamen mit lebenslänglichem Zuchthaus davon. Ein am 17. Dezember auf einer Sitzung des ZK beschlossenes neues Parteistatut und die Neubesetzung des ZK trugen dem Siege Gottwalds und Zápotockýs Rechnung, der durch eine am 31. Januar 1953 vorgenommene Regierungsumbildung zur Beseitigung der zunehmenden Wirtschaftsmisere vervollständigt wurde.

Gottwald konnte seinen Triumph jedoch nicht lange auskosten. Die durch den Slánský-Prozeß entmutigte, durch den Mangel an Brennstoff und die Lebensmittelrationierung abgestumpfte Bevölkerung wurde durch die Nachricht vom Tode Stalins aufgeschreckt. Am 14. März 1953, drei Tage nach der Rückkehr von der Beisetzung in Moskau, starb Gottwald, erst 57 Jahre alt. Ein neues Aufflammen der innerparteilichen Auseinandersetzungen unterband Marschall Bulganin, der im Anschluß an die Trauerfeiern die Wahl Zápotockýs zum Staatspräsidenten und die Betrauung des mittelmäßigen V. Široký mit dem Regierungsvorsitz durchsetzte. Mit A. Novotný bekam ein weithin unbekannter, als Prager Parteisekretär aber im Februar 1948 und während der Abrechnung mit Slánský bewährter Altkommunist die Leitung des Generalsekretariats in die Hand. Im Gegensatz zur UdSSR kam es in der ČSR nicht zu einer wesentlichen Kurskorrektur. Die unzureichende Agrarproduktion, zunehmende Arbeitsunlust, Schwarzhandel als Folge der Lebensmittelknappheit und steigende Preise erzwangen ein entschlossenes Durchgreifen. In einer Währungsreform entwertete die Regierung am 31. Mai 1953 das Bargeld im Verhältnis 50 : 1, Löhne und Pensionen 5 : 1; die Ersparnisse wurden progressiv umgestellt. Die am 1. Juli angekündigte Erhöhung der Normen und ein neues Lohnsystem führten in Pilsen und Mährisch-Ostrau zu Arbeiterunruhen und veranlaßten das Regime, am 6. Juli diese Anordnungen zurückzunehmen und der Öffentlichkeit einige Zugeständnisse zu machen. Die Revision der Produktionspläne zugunsten der Verbrauchsgüter, Preissenkungen und der vorübergehende Verzicht auf die Zwangskollektivierung sollten ebenso wie die am 11. September bekanntgegebene Regierungsumbildung unter Verringerung der Wirtschaftsministerien eine Beseitigung der Engpässe gewährleisten. Während Novotný, jetzt offiziell zum Ersten Sekretär ernannt, zur stärksten politischen Potenz wurde, mußte Bacílek das Ministerium für Staatssicherheit an den neuen Innenminister R. Barák abtreten und wieder in Preßburg die Aufpasserrolle übernehmen. In letzten Säuberungsaktionen wurden Ende Mai 1953 Slánskýs Bruder Richard, am 28. Januar 1954 Marie Švermová zu lebenslänglichen Strafen, am 24. April 1954 Husák und sein Kreis wegen »Titoismus« und »slowakischen Separatismus« zu Gefängnishaft zwischen lebenslänglich und acht Jahren verurteilt. Seit Ende 1953 war die Mehrzahl der Schlüsselstellungen in der slowakischen Verwaltung und Industrie mit tschechischen Genossen besetzt, die Arbeitsunruhen im März 1954 schnell niederschlugen und mit harter Hand den slowakischen Selbständigkeitsgelüsten Zügel anlegten.

So konnten Partei und Regierung nach der Besorgung des eigenen Hauses am 16. Mai 1954 den ersten Wahlen zu den Nationalausschüssen zustimmen. Der X. Parteitag vom 11.–15. Juni bekannte sich zum Prinzip der »kollektiven Führung«, wählte ein neues ZK und straffte die Parteiführung durch die Einsetzung eines Politbüros mit neun Mitgliedern; am 2. Juli nahm die slowakische Sektion die entsprechenden Änderungen vor. Die Wahlen zur Nationalversammlung am 28. November lösten eine geringfügige Umbesetzung der Zentralregierung am 12. Dezember und des slowakischen Beauftragtenausschusses am 17. Dezember aus. Mit der Enthüllung des riesigen Stalin-Monuments in Prag am 1. Mai 1955 trug die KPTsch zugleich dem 10. Jahrestag der »Befreiung durch die siegreiche Rote Armee« Rechnung.

Als Chruščev im Februar 1956 auf dem XX. Parteitag der KPdSU die Abrechnung mit Stalin und dem Stalinismus einleitete, rief er innerhalb der KPTsch keinen wirklichen Gärungsprozeß hervor. Es waren zwar gewisse Liberalisierungstendenzen auszumachen – so wurden »slowakische Nationalisten« aus den Gefängnissen entlassen –, man wich aber jeder eindeutigen Verurteilung Stalins aus. Dem Lippenbekenntnis Novotnýs zu den Beschlüssen und dem Geist des Moskauer Parteitags folgten keine Taten: die »Tauwetter«-Anzeichen auf dem II. Allstaatlichen Schriftstellerkongreß im April wurden auf der Allstaatlichen Parteikonferenz vom 11.–15. Juli unmißverständlich verurteilt. Bei der straffen Kontrolle der KPTsch und den vorsorglich getroffenen Sicherheitsmaßnahmen lösten selbst die Revolten in Polen und Ungarn, die im Oktober 1956 das sowjetische Imperium schwer erschütterten, nur einige Unruhe in der Slowakei, aber keine Rückwirkungen auf Böhmen und Mähren aus. Die harten Unterdrückungs- und Vernichtungsmaßnahmen sowie die Erfahrung des stalinistischen Terrors, durch den jeder bedroht gewesen war, hatten den revolutionären Schwung erlahmen und eine politische Resignation Raum gewinnen lassen. Eine weitere Säuberung der Parteikader und Prozesse gegen KPTsch-Funktionäre und Mitglieder ließen alle kritischen Stimmen gegen die sowjetischen Übergriffe in Ungarn verstummen. Die 1957 von neuem einsetzende Frostperiode in den sowjetisch-jugoslawischen Beziehungen und die sich in Moskau abzeichnende Verlangsamung der Entstalinisierung schienen den anti-liberalen Kurs Novotnýs, der unter Beibehaltung seines Parteiamtes dem am 13. November 1957 verstorbenen Zápotocký als Präsident folgte, zu bestätigen: Eine Entstalinisierung nach sowjetischem Beispiel hätte nicht nur die jetzt in die höchsten Staatsämter vorgedrungenen Initiatoren der Säuberungen persönlich gefährden, sondern auch die Macht der KPTsch beeinträchtigen können. Auf dem XI. Parteitag im Juni 1958 wurden die bescheidenen Liberalisierungserwartungen weiter gedämpft und im kulturellen Bereich im März 1959 nach der III. Allstaatlichen Schriftstellerkonferenz ganz unterbunden; der Neo-Stalinismus gewann in der ČSR sichtlich an Boden.

Die zweite sowjetische Entstalinisierungswelle, auf dem XXII. Parteitag der KPdSU im Oktober 1961 eingeleitet, traf die Prager Führungsspitze unvorbereitet. In der Zwangslage, in der Auseinandersetzung zwischen Moskau und der »Achse« Peking–Tirana Position beziehen zu müssen, dem neuen Programm der KPdSU Genüge zu tun und trotz der sich zuspitzenden Wirtschaftskrise die Kritiker einer stalinistischen Haltung zu besänftigen, machte Novotný aus R. Slánský einen »tschechischen Berija« und schrieb sich durch dessen Entlarvung das Verdienst zu, als früher Antistalinist den »Personenkult« in der ČSR bereits vor zehn Jahren beseitigt zu haben. Auseinandersetzungen in der Partei veranlaßten den Präsidenten, sich am 9. Februar 1962 des zweitstärksten Mannes und denkbaren Reformers, des Innenministers R. Barák, zu entledigen und ihn von einem Militärtribunal wegen »Mißbrauchs staatlicher Gelder« aburteilen zu lassen. Die Unruhe in der Partei machte eine Verschiebung des XII. Parteitags vom Oktober auf den Dezember 1962 notwendig, auf dem dann, angeheizt durch die Kuba- und Berlin-Krisen, die Vertiefung des Ostblock-Schismas und durch den in Ungarn und Bulgarien durchgeführten Entstalinisierungsprozeß, die KPTsch-Führung eine »Verletzung der sozialistischen Gesetzlichkeit« zugeben und einer »Überwindung der Folgen des Personenkults« innerhalb von vier Monaten zustimmen mußte. Die Demontage des Prager Stalin-Monuments Ende November 1962 unterstrich die Ausrichtung des »neuen« Kurses.

Während der Unruhe in der Bevölkerung trotz anhaltender Wirtschaftsschwierigkeiten durch eine Verbesserung der Nahrungsmittel- und Gebrauchsgüterversorgung gesteuert wurde, nahm die Partei eine Reihe der seit 1958 eingeführten Maßnahmen wirtschaftlicher Dezentralisierung zurück, besetzte das ZK zu einem Drittel personell um und überführte das Politbüro wieder in ein Parteipräsidium mit neun Mitgliedern und drei Kandidaten. Ein Personalschub in einigen Regierungsämtern im Januar 1963 diente vornehmlich wirtschaftlichen Erfordernissen. Als Sensation wirkten die erst am 14. Mai veröffentlichten Beschlüsse des ZK vom 3./4. April 1963, durch die der slowakische Parteichef Bacílek und die ZK-Sekretäre V. Slavík und B. Köhler, allesamt Drahtzieher des Slánský- und der Terror-Prozesse, ihrer Ämter enthoben wurden. Der Generalprokurator Dr. J. Urválek, der als Gerichtsvorsitzender für die Freislersche Diktion im Slánský-Prozeß verantwortlich gewesen war, hatte schon im März aus »Gesundheitsrücksichten« seinen Abschied genommen. Von der Slowakei ausgehend, gewann die Revisionslawine auf Kongressen der slowakischen Schriftsteller am 22. April, der tschechoslowakischen Schriftsteller am 22.–24. Mai und der slowakischen Journalisten am 28. Mai 1963 an Dynamik. Die Rehabilitierung und Wiederaufnahme der slowakischen »bürgerlichen Nationalisten« Husák und Novomeský in die Partei lösten eine solche Welle von Angriffen gegen die Verantwortlichen aus, daß der selbst direkt betroffene Präsident Novotný im Frühjahr und Sommer 1963 alle Mühe hatte, die Verantwortung allein auf seine Untergebenen abzuwälzen und seine Person aus den Angriffen herauszuhalten. Als am 22. August 1963 der Oberste Gerichtshof Slánský, Clementis und fast alle anderen Opfer von den ihnen zur Last gelegten Verbrechen freisprach, vielen von ihnen aber aus Rücksicht auf Novotný selbst die posthume Wiederzulassung in die KPTsch verwehrt blieb, verschlechterte sich die Lage der »Neo-Stalinisten« weiter. Nach einer ZK-Beratung am 20. September wurden tags darauf der wegen »Unfähigkeit« kritisierte Ministerpräsident Široký und die prominenten Regierungsmitglieder Ďuriš, Dolanský, Kahuda und Krosnář durch junge »Spezialisten«, die Generation der Vierzigjährigen, ersetzt. Den Vorsitz im Kabinett übernahm der Präsident des Slowakischen Nationalrates Jozef Lenárt, der durch den Stalinismus nicht belastet war und dem anstelle des fehlenden politischen Profils fachliche Fähigkeiten nachgesagt wurden.

Damit waren aber die »Neostalinisten« in der tschechoslowakischen Führung keinesfalls ausgeschaltet; mit sowjetischer Rückendeckung verstanden sie es sogar, die zeitweilig aufgegebenen Positionen zurückzugewinnen. Mit Hilfe der im September 1963 eingesetzten vier »autoritativen Kommissionen des ZK« konnte Novotný die Parteikontrolle über den Staat weiter ausbauen. Die nach einer Tagung des ZK-Plenums am 18./19. Dezember 1963 in Prag ausgesprochene Warnung vor den »Revisionisten«, die bemüht seien, die »Klassendimensionen« durch »allmenschliche Dimensionen« zu ersetzen, zielte auf die von Intellektuellen und von der Jugend mit Schwung vorgetragenen Kritiken an der marxistischen Lehre in ihrer pervertierten Fassung und an dem absoluten Führungsanspruch der KPTsch. Aber selbst die straffer gehandhabte Pressezensur konnte nicht verhindern, daß die einflußreichen Kulturzeitschriften diesen sozialistischen Kritikern ihre Spalten öffneten und eine Liberalisierungsdiskussion in Gang setzten, die von der KP durch repressive Maßnahmen weder unter Kontrolle gebracht noch in eine ihr genehme Richtung gelenkt werden konnte. Zudem trat – wie die durch den 20. Jahrestag des Slowakischen Nationalaufstandes von 1944 ausgelöste

Debatte zeigte – der nationale Antagonismus zwischen Tschechen und Slowaken erneut in ein kritisches Stadium. Die von den Slowaken vehement vorgetragene Forderung nach einer Föderalisierung der ČSSR konnte auch von dem wegen seiner langen Aufenthalte in der UdSSR als unverdächtig geltenden, liberalem Gedankengut nicht übermäßig aufgeschlossen erscheinenden neuen slowakischen Parteisekretär A. Dubček nicht mehr gesteuert werden. Der Sturz Chruščevs am 15. Oktober 1964, der seinen letzten Auslandsbesuch Ende August/Anfang September gerade der ČSSR abgestattet hatte, schwächte zudem die Position Novotnýs, der sich bei den neuen Kremlherren Brežnev und Kosygin dadurch unbeliebt gemacht hatte, daß er in harschen Worten seiner Verärgerung über die ohne vorherige Konsultation erfolgte Entmachtung seines Protektors Ausdruck verliehen hatte. Dennoch wurde er am 12. November 1964 auf weitere fünf Jahre in seinem Staatsamt bestätigt.
Einen weiteren Herd der Unruhe bildete die desolate Wirtschaftslage, der durch kurzfristige Plankorrekturen nicht beizukommen war. Wie in allen anderen Ländern Osteuropas hatte sich seit Anfang der sechziger Jahre auch in der Tschechoslowakei eine in allen Bereichen deutliche Verlangsamung des Wirtschaftswachstums eingestellt. Als wichtigste Ursachen des Entwicklungsrückschlages galten das im 1. und 2. Fünfjahrplan strikt befolgte stalinistische Modell der »Eisen- und Stahlkonzeption« und das direktivzentralistische Planungssystem. Bei einem rapiden Anwachsen der Produktionskosten wegen der Überalterung des Maschinenparks, der niedrigen Effektivität der Grundstoffindustrie sowie einem unangemessenen Wachstum der Investitionskosten durch eine extensive Wirtschaftsentwicklung sank die Produktionsmittel-Effizienz um fast 30%; die durchschnittlichen Jahreswachstumsraten des Volkseinkommens fielen von 9,3% in den Jahren 1949–1953 auf 3,5% zwischen 1959 und 1964.
Als der XII. Parteitag 1962 die Notwendigkeit einer »wesentlichen Vervollkommnung der Leitung der Volkswirtschaft« ausdrücklich anerkannte und Prof. O. Šik, den Direktor des Ökonomischen Instituts der Akademie der Wissenschaften, demonstrativ in das ZK berief, wurde das Signal für wissenschaftliche Analysen und öffentliche Diskussion gegeben. Mit einem ZK-Beschluß im Januar 1965 wurde die Entscheidung für eine im Grundsatz marktwirtschaftliche Ordnung mit Staatseigentum an den Produktionsmitteln, für eine »sozialistische Marktwirtschaft«, getroffen. Durch die planmäßige Leitung der Volkswirtschaft in der Form zentraler Entwicklungspläne und wirtschaftspolitischer Aktivität, durch die Ausnutzung der »sozialistischen Ware-Geld-Beziehung« (d.h. des Marktmechanismus) und durch die ökonomische Selbständigkeit der Unternehmen in der Form von Planautonomie nach Maßgabe betrieblicher Rentabilitätskriterien sollten die immanenten Mängel des bisherigen Wirtschaftssystems beseitigt werden. Der XIII. Parteitag stimmte 1966 dem »Programm zur beschleunigten Realisierung des neuen Leitungssystems« zum 1. Januar 1967 zu. Der durch Gesetz Nr. 83/1966 in Kraft gesetzte 4. Fünfjahrplan sprach nur noch ein unverbind-

liches Zielprogramm für die wirtschaftliche Entwicklung in den Jahren 1966–1970 bei einer vorgesehenen Wachstumsrate von 2,9% in der Landwirtschaft und von 5,5% in der Industrie aus. Anstelle einer detaillierten Planung durch Weisungen der Zentralinstanzen sollten eine Beeinflussung durch indirekte wirtschaftspolitische Mittel und die Koordination des einzelwirtschaftlichen Verhaltens durch Marktmechanismen erfolgen.
Bis zum Eintreten erster Erfolge war aber eine kräftige Wirtschaftshilfe von der Sowjetregierung unabdingbar. Bei den bereits im November 1964 aufgenommenen, erst am 5. Oktober 1965 zum Abschluß geführten Verhandlungen hatte Prag sowohl ökonomisch als auch politisch einen hohen Preis zu bezahlen. Nicht nur, daß sich Novotný zum vehementesten Fürsprecher der sowjetischen Forderung nach einer kommunistischen Weltkonferenz zum Ausschluß Chinas aus dem »sozialistischen Lager« machte, sondern die ČSSR hatte unter Vernachlässigung ihrer Westhandelskontakte für die Erweiterung des Warenaustauschs um 50% der UdSSR schließlich auch einen Kredit in Höhe von 560 Mill. Dollar zur Modernisierung und zum weiteren Ausbau der westsibirischen Erdölfelder zu leisten, der ab 1970 durch langfristige Rohöllieferungen in Höhe von 14,5 Mill. Tonnen jährlich abgetragen werden sollte. Mit 37% des gesamten Außenhandelsvolumens der ČSSR nahm die UdSSR allein 6% mehr Waren ab als die anderen RGW-Mitglieder zusammen. Die Mißernte von 1965 machte es dann zusätzlich erforderlich, daß die UdSSR 1,3 Mill. Tonnen Weizen bereitstellte, weitere 800000 Tonnen unter Ausschöpfung der letzten Devisenreserven aber auf dem Weltmarkt beschafft werden mußten.
Nicht nur diese gesteigerte ökonomische Angewiesenheit auf die UdSSR veranlaßte die Prager Führung, einen konservativ-moskautreuen Kurs zu steuern. Sie zeigte sich auch durch die aktivere Osteuropa-Politik der Bundesrepublik Deutschland, vor allem aber durch die fortgesetzte ideologische Gärung unter Intellektuellen und Funktionärsgruppen in der KPTsch selbst höchst verunsichert. Auch wenn die Kritiker mit harten Worten die desolaten Zustände auf den mannigfachsten Gebieten geißelten, darf ihre Forderung nach einer Reform von Partei und Staat nicht als Auflehnung gegen den Marxismus-Leninismus im allgemeinen oder gegen eine tschechoslowakische Variante einer sozialistischen Gesellschaftsordnung im besonderen interpretiert werden. In dem Wissen, daß jede dauerhafte Liberalisierung nur aus einer parteiinternen Evolution erwachsen und durch die freiwillige Zustimmung der überwiegenden Mehrheit der Bevölkerung realisiert werden konnte, verlangten sie ein größeres Maß an Unabhängigkeit, um einen eigenen, tschechoslowakischen Weg zum Sozialismus wählen zu können. Mit Pragmatismus, politischer Reife und einer gehörigen Portion Vorsicht wollten die sich langsam als Gruppe herausbildenden liberal-demokratischen Reformer versuchen, aus einer Position der Stärke innerhalb der KPTsch ohne Revolte ein System allmählicher Änderungen in Gang zu setzen. Die nationalkommunistische Politik N. Ceauşescus in Rumänien und die polnischen und ungarischen Anläufe nach 1956 mögen als Vorbilder gedient haben.

Novotný dagegen wandte sich nach 1965 mehrfach an die Öffentlichkeit, um die »unüberlegte Forderung nach einer größeren Weltaufgeschlossenheit« anzuprangern, weil dabei nicht nur restaurative kapitalistische Ideen eingeschleust werden könnten, sondern auch die feste Allianz mit der UdSSR belastet werde. Die Partei hielt es für notwendig, durch Resolutionen auf ihrem XIII. Parteikongreß vom 31. Mai bis 4. Juni 1966, durch Verabschiedung neuer Gesetze im November 1966 sowie durch repressive Maßnahmen gegen Redaktionen, kritische Wissenschaftler und mißliebige Publizisten das Presse- und Publikationswesen einer strengeren Kontrolle zu unterwerfen, um kritische Analysen des von der konservativen Fronde »pervertierten« Marxismus zu unterdrücken und alle Entwicklungen im Keime zu ersticken, die geeignet schienen, Erinnerungen an die Vorgänge in Polen und Ungarn im Jahre 1956 zu wecken. Gleichzeitig versuchte die Führung, durch bescheidene Entsowjetisierungsmaßnahmen auf kulturellem Sektor und die Zulassung einer gemäßigten Kritik an den hohen Kosten für die Rüstung und die Durchführung gemeinsamer Manöver dem Entstehen antisowjetischer Ressentiments vorzubeugen. Als die ČSSR dem westdeutschen Angebot, durch Verhandlungen die seit 1938 offenen Fragen beizulegen und nach den Wirtschaftskontakten auch die diplomatischen Beziehungen zu normalisieren, keine schroffe Zurückweisung erteilte, trug Breznev mit Unterstützung der DDR und Polen persönlich dafür Sorge, daß außenpolitische Alleingänge unterblieben und am 3./4. August 1967 allein ein Abkommen über den Austausch von Handelsvertretungen zwischen Bonn und Prag unterzeichnet wurde. Einer weitergehenden Normalisierung der Beziehungen stand die tschechoslowakische Forderung nach einer Ungültigkeitserklärung des Münchener Abkommens von Anfang an, nach endgültiger Anerkennung der Nachkriegsgrenzen und der DDR sowie nach Verzicht auf eine atomare Bewaffnung der Bundeswehr im Wege.

Die innenpolitische Gärung, durch die einseitig pro-arabische Stellungnahme der tschechoslowakischen Führung nach dem Sechstage Krieg im Juni 1967 angeheizt und auf dem IV. Kongreß des Schriftstellerverbandes vom 27. bis 29. Juni in einer gnadenlosen Kritik der politischen, wirtschaftlichen und sozialen Verhältnisse artikuliert, versuchten die Machthaber nach bewährtem Muster zu unterdrücken. Doch die generelle Unzufriedenheit griff, begünstigt durch die Mißstimmung über die weiterhin angespannte Wirtschaftslage, von den Intellektuellen und Studenten, deren Protestdemonstration gegen unzumutbare Wohn- und Studienbedingungen am 31. Oktober von der Polizei brutal gesprengt wurde, auf die Bevölkerung über. Auch die Forderung der Slowaken nach einer echten Föderalisierung der Republik, von Novotný als »bourgeoiser Nationalismus« diskreditiert, trug zum Anwachsen der Unruhe bei. Da auf den in rascher Folge abgehaltenen ZK-Plenen keine Übereinstimmung über die beste Methode zur Beilegung der Krise zu erzielen war und der abgewirtschaftete Apparat Novotnýs dem Machtverfall der Partei nicht zu begegnen vermochte, sandte Sowjetbotschafter St. V. Červonenko, wohl im Einvernehmen mit Novotný, der sich im Juli und im

November 1967 in Moskau noch einmal der Unterstützung durch den Kreml versichert hatte, einen Hilferuf an den Generalsekretär der KPdSU, er möge sich bei den unklaren Machtverhältnissen in Prag selbst ein Bild machen, welcher Fraktion oder welchem Funktionär am ehesten zuzutrauen sei, die sowjetischen Interessen zu vertreten und für Ruhe zu sorgen. Doch nach einem zweitägigen Geheimbesuch am 8./9. Dezember und nach Gesprächen mit allen Präsidiumsmitgliedern mit Ausnahme von A. Dubček, den er sich bei einem Zwischenaufenthalt in Bratislava »ansah«, ließ Brežnev wissen, daß »die sowjetische Partei und die UdSSR sich nicht in Euere internen Angelegenheiten einmischen« würden. Sein politischer Instinkt mag ihm gesagt haben, daß von dem in der UdSSR aufgewachsenen und ausgebildeten Dubček als Kompromißkandidaten die unproblematischste Fortsetzung der guten sowjetisch-tschechoslowakischen Beziehungen erwartet werden konnte. Novotný, der von Brežnev eine Intervention zugunsten seiner Person erhofft hatte, zeigt sich jedoch nicht geneigt, kampflos abzutreten. Als sich seine Pläne, sich mit Hilfe eines Coup d'état seiner Kritiker zu entledigen, nicht realisieren ließen, weil die Mehrheit des Offizierskorps nicht in parteiinterne Auseinandersetzungen einzugreifen gedachte, einigten sich seine Gegner nach langem Tauziehen am 5. Januar 1968 auf A. Dubček als Nachfolger auf dem Posten des Ersten Sekretärs des ZK der KPTsch. In der Erwartung einer rasch einsetzenden innenpolitischen Konsolidierung in der ČSSR wurde die Wahl Dubčeks auch in Moskau gutgeheißen. In der ČSSR wie auch im Ausland durfte erwartet werden, daß der Beilegung der politischen und ökonomischen Auseinandersetzungen Vorrang eingeräumt werden würde; die dramatische Zuspitzung der Ereignisse bis zum August 1968 war unbeschadet der gewaltigen internen Spannungen nicht vorherzusehen.

IX. Der »Prager Frühling« und die Folgen (1968–1978)

Der Demokratisierungprozeß bis zur Intervention der »Warschauer Fünf«

Ohne überschäumenden Enthusiasmus, aber mit abwartender Sympathie reagierte die tschechische und die slowakische Bevölkerung auf den Machtwechsel an der Spitze der allgewaltigen KPTsch. Dem der breiten Öffentlichkeit fast unbekannten, als farbloser Provinz-Apparatschik geltenden neuen Ersten Sekretär A. Dubček ging in seiner Nüchternheit und Durchschnittlichkeit das Charisma eines Volkstribunen völlig ab; seine Redlichkeit, Aufrichtigkeit und sein Behauptungsvermögen sowie seine rasche Lernfähigkeit hatten ihm aber in Parteikreisen zu Ansehen und in der heimatlichen Slowakei auch zu einer geschlossenen Hausmacht verholfen. Dubček, bescheiden und dabei sogar etwas unbeholfen wirkend, vermied bewußt jede bombastische Erklärung oder Aufsehen erregende personelle Maßnahmen. Bei seinem Antrittsbesuch am 29./30. Januar 1968 in Moskau betonte er zwar die Notwendigkeit bescheidener interner Reformen, beschwor aber zugleich den Willen zur engsten Kooperation mit der UdSSR und den Gremien der Warschauer-Pakt-Organisation (WPO) und des Rats für gegenseitige Wirtschaftshilfe (RGW). Doch bereits bei den Feierlichkeiten aus Anlaß des 20. Jahrestags der kommunistischen Machtübernahme am 21./22. Februar 1968 deutete Dubček in seinen Ansprachen vor den anwesenden Führern aller Bruderparteien vorsichtig an, daß die ČSSR ihre Außenpolitik nach den Grundsätzen der Gleichberechtigung, des gegenseitigen Nutzens und der internationalen Solidarität auszurichten gedenke und er künftig eine Verletzung der Bürgerrechte »auch nicht im geringsten Maße« mehr dulden werde – Passagen, die keine Aufnahme in die Berichterstattung der sowjetischen Parteizeitung »Pravda« fanden. In einer durch diese Aussagen ermutigten Flut von Resolutionen und Erklärungen verlangten daraufhin Kreise inner- und außerhalb der KPTsch eine weitgehende Demokratisierung des politischen Systems, die Rehabilitierung politischer Opfer und die Bestrafung der Verantwortlichen für die »Verletzung der sozialistischen Gesetzlichkeit« sowie eine durchgreifende Verfassungsänderung mit den Zielen einer stärkeren Verankerung der Menschen- und Freiheitsrechte und der Föderalisierung der Republik. Die Einführung der freien Meinungsäußerung durch die Abschaffung der präventiven Zensur, die öffentliche Diskussion nationaler Belange und die strikte Kontrolle bei der Einhaltung der Rechtsnormen weckten ersten Widerstand dogmatischer Kritiker, die sich sogleich an den Kreml mit der Bitte um Verhaltensregeln wandten. Das sowjetische Mißtrauen, von Polen und der DDR aus Furcht vor einem Übergreifen der liberalen Strömungen geteilt, ja bestärkt, war bereits geweckt, denn in der Diskussion um das neue Aktionsprogramm der KPTsch wurden so viele geheiligte Lehrsätze des Marxismus-Leninismus in Frage gestellt und wurde so konsequent auf

eine Trennung von Staat und Partei hingearbeitet, daß die führende Rolle der KP und das Leninsche Prinzip des »demokratischen Zentralismus« nicht mehr gewährleistet schienen. Die Flucht des Novotný-Intimus und bedeutenden WPO-Geheimnisträgers General J. Šejna in den Westen (25. Februar 1968), die antisowjetischen Ressentiments, die, angefangen vom Erfolg der ČSSR-Eishockeymannschaft gegen die UdSSR bei den Winterspielen in Grenoble, stetig anwuchsen, der aufkeimende Masaryk-Kult, die von den Wirtschaftsreformern vertretene Auffassung von der Notwendigkeit einer kräftigen Ausweitung des Westhandels, um die für die Modernisierung der Produktionsanlagen erforderlichen Devisen zu verdienen, sowie widersprüchliche Aussagen über die künftigen Präferenzen der tschechoslowakischen Außenpolitik wurden in Moskau mit wachsendem Unbehagen registriert. Deshalb rief Breżnev kurzfristig für den 23. März 1968 ein Konsultativtreffen der Parteichefs der europäischen WPO-Mitglieder nach Dresden ein, wo die tschechischen und slowakischen Genossen nach einer hochnotpeinlichen Befragung über ihre künftige Politik gegenüber dem RGW und dem Warschauer Pakt zur Unterzeichnung der ominösen Vereinbarung gezwungen wurden, »in der nächsten Zeit konkrete Maßnahmen zur Stärkung des Warschauer Vertrags und seiner Streitkräfte ... zu treffen«. Darunter war konkret wohl die ständige Stationierung von Einheiten der Roten Armee auf dem Territorium der ČSSR zu verstehen.
Diese Maßnahme erfolgte nur einen Tag nach der Ablösung A. Novotnýs als Staatspräsident, dem am 30. März der populäre und verdiente, auch in der UdSSR respektierte General L. Svoboda im Amte nachfolgte. In Novotnýs verbliebene Parteiämter rückte der dynamische, besonders von der Jugend verehrte J. Smrkovký ein, der neben Dubček – nur wesentlich extrovertierter und von weniger Skrupeln geplagt – zum Motor und Repräsentanten der Reformbewegung aufstieg. Das von einem ZK-Plenum am 5. April 1968 verabschiedete neue Aktionsprogramm der KPTsch verriet seine Handschrift. Es sollte einen »Sozialismus mit menschlichem Antlitz« ermöglichen und »eine neue Phase einer sozialistischen Revolution in einer Epoche nichtantagonistischer Beziehungen« einleiten, wobei der KP nur die Rolle einer organisierten, entscheidenden, progressiven Kraft in der Gesellschaft zukommen sollte. Diese Beschneidung des Machtmonopols der KPTsch als des alleinigen Führungs- und Entscheidungsgremiums hatte auch im Regierungsprogramm und der Regierungserklärung des neuen Ministerpräsidenten O. Černík (ernannt am 8. April 1968) einen Niederschlag gefunden: Auch wenn eine klare Definition der künftigen Rolle der KPTsch in den Verlautbarungen vom 24./25. April nicht zu finden war, so bewiesen die Versprechen, die Beziehung zwischen Tschechen und Slowaken einer gerechten Neuordnung zu unterziehen und den Minderheiten die volle Gleichberechtigung einzuräumen, bürgerliche Freiheiten und das Recht der freien Religionsausübung zu achten, ebenso die konsequente Fortsetzung des Demokratisierungskurses wie die Aussage, von nun an hätten die Kontakte zu den sozialistischen Bruderländern »auf den demokratischen Prinzipien der Gleichheit und Un-

abhängigkeit, der Nichteinmischung und der gegenseitigen Respektierung« zu beruhen. Der Bevölkerung, besonders der in einen richtigen Reformtaumel geratenen Jugend, genügten aber diese vorsichtigen, viele weiterführende Forderungen wie nach Zulassung eines demokratischen Mehrparteiensystems oder nach Verlassen von WPO und RGW nicht aufgreifenden Aussagen nicht. Der loyale Zentrist Dubček, keinesfalls ein radikaler Neuerer, sondern vom reformerischen Eifer seiner Umgebung mitgerissen, mußte, in eine Schiedsrichterrolle gedrängt, immer mehr Zeit aufwenden, um die bei seiner unentschlossenen Personalpolitik unvermeidlich wachsenden Spannungen in Partei und Regierung auszugleichen und die unterschiedlichen Ansichten auf einen vertretbaren Nenner zu bringen. Sein Appell auf dem ZK-Plenum vom 29. Mai bis 1. Juni, antikommunistische wie dogmatische Positionen aufzugeben, ließ vor allem die Intelligenz fürchten, der Demokratisierungsprozeß werde abgebremst oder sogar rückgängig gemacht.

Diese Befürchtungen wurden zudem durch die Maßnahmen und Pressekampagnen gegen die ČSSR in den anderen Ländern der Volksdemokratie genährt. Pointierte Berichte über die angebliche Erweiterung des Einflußbereichs »reaktionärer und antikommunistischer Elemente« in Prag gaben bereits Mitte April Anlaß zu Überlegungen, eine militärische Intervention für den Fall vorzubereiten, daß sich moskautreue tschechoslowakische Genossen mit der Bitte an die UdSSR und andere Volksdemokraten wenden sollten, den Sozialismus in der ČSSR zu schützen. Bei den sich häufenden Klagen wegen des Überhandnehmens »rechtsopportunistischer« und »antisozialistischer« Kräfte sowie des Anwachsens der antisowjetischen Stimmung zeigte die Moskauer Führung bei Gesprächen mit den Prager Reformern am 4. Mai keine Bereitschaft, durch Gewährung einer Anleihe von etwa 500 Mill. Dollar dem Demokratisierungsprozeß eine gesunde ökonomische Basis zu verleihen. Am 8. Mai 1968 kam es in Moskau dann zu ersten, sich danach häufenden Konsultationen zwischen den Partei- und Staatsführungen der UdSSR, der DDR, Polens, Ungarns und Bulgariens, während sowjetische Militärdelegationen die Stimmung, aber auch das Terrain in der ČSSR erkundeten. Die Ankündigung von Stabsmanövern unter Beteiligung größerer sowjetischer Kontingente ließ erkennen, daß der Kreml vor einer militärischen Intervention nicht zurückschrecken wollte, wenn dem Reformspuk nicht durch politische Pressionen der Garaus gemacht werden konnte. Der häufige Austausch von Delegationen half nicht, das auf beiden Seiten wachsende Mißtrauen abzubauen. Die immer beleidigender werdende Abkanzelung der führenden Mitglieder des progressiven Flügels als »Revisionisten« in der Presse der anderen Volksdemokratien veranlaßte Dubček, eine am 12. Juni eingegangene Einladung Brežnevs, die Meinungsverschiedenheiten in zweiseitigen Gesprächen beizulegen, vorerst auszuschlagen. Er hoffte wohl, ohne Verzicht auf die im Aktionsprogramm der KPTsch und der Regierungserklärung festgelegten Kriterien die Reformeuphorie der Massen unter Kontrolle bringen zu können, um danach mit Hilfe der sympathisierenden Parteiführungen in Bukarest und Belgrad die sowjetischen Befürchtungen auszuräumen.

Während mehr als 16000 Rotarmisten sowie ostdeutsche und polnische Stabseinheiten mit tschechoslowakischen Verbänden in Westböhmen zwischen dem 20. und 30. Juni Manöver abhielten, trat in Prag die Nationalversammlung zusammen, um nach den Gesetzen zur Vorbereitung der Föderalisierung der Republik und der Rehabilitierung der Opfer des Stalinismus über die völlige Aufhebung der Zensur zu befinden. Als am 27. Juni das »Manifest der zweitausend Worte« des Schriftstellers L. Vaculík erschien, das den Machtmißbrauch einer unfähigen kommunistischen Parteibürokratie gegenüber Andersdenkenden beklagte, verlangte Brežnev das sofortige Verbot des Dokuments und die formale Distanzierung der Prager Führung von dieser »offiziellen Proklamation der Gegenrevolution«. Alle Bemühungen Dubčeks, die Bruderparteien von der Ernsthaftigkeit des tschechoslowakischen Experiments zu überzeugen, das den wahren Sozialismus von den Verformungen der Stalinzeit befreien und die Bevölkerung statt durch Zwang und Reglementierung zu einer freiwilligen Anerkennung des sozialistischen Systems bewegen sollte, fruchteten nichts. Am 14./15. Juli 1968 konzipierten die fünf harten Gegner in Warschau einen Brief an die KPTsch, in dem sie in drei Punkten eine weitgehende Kursänderung in der ČSSR verlangten: Neben der Ermahnung, energisch an der führenden Rolle der Partei festzuhalten und alle Ansätze für revisionistische, antisozialistische, ja sogar konterrevolutionäre Aufweichung auszumerzen, und dem Hinweis, die Errungenschaften der sozialistischen Außenpolitik nicht durch eine leichtfertige, opportunistische Westpolitik aufs Spiel zu setzen, wurde vor allem bemängelt, daß die ČSSR gegenüber den »üblichen gemeinsamen Stabsübungen nicht das richtige Verständnis« aufgebracht habe und daher die reale Gefahr erwachse, daß die Tschechoslowakei sich aus der sozialistischen Staatengemeinschaft und aus ihrem Verteidigungsbündnis lösen werde. Den Prager Genossen wurde zwischen den Zeilen bedeutet, die Souveränität eines Mitgliedstaates der WPO bestehe praktisch in dem Privileg, sich freiwillig dem Willen der Suprematsmacht UdSSR unterzuordnen. Die Teilnehmer der Warschauer Konferenz nahmen damit das Recht für sich in Anspruch, jedem sozialistischen Staat erbeten oder ungebeten zu Hilfe zu kommen, wenn ihrer – oder genauer: der sowjetischen Partei- und Staatsführung – Ansicht nach die Basis der sozialistischen Ordnung gefährdet schien.
Das ZK der KPTsch wies am 18./19. Juli die im Brief der »Warschauer Fünf« aufgestellten Vorwürfe und Verzeichnungen zwar entschieden zurück, konnte aber der beunruhigten Bevölkerung keine Erklärung geben, warum trotz mehrfachen Ersuchens immer noch zwei Drittel der sowjetischen Manövertruppen die ČSSR nicht verlassen hatten. Den »Falken« in der Sowjetführung ging es bei der etwa gleichzeitig vorgenommenen Bekanntgabe angeblicher amerikanischer und westdeutscher Waffenfunde oder bei der Enthüllung der Operationspläne des CIA mit dem Ziel, »die Befreiung Ostdeutschlands und der Tschechoslowakei« während der »Aufweichung als Folge der Reformen« zu bewerkstelligen, allein darum, mit Hilfe der in der ČSSR stationierten Kontingente der konservativen Fraktion um D. Kolder, V. Bil'ak und O.

Švestka den Rücken zu stärken und sie zu einem Losschlagen gegen die »Progressiven«, zu denen sich jetzt auch Dubček offen bekannte, zu veranlassen. Unter diesem Druck hatte das Präsidium der KPTsch auch zugestimmt, am 29. Juli zu Verhandlungen mit der sowjetischen Parteiführung in Čierna nad Tisou in der Ostslowakei zusammenzutreffen. Während Manöver in der UdSSR, in Polen und der DDR die logistischen Voraussetzungen für die spätere militärische Besetzung der ČSSR schufen, versuchten die sowjetischen Gäste – wahrscheinlich dank der Einbeziehung des Staatspräsidenten Svoboda in die Verhandlungen – vergebens, die Meinungsverschiedenheiten zwischen Reformern und Konservativen, die im Präsidium mit 6 zu 5 Stimmen immer noch eine knappe Mehrheit besaßen, zum offenen Bruch auszuweiten. Als am Nachmittag des 2. August die Spitzenfunktionäre der »Warschauer Fünf« mit dem Präsidium des ZK der KPTsch in der slowakischen Hauptstadt Bratislava (Preßburg) zusammentrafen und tags darauf eine lange, aber inhaltlich wenig ergiebige Erklärung mit der Versicherung verabschiedeten, die Zusammenarbeit werde auf der Basis der Gleichheit, der Souveränität, der nationalen Unabhängigkeit und der territorialen Integrität vorangetrieben, konnte der Eindruck entstehen, als hätten die tschechoslowakischen Reformer ihre Vorstellungen weitgehend durchgesetzt. Die vereinbarte enge Zusammenarbeit auf wirtschaftlichem und militärischem Sektor, das Fehlen jeglichen Hinweises, das Prinzip der Nichteinmischung in die inneren Angelegenheiten eines jeden Staates zu respektieren, dafür aber die Aufnahme eines Passus, daß es »die gemeinsame internationale Pflicht« aller kommunistischen Länder sei, den Sozialismus im osteuropäischen Vorfeld der UdSSR zu verteidigen, mußten auch den Prager Reformern bewußt machen, bisher keinen Friedensschluß, sondern höchstens einen Waffenstillstand erreicht zu haben.

Die Kontroversen innerhalb des Parteipräsidiums darüber, in welchem Tempo gemäß den sowjetischen Erwartungen der Demokratisierungsprozeß verlangsamt und umgeleitet werden sollte, wurden durch die Ermutigungen, die Tito und Ceauşescu bei ihren Besuchen am 9.–11. bzw. 15.–17. August 1968 aussprachen, vertieft. Die Mitte August abgeschlossenen Wahlen der Delegierten für den auf den 9. September einberufenen XIV. Parteitag der KPTsch, die den »Progressiven« eine breite Mehrheit sicherten, sowie die Veröffentlichung des Statutenentwurfs zeigten den »Konservativen« an, daß sie nicht länger zuwarten konnten, wollten sie nicht ihre letzten Positionen gefährden. Im Kreml dagegen herrschte der Eindruck vor, das tschechoslowakische Parteipräsidium befasse sich nicht intensiv genug und dem Ernst der Lage entsprechend mit den seit Čierna und Bratislava notwendigen innenpolitischen Veränderungen und versuche durch Intensivierung der Kontakte zu den unbotmäßigen Nationalkommunisten in Jugoslawien und Rumänien, die bisher erreichte Sonderstellung der ČSSR außenpolitisch abzusichern und durch die Reaktivierung des Regionalismus oder des Geistes der Kleinen Entente den angeschlagenen monolithischen Charakter des sozialistischen Lagers weiter abzubauen. In der Erwartung, die tschechoslowakische Fünfte Kolonne werde mit Unterstützung des Prager Sowjetbotschafters Červonenko und der eingeflogenen KGB-Spezialisten die politischen Voraussetzungen der Intervention durch die Abwahl Dubčeks und die Übernahme der Regierungsgeschäfte durch den stellvertretenden Ministerpräsidenten A. Indra schaffen, fiel um den 17. August auf einer Sitzung des Politbüros des ZK der KPdSU in Moskau die Entscheidung, die militärische Besetzung der ČSSR zum frühestmöglichen Zeitpunkt vorzunehmen – nicht nur als Strafaktion, sondern mehr noch als vorbeugende Maßnahme, als vorweggenommene Reaktion auf das, was noch hätte geschehen können. Den rein militärischen Motiven dürfte bei dem Zustandekommen des Beschlusses die geringste Bedeutung eingeräumt worden sein; ausschlaggebend waren wohl die Befürchtungen, die Entwicklung in der ČSSR werde sich über die DDR und Polen auch auf die UdSSR ausdehnen und Prag könnte den Austritt aus der Warschauer-Pakt-Organisation erwägen. Eine Fehlbeurteilung der innenpolitischen Strömungen in der ČSSR dürfte ebenfalls vorgelegen haben.

Während die tschechoslowakischen Kollaborateure den Hilferuf der »Persönlichkeiten der Partei und des Staates« an die »Warschauer Fünf« vorbereiteten, traf sich am Nachmittag des 20. August das elfköpfige Präsidium des ZK der KPTsch in nervöser Gereiztheit, ohne daß es Kolder gelungen wäre, seinen Angriff gegen das Reformprogramm mit der Forderung nach der sofortigen Abwahl Dubčeks zu verbinden. Kurz vor Mitternacht, als bereits die ersten schweren sowjetischen Transportmaschinen die Flugfelder der ČSSR ansteuerten, wurde bekannt, daß ab 23 Uhr der Einmarsch der fünf »harten« WPO-Mitglieder an 18 Punkten begonnen hatte. Es blieb gerade noch die Zeit, um das ZK und die Nationalversammlung einzuberufen und die Bevölkerung in einem Aufruf über die Vorgänge zu informieren. Dabei wurde der Hinweis auf die Unrechtmäßigkeit der Invasion mit der Mahnung, keinen Widerstand zu leisten, verbunden. Obschon die von I. G. Pavlovskij, dem stellvertretenden Verteidigungsminister und Kommandeur der sowjetischen Bodentruppen, geleiteten Aktionen der an der Besetzung beteiligten 16 sowjetischen, drei polnischen, zwei deutschen, zwei ungarischen und einer bulgarischen Division reibungslos ineinandergriffen, wurde das Unternehmen auf politischem Gebiet zu einem beschämenden Fiasko der Kremlführung, das die sowjetische Außenpolitik lange Zeit schwer beeinträchtigte.

Die von TASS am Morgen des 21. August 1968 verbreitete, mit dem »Hilferuf« begründete sowjetische Version des Einmarsches betonte, daß eine längere Duldung der Konterrevolution wegen der dem gesamten sozialistischen Staatensystem erwachsenden Gefahren nicht zu verantworten gewesen sei. Da die Interessen der UdSSR und der anderen sozialistischen Staaten ohne die Unterbindung des Reformkurses in der ČSSR hätten Schaden erleiden können, sei im Einklang mit dem »Recht der Nationen auf individuelle und kollektive Selbstverteidigung« zur Aufrechterhaltung der Einheit der Beschluß gefaßt worden, den Sozialismus in der Tschechoslowakei mit der

Waffe in der Hand zu verteidigen. Nicht nur für die westlichen Politiker, auch für den Kreis der tschechoslowakischen Reformer mag diese harte Reaktion unerwartet gekommen sein, herrschte doch die weitverbreitete Auffassung vor, der Kreml bluffe nur und werde das politische Risiko scheuen, ein anderes Mitgliedsland des sozialistischen Lagers durch die militärische Besetzung zur Räson zu bringen. Die sowjetische Besetzung bezweckte nicht die Wiederherstellung eines strategischen Status quo, eines militärischen Gleichgewichts. Breżnev und seine kollektive Führung dürften befürchtet haben, daß die weitere Tolerierung des tschechoslowakischen Wegs zu einem »Sozialismus mit menschlichem Antlitz« schließlich in Osteuropa die bereits so stark in Frage gestellte Hegemonialsphäre der UdSSR weiter abbauen werde, die von Stalins monolithischem Nachkriegsimperium übriggeblieben war. Die dabei entwickelte Doktrin, das Interventionsrecht leite sich von den höheren Interessen des Sozialismus her, implizierte eine Realisierung der alten sowjetischen Wunschvorstellung, wonach es genüge, daß die Kremlführung oder einige ihrer Verbündeten die Schlußfolgerung zögen, der Sozialismus in einem Staate sei gefährdet, um ohne Rücksicht auf die nationalen und ideologischen Belange des betroffenen Landes militärisch eingreifen und jede ihnen unsympathische Entwicklung abwürgen zu können.

Die »Normalisierung« der Verhältnisse in der ČSSR

Nach dem Scheitern aller Versuche, in Prag eine willfährige Kollaborationsregierung einzusetzen und den geschlossenen passiven Widerstand der Tschechen und Slowaken zu überwinden, herrschte im Politbüro der KPdSU Uneinigkeit über den in der ČSSR einzuschlagenden Kurs. Während die »Falken« – darunter Podgornyj, Šelest' und der Gewerkschaftsboß Šelepin – für eine sofortige Entlassung aller »Reformer«, brutale Repressionen gegen die Bevölkerung und die unverhüllte Einsetzung eines sowjetischen Besatzungsregimes plädierten, vertraten die durch die weltweiten Proteste verunsicherten »Tauben«, zu denen Kosygin, Suslov und wahrscheinlich auch Breżnev gehört haben sollen, die Auffassung, bei der strikt überwachten Durchführung der zur »Normalisierung« notwendig erachteten Auflagen werde sich der tschechoslowakische Reformeifer ebenso verschleißen lassen wie die unbotmäßigen Reformpolitiker. Wahrscheinlich hat die sowjetische Armeeführung, die durch die offene Feindseligkeit der tschechischen und der slowakischen Bevölkerung die Moral der Truppen gefährdet sah, den Ausschlag für die Annahme der von den »Tauben« vertretenen Auffassung gegeben.
Vergeblich hatte eine moskautreue Gruppe um den ZK-Sekretär A. Indra versucht, ein Kollaborationskabinett zustande zu bringen, das Zusammentreten des XIV. Parteitags der KPTsch am 22. August in einem Industriebetrieb im Prager Vorort Vysočany zu verhindern, den von den Gewerkschaften ausgerufenen Generalstreik zu durchbrechen, die im Untergrund arbeitenden Informationsorgane auszuschalten und die den Invasoren feind-

lich gesinnte Bevölkerung für die »Verteidigung der sozialistischen Errungenschaften« zu begeistern. Erst als diese Bemühungen gescheitert waren, erklärte sich die Kremlführung bereit, den Staatspräsidenten Svoboda in Moskau zu empfangen. Über den Verlauf der vom 23.–26. August dauernden Verhandlungen liegen keine verläßlichen Quellen vor; die Tatsache, daß die von den Sowjets verhafteten Reformer wie Parteichef Dubček, Premier Černík und Parlamentspräsident Smrkovský auf Verlangen des tschechoslowakischen Staatsoberhauptes am 24. zu den Gesprächen hinzugezogen wurden, erlaubt jedoch einige Schlüsse. Vor die Wahl gestellt, entweder die sowjetischen Grundsätze für eine »Normalisierung« zu akzeptieren oder mit der Einsetzung einer Militärregierung die letzten Reste der Souveränität einzubüßen und die Gefahr eines zweiten Budapest heraufzubeschwören, waren die tschechoslowakischen Unterhändler offenbar nicht bereit, leichtfertige Konzessionen auf Kosten der Lebensinteressen ihres Landes zu machen. Die nach zermürbenden und nervenaufreibenden Debatten am 26. August 1968 in einem Geheimprotokoll niedergelegeten »Vereinbarungen« kamen dennoch einer weitgehenden Kapitulation gleich: Die bisher begonnenen oder durchgeführten Reformen sollten rückgängig gemacht, die dem Kreml mißliebigen Politiker entlassen, der XIV. Parteitag für ungültig erklärt, die Pressezensur wieder eingeführt, die Kontakte zwischen der KPTsch und der KPdSU intensiviert, das Verteidigungssystem der WPO – vor allem entlang der Grenze zur BRD – ausgebaut und die Anwesenheit der Interventionstruppen so lange gewährleistet werden, bis die Bedrohung des Sozialismus in der ČSSR *und* in den anderen Paktstaaten beseitigt sei. Allein die sowjetische Zusage, sich nicht direkt in die innenpolitischen Angelegenheiten einmischen und die Streitkräfte in Etappen zurückziehen zu wollen, konnte als bescheidener Erfolg der tschechoslowakischen Seite gelten. Darüber hinaus ließ Moskau den Vorwurf einer angeblich in der ČSSR herrschenden »Konterrevolution« fallen, verzichtete auf die These vom »Hilferuf« und nahm in Kauf, daß die als »Verräter des tschechoslowakischen Proletariats und der Sache des internationalen Kommunismus« gebrandmarkten Reformpolitiker vorerst ihre Ämter behielten. Damit wurde eingestanden, daß es in der Partei- und Staatsführung gegenwärtig keine personellen Alternativen zu den vom Vertrauen der Bevölkerung getragenen angeblichen »Revisionisten« gab.
Dieser erstmals nach 1948 fast einhellige Konsensus der Bevölkerung ermöglichte es der tschechoslowakischen Führung, die schwierige Übergangsphase nach der Intervention ohne Zusammenstoß mit der allgegenwärtigen Besatzungsmacht zu überstehen und nach außen hin den Moskauer Vereinbarungen nachzukommen. Die Kontakte zwischen den Führungen der KPdSU und der KPTsch waren durch Unsicherheit und gegenseitiges Mißtrauen bestimmt, die auch durch den stillen Abzug der DDR-Truppen, deren Beteiligung an der Intervention als eine Verletzung des Potsdamer Abkommens hätte ausgelegt werden können, nicht gemildert wurde. Die am 31. August erfolgte Abwahl exponierter moskautreuer Genossen aus dem Präsidium und ZK der KPTsch veranlaßte die Sowjetführung, am 6. September den

Ersten Stellvertretenden Außenminister V.V. Kuznecov nach Prag zu delegieren, der neben dem schwer diskreditierten Botschafter Červonenko den »Normalisierungsprozeß« überwachen sollte. Der Rücktritt einiger dem Kreml besonders verhaßter Reformpolitiker, die Wiedereinführung der Pressezensur, die Beschränkung der politischen Betätigung im betont eng gehaltenen Rahmen der Nationalen Front und die zutage tretenden Wirtschaftsschwierigkeiten, die Premier Černík am 10. September in Moskau um Hilfe nachsuchen ließen, nährten im Kreml den Optimismus, daß die Demokratisierungswelle ihren Zenith überschritten habe. Nach dreimaliger Verschiebung der vorgesehenen zweiten Gesprächsrunde trafen Dubček, Černík und der neue slowakische Parteichef Husák am 3./4. Oktober im Kreml mit der Sowjetführung zu Verhandlungen zusammen. Dabei wurden die Vertreter der ČSSR nicht nur angehalten, die Moskauer Vereinbarungen peinlich genau zu erfüllen sowie die »Partei- und Staatsorgane durch Persönlichkeiten (zu) verstärken, die fest auf dem Boden des Marxismus-Leninismus und des proletarischen Internationalismus« stehen; sie wurden auch mit den Vorstellungen Moskaus konfrontiert, wie durch Abschluß eines Truppenstationierungsvertrags der kriegsmäßige Besatzungszustand zu beenden und die längerfristige Anwesenheit sowjetischer Einheiten in der ČSSR zu legalisieren sei.

In einem Vertrag, der bei einem weiteren Besuch Černíks am 14./15. Oktober ausgehandelt und von Kosygin am 16. Oktober 1968 in Prag unterzeichnet wurde, sicherte sich die UdSSR das Recht, auf unbestimmte Zeit »während des zeitweiligen Aufenthalts der sowjetischen Truppen«, Menschen und Geräte paß- und zollfrei in die ČSSR zu schicken. »Angesichts der sich verstärkenden revanchistischen Bestrebungen der westdeutschen militärischen Kräfte« sollte ein Teil der sowjetischen Einheiten im Lande verbleiben und das Recht haben, ohne vorherige Zustimmung Prags Truppenbewegungen und Manöver abzuhalten. Nach dem 21. Oktober wurden erste ungarische Einheiten, Anfang November 1968 die polnischen, bulgarischen und der Großteil der sowjetischen Truppen abgezogen. Die verbliebenen, auf 70000 Mann geschätzten sowjetischen Verbände wurden eher nach politischen und strategischen Gesichtspunkten in der ČSSR so stationiert, daß sie das Land von der westdeutschen Grenze bis zum tschechoslowakisch-ungarisch-sowjetischen Ländereck in zwei Teile durchschnitten. Der neue Chef der Politischen Hauptverwaltung im Prager Verteidigungsministerium, Generalleutnant F. Bedřich, ein der Moskauer Führung ergebener Funktionär, trug dafür Sorge, daß – entsprechend einem Anfang Dezember 1968 zwischen der Moskauer und der Prager Führung erzielten Übereinkommen – die »rechtsgerichteten Kräfte aus der Truppe und der Politischen Militärakademie« entfernt »und die Polit-Arbeit der Parteikader in der Armee« verstärkt wurden.

Die Einsicht, daß wegen des fortdauernden passiven Widerstands der Bevölkerung und des ungebrochenen Ansehens der Reformpolitiker nur die Stationierung sowjetischer Streitkräfte die äußerliche Loyalität der ČSSR gegenüber der UdSSR zu gewährleisten vermochte, ließ die Kremlführung zusätzlich darauf beharren, die Positionen der »Progressiven« und »Reformer« in den Partei- und Staatsgremien zu beschneiden und zunehmend eigene Vertrauensleute in die Schlüsselpositionen einzuschleusen. Antisowjetische Demonstrationen am 28. Oktober, dem 50. Staatsgründungstag der Tschechoslowakei, und am 7. November, dem Gedenktag der Oktoberrevolution, zeigten, daß sich Tschechen und Slowaken noch nicht mit den »Normalisierungsmaßnahmen« abgefunden hatten. Das von Mitarbeitern der Akademie der Wissenschaften vorbereitete »Schwarzbuch«, das die in einem Ende September von sowjetischer Seite vorgelegten »Weißbuch« enthaltenen Behauptungen über den Sieg der »Konterrevolution« in der ČSSR zurückwies, erregte den besonderen Unwillen der Kremlherren. Aufgrund der steten Mahnungen aus Moskau, Warschau und Berlin an die Prager und Preßburger Genossen, Geist und Buchstaben der bisherigen Vereinbarungen zu realisieren, mußten liberale Zeitungen (Reporter, Politika u. a.) ihr Erscheinen zeitweilig einstellen; auf dem vom 14.–16. November abgehaltenen Plenum des ZK der KPTsch kam es zu einer fast ruckartigen Abkehr vom Konzept der großen Reformen, wobei die »Konservativen« bei der Neuverteilung der Aufgaben wichtige Schaltstellen besetzen konnten. Während die »Progressiven« als »Gefahr von rechts« und die Altstalinisten wegen »dogmatisch-sektiererischer Tendenzen« angegriffen wurden, fanden die Genossen in der Resolution lobende Erwähnung, die vor und nach dem 21. August mit den Sowjets vertrauensvoll zusammengearbeitet hatten. Obwohl Dubček von allen »kritischen« Erscheinungen des Demokratisierungsprozesses abrückte, fand er sich in seinem Bestreben, so viel wie möglich von den eingeleiteten Reformen zu retten, weitgehend isoliert. Dagegen übernahm es eine Troika von »Realisten«, die aus Černík, Husák und dem ehemaligen Innenminister und Vorsitzenden des »Tschechischen Büros« der KPTsch, L. Štrougal, bestand, die in den Moskauer Vereinbarungen festgelegten sowjetischen Auflagen rasch und kompromißlos zu erfüllen. Opportunistisch schlug sich ein Teil der bisher mit den »Reformern« sympathisierenden »Liberalen« auf die Seite der »Realisten«; der Abbröckelungsprozeß innerhalb der KPTsch erleichterte es dem Kreml, die »Normalisierung« in seinem Sinn forciert voranzutreiben.

Als wesentliches Erbe der Reformzeit blieb eigentlich nur die von den Slowaken forcierte Teilung des Einheitsstaates in zwei weitgehend souveräne Staatsteile übrig. In dem am 1. Januar 1969 in Kraft gesetzten »Verfassungsgesetz über die Tschechoslowakische Föderation« (Nr. 143/1968) übertrugen die beiden Länder ihrerseits einen Teil ihrer Souveränität auf den neuen Bundesstaat mit dem alten Namen Tschechoslowakische Sozialistische Republik (ČSSR). Durch die Änderung von 53 der 112 Artikel der Verfassung von 1960 wurde vor allem der Oberbau betroffen, ohne daß vorerst die Gesamtstruktur des Staates umgewandelt worden wäre. Eine Bundesversammlung mit 350 Abgeordneten setzt sich aus der Volkskammer (200 Abgeordnete) und einer Nationalitätenkammer (150 Abgeordnete, jeweils 75 tsche-

chische und 75 slowakische Vertreter) zusammen. Als Landesparlamente fungieren ein Tschechischer Nationalrat für die böhmischen Länder mit 200 Abgeordneten und ein Slowakischer Nationalrat mit 150 Volksvertretern für die Slowakei. Die Exekutive besteht aus der Regierung der Tschechoslowakischen Föderation mit sieben Bundesministerien – Äußeres, Verteidigung, Innenpolitik, Planung, Finanzen, Außenhandel, Arbeit und Soziales – und sieben Bundesausschüssen, deren Vorsitzende Ministerrang besitzen; der tschechischen Landesregierung mit 17 und der slowakischen mit 15 Ressorts. Eine »symmetrische Lösung« bei der Organisation der KP mit weitgehender Selbständigkeit für die slowakische Sektion wurde aber trotz der Errichtung eines »Büros des ZK der KPTsch für die Lenkung der Parteiarbeit in den tschechischen Ländern« nicht geduldet.
Da die Regierung der UdSSR die Lieferung von dringend benötigtem Getreide, Erdgas und Erdöl sowie die Einräumung eines Kredits in Höhe von 300–500 Mill. Dollar von der Entmachtung exponierter Reformpolitiker wie Smrkovský und von der Aufgabe der Hinhaltetaktik Dubčeks ebenso abhängig machte wie von einem weiteren Personalschub zugunsten der moskaufreundlichen »Realisten«, bereiteten die Gegner des Reformkurses für das auf den 16./17. Januar 1969 nach Prag einberufene Plenum des ZK der KPTsch wahrscheinlich einen Coup gegen die Parteispitze vor. Die Selbstverbrennung des 21jährigen Philosophiestudenten J. Palach am 16. Januar und die Beteiligung von über 500000 Menschen an einer friedlichen Trauerdemonstration am 25. Januar mag die »Realisten«, die bereits eine knappe Mehrheit besaßen, davon abgehalten haben, zu diesem Zeitpunkt die offene Konfrontation mit den entmutigten »Reformern« zu suchen. Angesichts des noch immer anhaltenden passiven Widerstands der tschechischen Bevölkerung und der sowjetisch-chinesischen Grenzkämpfe am Ussuri war die Kremlführung seit März 1969 mehr denn je darauf bedacht, den sich in die Länge ziehenden »Normalisierungsprozeß« an der Westgrenze der eigenen Hegemonialsphäre abzuschließen. Als die Siege der tschechoslowakischen Eishockeymannschaft bei den Stockholmer Weltmeisterschaften über die UdSSR in der Nacht vom 28. auf den 29. März 1969 im ganzen Land Freudenkundgebungen auslösten, wurden vereinzelt auch sowjetische Soldaten attackiert und die Prager Niederlassung der sowjetischen Luftfahrtgesellschaft Aeroflot völlig demoliert. Damit erhielt der Kreml einen willkommenen Vorwand, in Prag reinen Tisch zu machen. Das Angebot putschwilliger Generale um F. Bedřich und O. Rytíř, die Macht zu übernehmen, und die Bereitschaft einer Gruppe von Altstalinisten um V. Nový und D. Kolder, ein Schattenkabinett zu bilden, reichten den Sowjets nicht aus. Am 1. April 1969 wurde ein Ultimatum überreicht, die Bundesstaaten Böhmen/Mähren und Slowakei sofort dem direkten Befehl des Staatspräsidenten Svoboda zu unterstellen und die Zentralregierung nach Moskauer Wünschen umzubilden, damit sie politische Abweichler verstoßen, die Steuerung der Massenmedien durch strenge Zensur sichern und den Schutz der sowjetischen Truppen gewährleisten könne. Unter dem Eindruck dieser Forderungen kämpfte Dubček im

× Miladas Ex-Mann

Präsidium des ZK der KPTsch um sein politisches Überleben. Das Parteipräsidium verpflichtete sich daher zu harten Kontrollen und zu einer weiteren Beschränkung der erst 1968 gewährten Freiheiten, um der sowjetischen Drohung, sonst mit einem Besatzungsregime Ordnung zu schaffen, die Spitze zu nehmen.

Mit der Rehabilitierung aller im August 1968 der Kollaboration beschuldigten Parteifunktionäre auf einem ZK-Plenum am 17. April 1969 ging die als Rücktritt »aus eigenem Wunsch« deklarierte Abwahl Dubčeks als Erster Sekretär der KPTsch zugunsten von G. Husák sowie die fast vollständige Ausschaltung der »Reformer« einher; der Machtwechsel trug den »Realisten«, die aus unterschiedlichen Motiven bereit waren, den Sowjets entgegenzukommen, die Kontrolle der Schlüsselpositionen ein und beendete die »demokratische Revolution, diese Vereinigung von Kommunismus und Freiheit« (E. Fischer). Zwar versprach Husák, er werde keine der großen Ideen der Reformepoche aufgeben, doch ließ er keinen Zweifel aufkommen, daß die Normalisierung jetzt energisch und mit harter Hand durchgesetzt werde.

Husák gehörte weder zu den »Liberalen« noch zu den Reformkommunisten, die von den Sowjets verabscheut wurden; er zählte auch nicht zu den präsumptiven Quislingen, die den Bürgern der ČSSR verhaßt waren. Gestützt auf beträchtliche Verwaltungserfahrung, suchte er den Parteiapparat in die Hand zu bekommen, um die vom Kreml geforderte »Einheit der Partei« wiederherzustellen, ihre »führende Rolle« in der Gesellschaft zu erneuern und die »brüderlichen Beziehungen zu den kommunistischen Parteien der UdSSR und der sozialistischen Länder« auszubauen. Das Fehlen einer starken Hausmacht, die ihm abgehende Ausstrahlungskraft und Rednergabe, seine Illusionslosigkeit und die in den Gefängnissen Novotnýs gesammelten Erfahrungen machten Husák für die Kremlführung akzeptabel, zumal sie annehmen durfte, daß er sich der steten Rückversicherung in Moskau werde bedienen müssen. Das Versprechen des neuen Ersten Sekretärs, alle jene Mitglieder aus der KPTsch auszuschließen, »die sich gegen ihre Politik stellen, während sie äußerlich Zustimmung heucheln«, sowie sein vorsichtiges Bekenntnis zur »Breżnev-Doktrin« ließen es den Sowjets angebracht erscheinen, durch ein gewisses Entgegenkommen in Wirtschaftsfragen die Anlaufschwierigkeiten Husáks zu verringern. Der Ausschluß bzw. die Demission von Sympathisanten des Reformkurses aus Partei- und Staatsämtern, die forcierte Säuberung der Armee, das Verbot von Zeitungen und Zeitschriften bzw. der Austausch ganzer Redaktionen, die Reglementierung der Studentenschaft und die mit Hilfe sowjetischer Spezialisten perfektionistisch ausgebaute Überwachung der Bevölkerung wurden jetzt energisch vorangetrieben. Die Kremlführung mochte erkennen, daß sie in dem von den Altstalinisten heftig attackierten Husák einen Mann gefunden hatte, der sich wie Kádár oder Gomułka in ihren besten Zeiten bemühen werde, seinem nationalen Kommunismus, unter Wahrung der sowjetischen Interessen, einen Spielraum zu behaupten und durch Erfüllung aller Sowjetforderungen

die Präsenz von starken Kampfverbänden der Roten Armee schließlich überflüssig zu machen. Die von den tschechoslowakischen Behörden zum ersten Jahrestag der Intervention getroffenen Maßnahmen erbrachten den Beweis, daß Husák bei den von Polizei- und Armeeinheiten unterdrückten Demonstrationsversuchen unbestrittener Herr der Lage war und weder seinen Gegnern zuhause noch seinen sowjetischen Kritikern einen Vorwand für seine Abberufung als Parteichef lieferte.
Dennoch kam es nach dem August 1969 – sicher mit voller Billigung des Kreml – zu einer eindeutigen Verschärfung des innenpolitischen Kurses in der ČSSR. Bedeutsam dabei war, daß das vom 25.–27. September tagende Plenum die Entschließung seines Präsidiums vom 21. August 1968, die den »Eintritt der verbündeten Truppen« als eine die nationale Souveränität verletzende »Okkupation« dargestellt hatte, annullierte und die Intervention mit der Sorge um den Fortbestand des Sozialismus begründete. Gleichzeitig ließ sich das Präsidium das Recht einräumen, die notwendigen personellen Veränderungen in allen dem ZK unterstehenden Organen vorzunehmen. Die Führer der Reformbewegung wurden, soweit sie noch nicht ausgeschieden waren, jetzt aus allen Spitzengremien abberufen und z. T. bereits ihrer Parteimitgliedschaft für verlustig erklärt. 350000 Parteimitglieder kamen noch 1969 einem Ausschlußverfahren durch die Rückgabe ihrer Mitgliedsbücher zuvor. Eine offiziell als »Umtausch der Parteiausweise« getarnte Selektion sollte die letzten Spuren des »Prager Frühlings« ausmerzen. Nach offiziellen, sicher viel zu niedrig angesetzten Angaben wurden dabei 71000 Mitglieder aus der KPTsch ausgeschlossen und die Mitgliedschaft von 391000 Personen auf Zeit suspendiert. Um den Exodus von qualifizierten Kräften in den Westen aufzuhalten – mehr als 28000 Tschechen und Slowaken waren im ersten Jahr nach der sowjetischen Okkupation emigriert –, wurde der Reiseverkehr strikteren Kontrollen unterworfen und Rückkehrwilligen mehrfach ein Amnestieangebot unterbreitet. Als aber die »Dogmatiker« in der KPTsch-Führung immer dringlicher von Husák verlangten, Gerichtsverfahren gegen die Anführer der Reformbewegung einzuleiten, bekam er nicht nur Schützenhilfe aus dem Kreml, sondern auch die moralische Unterstützung Ulbrichts und Kádárs. Dafür mußte sich der Parteichef aber in eine Umbildung der Regierung fügen, deren Vorsitz als Nachfolger von O. Černík Husáks schärfster Rivale L. Štrougal Ende Januar 1970 übernahm; neuer Parteichef in der Slowakei wurde der abgewirtschaftete Premier der Novotný-Ära J. Lenárt.
Gleichzeitig bestand die sowjetische Führung auf einer Revision des am 27. November 1963 verlängerten Freundschafts- und Beistandsvertrags von 1943; in die Neufassung sollten die sowjetischen Thesen über den sozialistischen und internationalistischen Charakter der tschechoslowakisch-sowjetischen Beziehungen und über die historisch erwiesene Bedeutung dieser Bindung für die Entwicklung der tschechoslowakischen sozialistischen Gesellschaft Eingang finden. Außenminister Gromyko setzte die Aufnahme des Kernstückes der »Breznev-Doktrin« in die Präambel durch, wonach »die Unterstützung, Festigung und Verteidigung der sozialistischen Errungen-

schaften ... eine gemeinsame internationale Pflicht der sozialistischen Länder« sei; Art. 9 und 10 des Abkommens fixierten überdies einen räumlich unbegrenzten Geltungsbereich der Beistandsverpflichtungen, so daß die ČSSR der UdSSR bei einer unprovozierten Aggression sowohl im europäischen als auch im asiatischen Bereich zur Hilfeleistung verpflichtet wurde. Erst nach einer aufwendigen Pressekampagne, in der die Neufassung mit der veränderten weltpolitischen Situation und dem wirtschaftlichen Nutzen motiviert wurde, fand am 6. Mai 1970, dem 25. Jahrestag der Befreiung der ČSSR durch die Rote Armee, in Anwesenheit der sowjetischen Partei- und Regierungsspitze auf dem Prager Hradčin die Unterzeichnung dieses »Normalisierungsvertrags« statt. Im Kreml konnte man mit der von Husák bisher erzielten Konsolidierung der Verhältnisse in der ČSSR zufrieden sein. Auch die Intensität des Austauschs von Delegierten zwischen der Tschechoslowakei auf der einen und der UdSSR sowie der DDR auf der anderen Seite überschritt die bisherige Norm. Nicht nur die in rascher Abfolge stattfindenden gegenseitigen Besuche der Partei- und Staatsführung dienten der »Normalisierung«; auch die lokalen Organe der Partei und der Verwaltung wurden zu einem regen Austausch mit dem Ziel veranlaßt, spezielle Erfahrungen der UdSSR und der DDR zu übernehmen. Die Zahl der sowjetischen Berater auf allen Gebieten des tschechoslowakischen politischen, wirtschaftlichen oder kulturellen Lebens war 1969/70 im Vergleich zum Jahr 1967 um mehr als 300% angewachsen.

Das Vertrauen der sowjetischen Genossen half Husák auch, sich der unermüdlich vorgetragenen Angriffe der »Dogmatiker« aus den eigenen Reihen zu erwehren. Zwar konnte er nicht verhindern, daß Dubček am 25. Mai 1970 seine Parteimitgliedschaft verlor und einen Monat später von seinem Botschafterposten in Ankara abberufen wurde. Husák wollte durch seine pragmatische Politik – ganz im Sinne des Kreml – alles vermeiden, was den Bemühungen Moskaus, das verlorene Ansehen zurückzugewinnen, hätte schaden können. Doch stießen seine Versuche, seine konservativen Kritiker, die auf eine Ablösung des Parteichefs hinarbeiteten, im Oktober 1970 zu entmachten, ebenfalls auf den Einspruch der Sowjetführung – wohl weil es zur Taktik der KPdSU gehörte, keine Fraktion in Prag zu mächtig werden zu lassen und sich dadurch ihrer Einflußmöglichkeiten als Schlichter zu begeben. Das Veto des Kreml ermutigte nun wiederum die Gegner Husáks. Während eines ZK-Plenums am 10./11. Dezember 1970, auf dem der Erste Sekretär die »Lehren aus der krisenhaften Entwicklung innerhalb der Partei und der Gesellschaft seit dem XIII. Parteitag« vortrug, erhob V. Bil'ak die Forderung, »endlich die Angelegenheiten um den 21. August 1968« und den »Hilferuf« zu klären. Da Husák nicht zu den Mitunterzeichnern gehörte und damals dieses Schriftstück öffentlich verurteilt hatte, konnte er eine Palastrevolution nur dadurch vermeiden, daß er die bisher eindeutigste Zustimmung zur Intervention und zur »Breznev-Doktrin« in die Resolution des Plenums aufnehmen ließ.

Die Sowjetführung bestellte daraufhin die zerstrittenen tschechischen und

slowakischen Genossen mit Husák, Štrougal und Bil'ak an der Spitze für den 25. Januar 1971 nach Moskau und ließ sich über den »Entwicklungsstand der politischen und ökonomischen Konsolidierung in der ČSSR« Bericht erstatten. Da dem Kreml nach den polnischen Dezember-Unruhen die Aufrechterhaltung der Ordnung und die Fortsetzung des »Normalisierungsprozesses« unerläßlich schienen, wurden die »Dogmatiker« angewiesen, Husák von weiteren Angriffen auszunehmen. Der Parteichef hatte für sein politisches Überleben aber eine schwere Hypothek abzutragen: Der glühende Befürworter der slowakischen Autonomiebestrebungen mußte einschneidenden Rezentralisierungsmaßnahmen zustimmen; während er bei seinem Amtsantritt und noch auf dem Juni-Plenum 1970 sein Wort und seine Ehre verpfändet hatte, keine politischen Prozesse zulassen zu wollen, wurden – bei relativer Milde des angelegten Strafmaßes – erste Urteile wegen »subversiver Tätigkeit« oder »Unterwühlung der Republik«, wegen »Obstruktion« und »Gefährdung der Tätigkeit der Staatsorgane« ausgesprochen. »Nach gründlichem Nachdenken und mehreren marxistischen Analysen« revidierte Husák auch seine Meinung über die Intervention. Auf dem XIV. Parteitag der KPTsch vom 25.–29. Mai 1971 dankte er den Invasoren »und Ihnen persönlich, Genosse Brežnev«, daß sie »der Bitte vieler Partei- und Staatsfunktionäre, vieler Kommunisten und vieler Kollektive des Arbeitervolkes nach Unterstützung nachgekommen sind«. Die »Beendigung der personellen Umbesetzung« auf dem Parteitag bedeutete im Grunde eine Festigung der Führungsrolle von Husák und seinen engsten Mitarbeitern. Nur 25 Mitglieder des von 135 auf 115 Personen reduzierten Zentralkomitees hatten schon vor dem August 1968 diesem Gremium angehört, und lediglich sieben, darunter Husák und Svoboda, waren aus den Reihen derer verblieben, die der sogenannte illegale XIV. Parteitag im August 1968 in das ZK delegiert hatte. Relativ unbekannte Provinzfunktionäre stellten die Mehrheit der neuen ZK-Mitglieder.

Die Kremlführung sah nun keinen Anlaß mehr, die orthodoxen Kräfte in der KPTsch zu ermutigen, ihre Angriffe gegen den ungeliebten Husák fortzusetzen; sie tat aber auch nichts, um die bestehende Rivalität zwischen dem Generalsekretär und dem Premier Štrougal zu entschärfen. Die gestiegene wirtschaftliche Abhängigkeit der ČSSR von der UdSSR äußerte sich im Verzicht auf jede Dezentralisierung ökonomischer Entscheidungskompetenzen, in der endgültigen Aufgabe der flexiblen Anpassung an die Machtbedingungen und in der Rückkehr zur konservativen »Tonnenpolitik« im laufenden Fünfjahrplan. Dies bot dem Kreml – neben den weiterhin im Lande stationierten Sowjettruppen – die Gewißheit, ausreichende Handhaben für die rechtzeitige Verhinderung jedweder Sonderentwicklungen in der ČSSR zu besitzen. Die am 26./27. November 1971 durchgeführten Parlamentswahlen, die der von der KPTsch dominierten Liste der Nationalen Front 99,45% der abgegebenen Stimmen brachten, zeigten zudem, daß die »Wiederherstellung der Einheit der Partei« und die »Absicherung ihrer führenden Rolle in der Gesellschaft« zur Zufriedenheit gediehen war. Mit V. David, der unter

Novotný das Außenressort geführt hatte, als Vorsitzendem der Volkskammer, mit ZK-Sekretär A. Indra als Präsidenten der Föderalversammlung und mit B. Chňoupek als Außenminister rückten Genossen in Schaltstellen der parlamentarischen und staatlichen Organe ein, die dem Kreml Gewähr für einen stets moskautreuen Kurs bieten mußten.
Im Widerspruch zu den Erklärungen auf dem XIV. Parteitag und entgegen der allgemeinen Erwartung kam es nach den Wahlen nicht zu einer Verminderung, sondern zu einer Verschärfung bei der Verfolgung von politischen Gegnern. Politische Prozesse fanden zwar schon seit dem Herbst 1969 statt, die Weltöffentlichkeit hatte aber nur von der Verhaftung und Verurteilung einiger bekannter Persönlichkeiten Kenntnis genommen. Im Januar und Februar 1972 wurden einige hundert Bürger der ČSSR verhaftet, die der sozialistisch orientierten Opposition zugerechnet wurden. Durch exemplarische Strafen und Grundsatzurteile sollten die Ausbreitung der aktiven oppositionellen Tätigkeit eingeschränkt und die Kontakte der Unzufriedenen im Lande mit der Emigration im Westen unterbunden werden. Unbeschadet der Erfolge der »Normalisierung« sah sich die Parteiführung zu dem Eingeständnis genötigt, daß die Gefahr des »Rechtsopportunismus und Revisionismus« noch nicht gebannt sei und daß prominente Vertreter der antisozialistischen Richtung in einigen Fällen immer noch einflußreiche Posten innehätten. Obschon die Mehrheit der Bevölkerung nicht hinter der neuen Führung Husák-Svoboda-Štrougal-Bil'ak stand, ein konsequenter Terror jedoch nicht ausgeübt zu werden brauchte und sich eine gesteuerte Liberalisierung à la Kádár von selbst verbot, konnte sich die Kremlführung der Überzeugung hingeben, die explosive Lage entschärft und den »Normalisierungsprozeß« in der ČSSR in ihrem Sinne zu einem zufriedenstellenden Zwischenstand geführt zu haben. Diese Friedhofsruhe war für Brežnev gerade damals von großer Wichtigkeit, weil er im Rahmen einer weltweiten sowjetischen Entspannungsoffensive und für seine Forderung, eine Konferenz für Sicherheit und Zusammenarbeit in Europa abzuhalten, ein konsolidiertes sozialistisches Lager hinter sich brauchte.
Unter diesen Voraussetzungen kamen jetzt auch die tschechoslowakisch-westdeutschen Verhandlungen zügiger voran, die bereits am 12. Oktober 1970 aufgenommen worden waren, aber wegen des Prager Beharrens auf Annullierung des Münchener Abkommens von 1938 »von Anfang an«, der Forderung nach Aufnahme beider deutscher Staaten in die UNO sowie dem Verlangen nach der vorbehaltlosen Anerkennung der DDR durch Bonn keine Fortschritte erbracht hatten. Ein erster Durchbruch wurde im Dezember 1972 erzielt, als die tschechoslowakische Seite in der ausschlaggebenden Frage der Ungültigkeit des Münchener Abkommens von der »Ex-tunc-« zur »Nullitätsformel« überging. Nachdem dann in drei weiteren Verhandlungsrunden (12./13. April, 7./8. und 23.–30. Mai 1973) eine für beide Seiten akzeptable Formulierung gefunden worden war, konnte die Vereinbarung, in der das Münchener Abkommen als »nichtig« bezeichnet wurde, am 20. Juni 1973 in Bonn paraphiert werden. Da es aber in der Frage der Vertretung West-

Berlins durch die Bundesrepublik zu neuerlichen Meinungsverschiedenheiten kam, die bei weiteren Gesprächsrunden (9./10. und 20.–22. August 1973) nicht auszuräumen waren, unterblieb die Unterzeichnung des Vertrags bis zum 11. Dezember 1973. Bundeskanzler W. Brandt und Außenminister W. Scheel hatten die strittige West-Berlin-Frage und die ungeklärten humanitären Probleme in einem Briefwechsel in Ergänzung der Vertragsvereinbarungen einer Lösung zuzuführen verstanden.

Bei diesen Verhandlungen trat deutlich zutage, wie weit die tschechoslowakische Seite Rücksicht auf die Vorstellungen ihrer Genossen in Moskau und Ost-Berlin zu nehmen bereit war; doch auch die fortgesetzten internen Reibereien zwischen dem »dogmatischen« und dem »realistischen« Flügel in der KPTsch und die fehlende Unterstützung ihrer Politik durch die Bevölkerung waren offengelegt worden. Den Menschen im böhmischen wie auch – in geringerem Ausmaß – im slowakischen Landesteil war schmerzhaft bewußt geworden, daß sich die sowjetischen Besatzungstruppen entgegen den im Jahr 1968 gegebenen Zusicherungen für einen Daueraufenthalt in der ČSSR eingerichtet hatten. Husák hatte mehrfach zu erläutern, daß die Anwesenheit der Sowjetsoldaten und die enge Zusammenarbeit mit der tschechoslowakischen Armee im nationalen Interesse der ČSSR liege und die Aktivität und Kampfausbildung der Roten Armee, die »die Unabhängigkeit des Landes und die gemeinsamen Interessen des sozialistischen Lagers« verteidige, »mit Liebe« von der tschechischen und slowakischen Bevölkerung verfolgt werde. Zum vierten Jahrestag der Besetzung wurde erstmals die Auffassung vertreten, die Invasion habe »als brüderliche Hilfe« zur Zerschlagung der heimischen und ausländischen Reaktion gedient und gezeigt, zu welchen Opfern das große Sowjetvolk bereit sei, wenn es darum gehe, eine »Demontage des Sozialismus« zu unterbinden. Schwierigkeiten bereitete es der Parteiführung auch, der Bevölkerung klarzumachen, daß der Entspannungsprozeß zwischen West und Ost keineswegs eine neue Liberalisierung einleiten dürfe. Die bekanntgewordenen Verhaftungen und Prozesse gegen populäre Reformpolitiker lösten nicht nur weltweite Proteste aus, sondern steigerten auch die vorhandene Unruhe im Lande.

Mit »ideologischen Abweichungen« und den immer noch vorhandenen »oppositionellen Tendenzen« mußte sich am 26./27. Oktober 1972 auch ein ZK-Plenum befassen, das eine Intensivierung des ideologischen Kampfes beschloß. Die dabei auftretenden beträchtlichen Differenzen zwischen den Verfechtern eines harten Kurses, die von ZK-Sekretär V. Bil'ak angeführt wurden, und einem eher gemäßigten, auf Ausgleich bedachten Flügel, dem auch Parteichef Husák angehörte, waren vor der Öffentlichkeit nicht mehr zu vertuschen. Um sich jedoch auf der geforderten Sicherheitskonferenz in Helsinki allzu peinliche Fragen zu ersparen und die seit langem über die Hexenjagd in der ČSSR aufgebrachten KP-Genossen in Frankreich und in Italien zu beschwichtigen, unterstützte jetzt Moskau eindeutig den auf Verständigung und Mäßigung ausgerichteten Kurs Husáks. Sowjet-Journalisten, Diplomaten und Militärs in Zivil besuchten im höchsten Auftrag die ge-

ächteten Führer der Prager Reformbewegung, um zu erkunden, unter welchen Bedingungen sie zu einer Zusammenarbeit mit dem neuen Regime bereit wären. Obgleich Bil'ak eine Sitzung der slowakischen Parteiführung zu einem Gegenangriff nutzte und die Auffassung verurteilte, daß die Vergangenheit endlich ruhen solle, da man Leuten, die nicht mit der Linie der Partei übereinstimmten, keine Chance geben dürfe, setzte sich Husák dank der Unterstützung des Kreml weitgehend durch. Die Einsicht, daß die erzielte Verbesserung bei der materiellen Versorgung der Bevölkerung nicht ausreichte, um den »Normalisierungsprozeß« zu einem definitiven Abschluß zu bringen, mag die Sowjetführung veranlaßt haben, ihren konservativen Parteigängern in Prag Zurückhaltung aufzuerlegen.
Ein Anzeichen für die weichere Welle war die Rückberufung des langjährigen Sowjetbotschafters Červonenko im April 1973, der als einer der Hauptverantwortlichen für die Invasion und der mit Waffengewalt erzielten »Konsolidierung« fehl am Platze schien; sein Nachfolger wurde der umgänglichere V. V. Mazkevič. Zahlreiche Besucher aus dem sowjetischen Lager hatten sich zudem überzeugen können, daß in der ČSSR die Gefahr einer »Konterrevolution« gebannt war und die Aufrechterhaltung des restriktiven Kurses nicht nur die Intellektuellen, sondern auch weite Kreise der insgesamt resignierenden Bevölkerung in steter Ablehnung der neuen Führung verharren lassen könnte. Breżnev persönlich eilte zu den Feierlichkeiten anläßlich des 25. Jahrestags der kommunistischen Machtübernahme nach Prag, zeichnete den Generalsekretär Husák dabei demonstrativ mit dem Lenin-Orden aus und ließ sich von der Fronde der Gegner Wohlverhalten für den für notwendig erachteten, auf Ausgleich ausgerichteten Kurs zusagen.
Schwerwiegende Meinungsverschiedenheiten bestanden auch darüber, wie die Opposition der Intellektuellen abzubauen und Künstler, Schriftsteller, Wissenschaftler und die von der Bevölkerung noch hochgeachteten Vertreter einer Reform-Politik zur konstruktiven Zusammenarbeit mit der neuen Führung zu veranlassen seien. Ende 1972 hatten 36 Liberale, zu denen L. Vaculík, I. Klima und P. Kohout, international geachtete Literaten, von ihrem verfassungsmäßigen Recht Gebrauch gemacht und Präsident Svoboda in einer Petition um die Freilassung der politischen Häftlinge gebeten. Dieser als »Provokation« gewertete Schritt verstärkte nur die Bemühungen, einen neuen gesamtstaatlichen Schriftsteller- und Journalistenverband ins Leben zu rufen, führende Regimegegner zur Selbstkritik zu veranlassen und die Parteikontrolle über die Massenmedien und den Erziehungssektor zu verbessern. Die am 22. Februar 1973 verkündete Amnestie für rückkehrwillige Emigranten oder die Entlassung des tschechischen Kultusministers Brůžek, eines Verfechters eines dogmatischen Kurses in der Kulturpolitik, am 8. Mai reichten den »Oppositionellen« aber als Entgegenkommen nicht aus. Der ehemalige Parlamentspräsident Smrkovský hielt es im Juli 1973 für geboten, sich mit einem Brief direkt an Parteichef Breżnev zu wenden und aufzuzeigen, daß die ČSSR deshalb kein verläßlicher Verbündeter der UdSSR und ein sehr schwaches Glied der sozialistischen Staatengemeinschaft sei, weil die

primitive Politik der gegenwärtigen Führung antisowjetische und antisozialistische Ressentiments geradezu provoziere. Auch der geächtete Reformparteichef Dubček und der früher für ideologische Fragen zuständige ZK-Sekretär Zd. Mlynář sahen sich gehalten, in Briefen und Dokumentationen den Machtmißbrauch, die Verletzung der sozialistischen Prinzipien, der Menschenrechte und des Programms der KPTsch anzuprangern und nicht nur die italienische und die französische KP, sondern auch die KPdSU um Intervention in Prag zu bitten. Auf mehrere Ermahnungen des Kreml, durch Entgegenkommen diesen Protesten, die im Westen großes Aufsehen erregten und der sowjetischen Entspannungspolitik Ungelegenheiten bereiteten, den Boden zu entziehen, konnte Husák nur entgegnen, daß wegen Meinungsverschiedenheiten im Präsidium der KPTsch über den einzuschlagenden Kurs vor dem nächsten Parteitag (1976) kein endgültiges Arrangement getroffen werden könnte. Da Razzien gegen Regimekritiker und lockende Angebote zur Mitarbeit einander abwechselten, kann aus diesem unkoordinierten Hin und Her das Ausmaß der Führungsschwäche Husáks und die Stärke seiner »dogmatischen« Gegner gefolgert werden.
Da Husák im eigenen Land eine starke Hausmacht fehlte, sah er sich gezwungen, sein politisches Überleben in die Hände der Kremlführung zu legen. Bei allen sowjetischen Initiativen vertrat er neben dem bulgarischen Parteichef Živkov am vorbehaltlosesten den Kurs des Kreml und wurde nicht müde, die anderen Mitglieder des sozialistischen Lagers an ihre Verpflichtung zu erinnern, die Prinzipien des Marxismus-Leninismus und des proletarischen Internationalismus strikt zu befolgen sowie die Einheit der Gemeinschaft der sozialistischen Staaten weiter zu festigen. Als die krankheitsbedingte Amtsunfähigkeit des am 21. März 1973 in seiner Stellung als Staatspräsident bestätigten L. Svoboda eine Neuwahl des Staatsoberhauptes notwendig machte, wußte sich Husák nach einem Besuch bei Breznev am 3. März 1975 die volle Unterstützung des Kreml für die Übernahme auch des protokollarisch höchsten Amtes zu sichern. Obschon bei der Abwahl Novotnýs am 5. Januar 1968 die Ämterkumulation als unzulässig erklärt worden war, betonte Husáks Rivale, Ministerpräsident Štrougal, bei der Wahlzeremonie am 29. Mai 1975, daß gerade im augenblicklichen Stadium der Entwicklung von Staat und Gesellschaft die gleichzeitige Ausübung der Präsidenten- und Generalsekretärsfunktionen für die ČSSR von Nutzen sei. Der ehrgeizige Husák hatte die Genugtuung, als erster Slowake auf dem Hradčin zu residieren, auch wenn er seinen Aufstieg mit einer gesteigerten Abhängigkeit vom Kreml und mit einer weiteren Entfremdung von der Basis zu bezahlen hatte.
Bei den häufigen Kontakten auf höchster Ebene mit der Suprematsmacht UdSSR legten die tschechoslowakischen Funktionäre ein so großes Maß an Unterwürfigkeit und Opportunismus an den Tag, daß der Eindruck entstand, Prag wolle auf seine Souveränität auf politischem, militärischem und ökonomischem Gebiet weitgehend verzichten. Den Protokollen blieb es vorbehalten, in allen Bereichen »vollständige Übereinstimmung der Ansich-

ten« zu konstatieren. Dennoch hatte Husák, so nach einem Moskau-Besuch vom 25.–29. November 1975, zu versprechen, der »weiteren Vertiefung und Entfaltung der sozialistischen wirtschaftlichen Integration im Rahmen des RGW« größere Aufmerksamkeit zu schenken und »sich maximal an dieser neuen Aufgabe, die den Lebensinteressen beider Bruderstaaten und der ganzen sozialistischen Staatengemeinschaft entspricht, zu beteiligen«. Beide Seiten betonten ihr Bestreben, »die Zusammenarbeit der Gewerkschaften, der Jugend und weiterer Organisationen, der Künstlerverbände, der ideologischen und der wissenschaftlichen Institutionen, der Kommunikationsmittel und der Schulen zu vertiefen und zu vervollkommnen« sowie den direkten Kontakt von Betriebskollektiven und Bürgern zu fördern. Auch wenn die Beziehungen zwischen der KPdSU und der KPTsch »bereits jetzt von tiefer Verehrung, Aufrichtigkeit und vollständigem Vertrauen« gekennzeichnet schienen, sollte »das Kampfbündnis der tschechoslowakischen und der sowjetischen Kommunisten« weiter gestärkt werden. Ein Bekenntnis zu dieser Art der Subordination und dem Fortbestehen des sowjetischen Protektorats über die ČSSR legte Parteichef Husák am 25. Februar 1976 auch vor dem XXV. Parteitag der KPdSU ab.
Wie weit Husák in dem Bestreben, seinen Posten zu behalten und sich im Kampf mit seinen »dogmatischen« Gegnern zu behaupten, dem Kreml entgegenzukommen bereit war, zeigte sein Rechenschaftsbericht auf dem XV. Parteitag der KPTsch vom 12.–16. April 1976 in Prag. Bis zuletzt in der Erwartung, Brežnev selbst werde ihm die Ehre erweisen, betonte Husák in seinem Referat, daß die KPTsch »der Vertiefung der Freundschaft und der Zusammenarbeit mit der UdSSR, die unser treuester Freund, verläßlichster Verbündeter und Bürge unserer Sicherheit, Friedensarbeit und glücklichen Zukunft ist«, die »größte Aufmerksamkeit« widme. Da er den »Kampf der Partei gegen den Rechtsopportunismus« als erfolgreich bewertete, konnte er einer Teilrehabilitierung das Wort reden, um dadurch die intellektuellen und politischen Wortführer des »Prager Frühlings« stärker als bisher zu isolieren und den Prozeß der Entsolidarisierung zu beschleunigen. Da alle Gegner und Konkurrenten Husáks mit Štrougal, Bil'ak und dem Prager Stadtsekretär Kapek an der Spitze im Präsidium verblieben, konnte der Generalsekretär aber keine Verbesserung seiner insgesamt doch schwachen Position erzielen. Der Kreml kann trotz seines Beharrens auf einer Konsolidierung der inneren Verhältnisse in der ČSSR weder an einer Stärkung der Position Husáks interessiert sein noch daran, die Stellung seiner Gegner unangreifbar zu machen, weil die dann omnipotente Faktion die Gelegenheit zu einer Emanzipierung von der Protektionsmacht ergreifen könnte; das gegenwärtig bestehende labile Gleichgewicht zwischen den Flügeln beschwört jedoch auch die Gefahr einer Paralyse der Parteikontrolle herauf. Solange Moskau seine Rolle als Schiedsrichter zu behaupten vermag und durch die Anwesenheit seiner Truppen die Gewähr für die Ausführung aller »brüderlichen Ratschläge« besitzt, wird sich wohl weder in einem Partei- noch in einem Staatsamt ein Politiker profilieren können, der als charismatische Führernatur die

Aussöhnung der desillusionierten Bevölkerung mit der KPTsch herbeizuführen und, gestützt auf generellen Konsens, das Ausmaß der Abhängigkeit der ČSSR von der UdSSR abzubauen versuchen könnte. Deshalb ist mit dramatischen Änderungen im sowjetisch-tschechoslowakischen Verhältnis in absehbarer Zeit sicher nicht zu rechnen.
Und daß eine Aussöhnung der desillusionierten und in weitgehender Passivität verharrenden Bevölkerung mit den gegenwärtigen Machthabern nicht vollzogen wurde, konnte selbst durch die Ergebnisse der Wahlen zu den Vertretungskörperschaften am 22./23. Oktober 1976 nicht übertüncht werden, auch wenn 99,70% der Wahlberechtigten daran teilnahmen und der Einheitsliste der Nationalen Front der Tschechen und Slowaken mit 99,97% ihre Zustimmung nicht versagten. Die neue Bürgerrechtsbewegung »Charta 77«, die sich, angeführt von respektierten Künstlern wie den Schriftstellern V. Havel, P. Kohout und L. Vaculík, ehemaligen Politikern wie dem Ex-Außenminister J. Hájek und dem ehemaligen ZK-Sekretär Zd. Mlynář sowie Wissenschaftlern wie dem Philosophen J. Panenka im Januar 1977 erstmals zu Wort meldete und die Beachtung der in der UNO-Menschenrechtscharta und im Korb 3 der KSZE-Schlußakte niedergelegten Prinzipien verlangte, ist ein Beweis dafür, daß die mit Gewalt erzwungene »Normalisierung« nur eine oberflächliche Konsolidierung herbeigeführt hat. Auch wenn sich bisher nur knapp 1000 Unterzeichner aus unterschiedlichen politischen und gesellschaftlichen Motiven offen mit den Zielen der Bürgerrechtsbewegung solidarisch erklärt haben, so lassen die nervöse Überreaktion, die Repressalien, die persönlichen Verleumdungen und Schikanen sowie die Gerichtsverfahren die tiefe Verunsicherung der gegenwärtigen Führung erkennen. Solange auch die – auf dem ZK-Plenum im Dezember 1977 erneut ausgebrochenen – tiefgreifenden ideologisch-politischen Meinungsverschiedenheiten und Rivalitäten an der Spitze der KPTsch die Handlungs- und Durchsetzungsfähigkeit der höchsten Organe lähmen und die Schiedsrichterrolle Moskaus unangefochten bleibt, ist die während des »Prager Frühlings« 1968 erreichte Interesseneinheit von Staat, Partei und Bevölkerung, die eine Grundvoraussetzung für die Überwindung der gegenwärtigen Stagnation darstellt, nicht noch einmal zu erreichen. Von den gegenwärtigen Statthaltern des Kreml auf dem Prager Hradčin kann eine echte Befriedung des Landes und die Verfolgung einer dem Staatsinteresse der Tschechen und Slowaken vorrangig dienenden Politik nicht erwartet und durchgesetzt werden.

Gesellschaft, Wirtschaft, Kultur und Kirche

Nach der letzten offiziellen Volkszählung vom 1. Dezember 1970 hatte die ČSSR 14362000 Einwohner; davon in den böhmischen Ländern 9819000 (= 68,4%) und in der Slowakei 4543000 (= 31,6%). Damit war in etwa der Bevölkerungsstand des Jahres 1937 wieder erreicht, der Verlust durch Krieg und Vertreibung ausgeglichen. Nach amtlichen Schätzungen wurde im März

1975 die 15-Millionen-Einwohner-Grenze überschritten. Das durch eine liberale Handhabung der Schwangerschaftsunterbrechungen und durch die hohe Scheidungsrate stark beeinträchtigte Bevölkerungswachstum während der 60er Jahre mit der Gefahr der weiteren Verkrustung einer bereits recht ungünstigen Altersstruktur wurde durch materielle Anreize an junge Ehepaare, die Erhöhung des Kindergeldes und die Verlängerung des Mutterschaftsurlaubs zu überkommen versucht. Durch den hohen Geburtenüberschuß in der Slowakei nähert sich dort die Bevölkerungsdichte, die noch in den 1930er Jahren nur halb so hoch war wie im westlichen Landesteil, jetzt immer mehr den böhmischen Werten an; die slowakische Hauptstadt Bratislava (Preßburg) steht aber hinter der einzigen Millionenstadt Prag (1,078 Mill.) und hinter der früheren mährischen Landeshauptstadt Brünn (336000) erst an dritter Stelle (283600 Einwohner). Unter den vier erfaßten Nationalitäten machen die Magyaren mit 572000 (= 4% der Gesamtbevölkerung) das größte Kontingent aus; es folgt die deutsche Minderheit mit 85600(= 0,6%) vor den Polen mit 66800 (= 0,47%) und den Ukrainern mit 58700 (= 0,4%) Personen. 40000 Bürger werden als »Sonstige« registriert. Trotz des Schutzes der Verfassung und des seit dem 1. Januar 1969 geltenden Nationalitätengesetzes bleiben alle Nationalitäten einem starken Assimilationsdruck ausgesetzt.
58,1% der arbeitsfähigen Bevölkerung werden als »Arbeiter« geführt, die »sonstigen Beschäftigten« machen 28,9% und die Genossenschaftsbauern 8,3% aus. Kleinbauern und »sonstige genossenschaftliche Produzenten« schlagen mit 2,1% bzw. 1,2% der Gesamtbeschäftigen zu Buche. Im Handwerk und Gewerbe sind nur 0,4% tätig; 0,1% gelten als Freiberufler. Drei Viertel aller Frauen im Erwerbsalter sind berufstätig. Ein Arbeitskräftemangel im industriellen Sektor ist nicht zu übersehen, weil die stark überalterte Landbevölkerung nicht mehr in der Lage ist, aus ihrem Reservoir die benötigten Arbeitskräfte zu stellen. Die vornehmlich durch die Unzufriedenheit mit den Arbeitsbedingungen erklärte hohe Fluktuation kann von den Betrieben nur schwer ausgeglichen werden.
Die politische Katastrophe vom 21. August 1968 hat auch auf wirtschaftlichem Gebiet katastrophale Folgen gezeitigt. Die zum 1. Januar 1967 eingeleiteten Reformmaßnahmen brachten nicht sofort die erwarteten Erfolge; ideologische Einflüsse sowie das unzureichende Verständnis der politischen Entscheidungsinstanzen für die relevanten komplizierten ökonomischen Zusammenhänge haben ebenso wie viele Überbleibsel aus dem alten System und wie manche Übergangsmaßnahmen den Erfolg der »sozialistischen Marktwirtschaft« deformiert. Durch eine einseitige Konzentration auf die extrahierende Industrie, das Hüttenwesen und den Schwermaschinenbau sowie die Vernachlässigung der zukunftsträchtigen Industriezweige der »zweiten industriellen Revolution« (Chemie, Elektronik) trat eine spürbare Verlangsamung des Wirtschaftswachstums ein. Im Zusammenhang mit der Föderalisierung der ČSSR zum 1. Januar 1969 war die Übernahme größerer Entscheidungsbereiche durch die Regionalverwaltungen vorgesehen; im Ab-

änderungsgesetz vom 20. Dezember 1970 wurde dann aber festgelegt, daß »die Wirtschaft der ČSSR eine Einheit« darstelle. Im Rahmen der »Wiederherstellung der planmäßigen Leitung« der wirtschaftlichen Entwicklung haben sich die Zentralregierung und die von ihr beauftragte Staatliche Planungskommission wieder den ausschlaggebenden Einfluß auf die Festlegung der Wachstumsraten und auf die Verteilung der Investitionsmittel gesichert. Eine rigid gehandhabte Lohn- und Preiskontrolle, antiinflationäre Maßnahmen bei gesteuerter Abschöpfung des hohen Kaufkraftüberhangs, eine Hebung der Arbeitsdisziplin und die Verbesserung der Produktivität gehören ebenfalls zu den Aufgaben der staatlichen Planungszentrale. Dank relativ hoher sowjetischer Kapital- und Sachhilfen erbrachte der gerade abgelaufene 5. Fünfjahrplan (1971–1975), der sehr bescheidene Zielvorstellungen beinhaltete, positive Ergebnisse, die sich in dem erreichten Zuwachs im Nationaleinkommen von 31,7% anstelle der geplanten 28,3% niederschlugen. Auch der 6. Fünfjahrplan (1976–1980) geht von realistischen Zielvorstellungen mit relativ geringen Zuwachsraten im industriellen Sektor aus. In allen Hauptsektoren der Wirtschaft sind für die immer noch einen Nachholbedarf aufweisende Slowakei höhere Wachstumsraten vorgesehen als für die böhmischen Länder. Die Industrie, der wichtigste Wirtschaftsbereich der ČSSR, erwirtschaftete 1975 64,1% des Nationaleinkommens und beschäftigte 38,5% aller Arbeitnehmer (bzw. 49,7% der in den sogenannten produktiven Bereichen Erwerbstätigen).
93,2% des gesamten landwirtschaftlich nutzbaren Bodens (5,054 Mill. ha Ackerland und 1,77 Mill. ha Wiesen und Weiden) befinden sich im sozialistischen Gesellschaftseigentum; davon fallen 30,1% auf die Staatsgüter und 69,9% auf die landwirtschaftlichen Einheitsgenossenschaften. Von den in der Landwirtschaft tätigen fast 1 Mill. Personen, darunter 511 000 Frauen, sind nur noch 59 000 Einzelbauern, die 5,8% der nutzbaren Bodenfläche, vorwiegend in der Slowakei, bewirtschaften. Erst 1966 konnte in der Landwirtschaft der Produktionsstand von 1936 erreicht werden; seit 1968 wird ein durchschnittlicher Jahreszuwachs von 3,5% erzielt. Die unzureichenden Ernteerträge 1975 und 1976 mußten durch devisenzehrende Ankäufe auf dem Weltmarkt ausgeglichen werden; die zum 15. Juli 1977 verfügte Verteuerung der Genußmittel sollte diese zusätzlichen Kosten abschöpfen, den Konsum bremsen und die für die Subvention der immer noch recht preiswerten Grundnahrungsmittel notwendigen hohen Summen zum Teil erbringen.
Noch einschneidenderen Veränderungen als der Wirtschaftssektor wurde nach der Intervention der »Warschauer Fünf« der kulturelle Bereich in der ČSSR unterworfen. Das am 27. Juni 1968 veröffentlichte Aktionsprogramm für eine neue Schulpolitik, nach dem Einmarsch als eine »ausgesprochen konterrevolutionäre Plattform« gebrandmarkt, besaß keine Chance auf Realisierung. Zahlreiche Lehrer wurden im Vollzug der »Normalisierung« entweder strafversetzt oder aus politischen Gründen entlassen. Die politische Denunziation der Kollegen erhob der tschechische Kultusminister J. Hrbek zur patriotischen Pflicht. Da das Durchschnittseinkommen der Lehrer zu-

dem unter dem Entlohnungsdurchschnitt der »nichtproduktiven Berufe« lag, machte sich auch aus wirtschaftlichen Gründen Unzufriedenheit unter den Lehrkräften, von denen bereits 75,6% Frauen sind, breit. Schulraumnot und veraltete, noch aus k. u. k.-Zeiten stammende Räumlichkeiten verschärften die Auseinandersetzung, die durch die Einführung der Fünftagewoche in der Schule (seit 1968) nicht abgebaut wurde. In einem Parteidokument über das Schulwesen vom 4. Juli 1973 wurde die Notwendigkeit einer Erziehung »im Geiste der marxistisch-leninistischen Ideologie« besonders unterstrichen und die Mitgliedschaft der Schüler im neuen Sozialistischen Jugendverband SSM gefordert; auch der Wehrerziehung in den Schulen wurde wieder größeres Gewicht eingeräumt. Der neue »Verband der Eltern und Freunde der Schule« (SRPŠ) dient vornehmlich der politischen Kontrolle der Lehrer und der von ihnen vermittelten Lehrinhalte. Neben der seit 1960 wieder neunklassigen Grundschule ist anstelle der allgemeinbildenden Mittelschule 1968/69 wieder das Gymnasium mit einer von drei auf vier Jahre verlängerten Ausbildungsdauer getreten. Die Hochschulen hatten bereits zum 1. Mai 1966 eine neue Organisationsstruktur erhalten, wobei ihre wichtige gesellschaftspolitische Funktion und die »Aufgaben bei der Entfaltung der Gesellschaft« neuen Definitionen unterzogen wurden. 1968/69, wohl als eine unmittelbare Folge der Studentenstreiks vom 18.–20. November 1968 und als Antwort auf das Eintreten vieler Professoren und Kommilitonen für die allgemeinen Freiheitsrechte sowie die Verwirklichung eines humanen Sozialismus, setzten Bemühungen ein, den Einfluß staatlicher Organe, besonders unter dem Gesichtspunkt der Interessen des »dogmatischen« Flügels in der KPTsch, nachhaltig zu festigen. Die Säuberungen, vor allem in den gesellschaftswissenschaftlichen Instituten der Universitäten und der Akademie der Wissenschaften, bedingten einen unentschuldbaren qualitativen Aderlaß: Hunderte, besonders Historiker, Literaturwissenschaftler, Soziologen und Philosophen, verloren ihre Stellung und wurden mit Berufsverboten belegt; angebliche »Rechtsopportunisten« wurden als Staatsfeinde zu langjährigen Haftstrafen verurteilt. Viele der Entlassenen sind bis heute arbeitslos oder nur als Hilfsarbeiter tätig. Viele Bücher wurden sekretiert; durch Erlaß des tschechischen Kultusministers vom 31. Mai 1972 durften diese Publikationen nur noch ZK-Mitgliedern und Kabinettsangehörigen in den Bibliotheken zugänglich gemacht werden. Die Einstellung von Zeitungen und Zeitschriften, der Austausch ganzer Redaktionen, der Massenexodus von Schriftstellern und Journalisten sowie die Verschärfung der Zensur haben zu einer Verödung und Provinzialisierung der literarisch-künstlerischen Landschaft und des wissenschaftlichen Lebens geführt. Da in der Slowakei keine totale Repression der bedeutendsten Autoren und Wissenschaftler stattfand und eine nur vergleichsweise kleine Zahl von ihnen in die Emigration ging, stellt sich die Lage in der östlichen Staatshälfte als weniger gravierend dar als im tschechischen Landesteil.

Auch die Religionsgemeinschaften, die abgesehen von den wenigen Monaten des »Prager Frühlings« in den fünfziger und sechziger Jahren man-

nigfachen Unterdrückungen ausgesetzt gewesen waren, fanden sich während des »Normalisierungsprozesses« wiederum einer stärkeren Einflußnahme der Partei auf das gesamte kirchlich-religiöse Leben ausgesetzt. Obschon die Verfassung allen Bürgern Gewissens- und Religionsfreiheit ebenso einräumt wie das Recht auf Konfessionslosigkeit und das Bekenntnis zum Atheismus, war und ist die gesamte Tätigkeit der Kirchen durch eine staatliche Aufsicht und Bevormundung stark eingeengt. Die Möglichkeit zur Erteilung des Religionsunterrichts, nur für die Klassen 2 und 3 außerhalb der Schulzeit vorgesehen, wird ständig behindert. Das kirchliche Pressewesen ist durch Vorzensur und die Kontingentierung der Papierzuteilung einflußlos. Kirchliche Aktivitäten dürfen grundsätzlich nur innerhalb der üblichen Gottesdienste ausgeübt werden: dadurch wird eine Präsenz der Kirchen innerhalb der Gesamtgesellschaft wirkungsvoll unterbunden. Die Ausbildungskapazitäten für den Nachwuchs an den vom Staat verwalteten theologischen Fakultäten reichen nicht aus, um den Bedarf an Priestern und Pfarrern zu gewährleisten. Immer mehr Gemeinden, besonders in den böhmischen Ländern, sind ohne Seelsorger; eine aktive Mithilfe von Laien an kirchlichen Aufgaben wird von den Staatsorganen nicht zugelassen.
Besonders die römisch-katholische Kirche, die 78,7% der Gläubigen vertritt, hat schwer unter den staatlichen Schikanen zu leiden. Die vom 24.–25. März 1971 geführten Gespräche zwischen den tschechischen Behörden und dem Vatikan erbrachten keine greifbaren Ergebnisse; erst Anfang März 1973 wurde nach langwierigen Verhandlungen eine Einigung über die Konsekration von vier neuen Bischöfen und die Verleihung der Kardinalswürde an den Leitmeritzer Bischof Št. Trochta erzielt. Mit der im Januar 1978 erzielten Übereinstimmung, die Slowakei zur eigenen Kirchenprovinz mit einem Erzbischofssitz in Tyrnau (Trnava) zu erheben, wurde nur der bestehenden politischen Situation, der Föderalisierung der Republik, Rechnung getragen, aber noch kein Einvernehmen über die Besetzung der fünf vakanten Bistümer und über einen Abbau der staatlichen Repressionsmaßnahmen auf dem kirchlichen Sektor erzielt. Auch nach der zu Ostern 1978 erfolgten Inthronisierung von Kardinal Fr. Tomášek, dem bisherigen Apostolischen Administrator, als Erzbischof von Prag ist es noch ein weiter Weg bis zur »Normalisierung« der Beziehungen Staat–Kirche und ČSSR–Vatikan.
Diese engstirnige Kirchenpolitik der Prager Führung ist ein weiterer Beweis für die Schwäche und Inkonsequenz der erreichten »Konsolidierung« und »Normalisierung« der Verhältnisse nach 1968. Ein Regime, das seinen Herrschaftsanspruch allein auf die strikte Reglementierung aller Bereiche des öffentlichen, geistigen und konfessionellen Lebens gründet und jeden Ansatz zur freien Diskussion der bestehenden deplorablen Zustände und der Wege zu ihrer Überwindung als Verrat an der sozialistischen Gesellschaftsordnung unter Einsatz aller staatlichen Zwangsmaßnahmen verfolgt, muß sich den Vorwurf gefallen lassen, eine Diktatur zu sein. Tschechen und Slowaken haben ihre Fähigkeit, einer Jahrhunderte währenden Fremdherrschaft ohne wesentlichen Verlust ihrer nationalen Substanz standzuhalten, in der Ge-

schichte unter Beweis gestellt; die demokratisch-parlamentarische Tradition der Zwischenkriegszeit, das Erbe von Masaryks Humanismus, das Wissen um die Leistungsfähigkeit der Volkswirtschaft und der Stolz auf die kulturellen Errungenschaften leben ungebrochen fort. Die Erwartung, daß sich bei diesen auch in westeuropäischer Perspektive weit entwickelten Nationen der Tschechen und Slowaken in absehbarer Zeit ein Wandel zum Besseren vollziehen wird, mag utopisch klingen: die Resignation nach dem Schock des Scheiterns der vorgesehenen Reformen in Staat und Gesellschaft durch die militärische Intervention und der durch die fortgesetzte Stationierung der Sowjettruppen ebenso wie durch den Verzicht der gegenwärtigen Führung auf eine im nationalen Interesse liegende Politik gegründete Pessimismus haben sicher tiefe Wurzeln im Bewußtsein der Bevölkerung geschlagen. Da aber die Sowjetmacht langfristig der Bewältigung ihrer eigenen ungeheueren Probleme, angefangen von der Sicherstellung des ökonomischen Wachstums bis hin zur Ablösung der vergreisten Partei- und Staatsspitze, vorrangig Aufmerksamkeit schenken muß, da der sich in anderen Volksdemokratien kräftig regende Nationalkommunismus nicht an den Grenzen der ČSSR haltmachen wird und da die westlichen Demokratien wie auch die Eurokommunisten die stete Verletzung der Menschenrechte in der Tschechoslowakei nicht schweigend hinnehmen können, müßten sich eigentlich auch die politischen Verantwortlichen in Prag und Preßburg verstärkt von ihrer nationalen Verantwortung leiten lassen und den Versuch wagen, die Regierten mit den Regierenden auszusöhnen.

Auswahl-Bibliographie

Akten zur Deutschen Auswärtigen Politik 1918–1945, Serie D (1937–1945). Bde I, II, IV, V, VI. Baden-Baden, 1950–1958.

de Battaglia, Otto Forst: Zwischeneuropa. Von der Ostsee bis zur Adria. Teil I. Frankfurt 1954.

Beneš, Edvard: Der Aufstand der Nationen. Der Weltkrieg und die tschechoslowakische Revolution. Berlin 1928.

Beneš, Edvard: Paměti. Od Mnichova k nové válce a k novému vítězství. Praha 1947.

Birke, Ernst und Rudolf Neumann (Hrsg.): Die Sowjetisierung Ost-Mitteleuropas. Untersuchungen zu ihrem Ablauf in den einzelnen Ländern. Frankfurt-Berlin 1959.

Bokeš, František: Dejiny Slovenska a Slovákov od najstaršich čias až po oslobodenie. Bratislava 1946.

Borovička, J.: Zehn Jahre tschechoslowakischer Politik. Prag 1929.

Bosl, Karl (Hrsg.): Bohemia. Jahrbuch des Collegium Carolinum. München 1960 ff.

Bosl, Karl (Hrsg.): Die »Burg«. Einflußreiche politische Kräfte um Masaryk und Beneš. 2 Bde. München-Wien 1973, 1974.

Bosl, Karl (Hrsg.): Die demokratisch-parlamentarische Struktur der Ersten Tschechoslowakischen Republik. München-Wien 1975.

Bosl, Karl (Hrsg.): Gleichgewicht – Revision – Restauration. Die Außenpolitik der Ersten Tschechoslowakischen Republik im Europasystem der Pariser Vorortverträge. München-Wien 1976.

Bosl, Karl (Hrsg.): Handbuch der Geschichte der böhmischen Länder. Bd. IV: Der tschechoslowakische Staat im Zeitalter der modernen Massendemokratie und Diktatur. Stuttgart 1970.

Bosl, Karl (Hrsg.): Versailles – St. Germain – Trianon. Umbruch in Europa vor fünfzig Jahren. München-Wien 1971.

Bohmann, Alfred: Menschen und Grenzen. Bd. 4: Bevölkerung und Nationalitäten in der Tschechoslowakei. Köln 1975.

Brahm, Heinz: Der Kreml und die ČSSR 1968–1969. Stuttgart usw. 1970.

Brandes, Detlef: Die Tschechen unter deutschem Protektorat. 2 Bde. München-Wien 1969, 1975.

Brügel, Johann Wolfgang: Tschechen und Deutsche. 2 Bde. München 1967, 1974.

Busek, Vratislav und Nicolas Spulber (Hrsg.): Czechoslovakia. New York 1957.

Campbell, F. Gregory: Confrontation in Central Europe. Weimar Germany and Czechoslovakia. Chicago-London 1975.

César, Jaroslav und Bohumil Černý: Politika německých buržoazních stran v Československu v letech 1918–1938. 2 Bde. Praha 1962.

Çelovsky, Boris: Das Münchener Abkommen 1938. Stuttgart 1958.

Čulen, Konstantin: Po Svätoplukovi druhá naša hlava. Middletown 1947.

Dahm, Helmut: Demokratischer Sozialismus: Das tschechoslowakische Modell. Opladen 1971.

Documents on British Foreign Policy, Third Series. Bde I–IV. London 1949–1951.

Dokumentation der Vertreibung der Deutschen aus Ost-Mitteleuropa. Bd. IV/1, 2. Berlin 1957.

Duchacek, Ivo: The Strategy of Communist Infiltration – The Case of Czechoslovakia. New Haven 1949.

Erdely, Eugene V.: Germany's First European Protectorate. The Fate of the Czechs and Slovaks. London 1942.

Gadourek, I.: The Political Control in Czechoslovakia. A Study in Social Control of a Soviet Satellite State. Leiden 1953.

Glaser, Kurt: Die Tschecho-Slowakei. Politische Geschichte eines neuzeitlichen Nationalitätenstaates. Frankfurt-Bonn 1964.
Glassl, Horst: Die slovakische Geschichtswissenschaft nach 1945. Wiesbaden 1971.
Golan, Galia: The Czechoslovak Reform Movement. Communism in Crisis 1962–1968. Cambridge 1971.
Golan, Galia: Reform Rule in Czechoslovakia. The Dubček Era 1968–1969. Cambridge 1973.
Hájek, Jiří S.: Mnichov. Praha 1955.
Hejzlar, Zdeněk: Reformkommunismus. Zur Geschichte der Kommunistischen Partei der Tschechoslowakei. Köln 1976.
Hejzlar, Zdeněk und Vladimír V. Kusin: Czechoslovakia 1968–1969. Chronology, Bibliography, Annotation. New York 1975.
Hensel, K. Paul u. a.: Die Sozialistische Marktwirtschaft in der Tschechoslowakei. Stuttgart 1968.
Hodža, Milan: Federation in Central Europe. Reflections and Reminiscences. New York 1942.
Hoensch, Jörg K.: Die Slowakei und Hitlers Ostpolitik. Hlinkas Slowakische Volkspartei zwischen Autonomie und Separation 1938/1939. Köln-Graz 1965.
Hrušovský, František: Die Geschichte der Slowakei. Bratislava 1942.
Istorija Čechoslovakii v trech tomach. Moskva 1956–1960.
Istorija Kommunističeskoj partii Čechoslovakii. Moskva 1962.
Jaksch, Wenzel: Europas Weg nach Potsdam. Schuld und Schicksal im Donauraum. Stuttgart 1958.
Jaworski, Rudolf: Vorposten oder Minderheit? Der sudetendeutsche Volkstumskampf in den Beziehungen zwischen der Weimarer Republik und der ČSR. Stuttgart 1977.
Jelinek, Yeshayahu: The Parish Republic: Hlinka's Slovak People's Party 1939–1945. New York-London 1976.
Kaiser, Johann: Die Politik des Dritten Reiches gegenüber der Slowakei 1939–1945. Phil. Diss. Bochum 1969.
Kavka, František: Die Tschechoslowakei. Abriß ihrer Geschichte. Praha 1960.
Kerner, Robert J. (Hrsg.): Czechoslovakia. Berkeley 1949[3].
Kirschbaum, Joseph M.: Slovakia: Nation at the Crossroads of Central Europe. New York 1960.
Klepetář, Harry: Seit 1918 ... Eine Geschichte der tschechoslowakischen Republik. Mährisch-Ostrau 1937.
Král, Václav: Das Abkommen von München 1938. Tschechoslowakische diplomatische Dokumente 1937–1939. Praha 1968.
Král, Václav: Otázky hospodářského a sociálního vývoje v českých zemích v letech 1939–1945. 3 Bde. Praha 1957–1959.
Kramer, Juraj: Irredenta a separatizmus v Slovenskej politike. Stúdia o ich vzt' ahu 1919–1938. Bratislava 1957.
Korbel, Josef: The Communist Subversion of Czechoslovakia 1938–1948. The Failure of Coexistence. Princeton 1959.
Kuhn, Heinrich: Handbuch der Tschechoslowakei. München 1966.
Kuhn, Heinrich: Der Kommunismus in der Tschechoslowakei. Bd. I: Organisationsstatuten und Satzungen. Köln 1965.
Künstlinger, Rudolf: Parteidiktatur oder demokratischer Sozialismus. Der tschechoslowakische Weg nach 1945. Starnberg 1972.
Kusin, Vladimir V.: The Intellectual Origins of the Prague Spring. The Development of Reformist Ideas in Czechoslovakia 1956–1967. Cambridge 1971.
Laffan, R. G. D.: The Crisis over Czechoslovakia, January to September 1938; in: Survey of International Affairs, 1938. Bd. II. London usw. 1951.
Lemberg, Eugen und Gotthold Rhode (Hrsg.): Das deutsch-tschechische Verhältnis seit 1918. Stuttgart usw. 1969.

Lettrich, Jozef: History of Modern Slovakia. New York 1955.
Lipták, L'ubomir: Slovensko v 20. storoči. Bratislava 1968.
London, Arthur: Ich gestehe. Der Prozeß um Rudolf Slánský. Hamburg 1970.
Lukeš, František: Podivný mír. Praha 1968.
Luža, Radomír: The Transfer of the Sudeten Germans. A Study of Czech-German Relations 1933–1962. New York 1964.
Lvová, Míla: Mnichov a Edvard Beneš. Praha 1968.
Mackenzie, Compton: Dr. Beneš. London 1946.
Mamatey, Victor S. und Radomir Luža (Hrsg.): A History of the Czechoslovak Republic 1918–1948. Princeton, N.J. 1973.
Masaryk, Thomas G.: Die Weltrevolution. Erinnerungen und Betrachtungen 1914–1918. Berlin 1928.
Mastny, Vojtech: The Czechs under Nazi Rule. The Failure of National Resistance, 1939–1942. New York-London 1971.
Mikuš, Joseph A.: La Slovaquie dans le drame de l'Europe. Histoire politique de 1918 à 1950. Paris 1955.
Mnichov v dokumentech. 2 Bde. Praha 1958.
Moravec, Emanuel: Das Ende der Benesch-Republik. Die tschechoslowakische Krise von 1938. Prag 1941[3].
Müller, Adolf: Die Tschechoslowakei auf der Suche nach Sicherheit. Berlin 1977.
Nowak, Robert: Der künstliche Staat. Ostprobleme der Tschecho-Slowakei. Oldenburg-Berlin 1938.
Olivová, Věra: The Doomed Democracy. London 1972.
Opočenský, Jan: Zrození našeho státu. Praha 1928.
Papoušek, Jaroslav: Dr. Edvard Beneš. Sein Leben. Prag 1937.
Parrish, M.: The 1968 Czechoslovak Crisis: A Bibliography, 1968–1970. Santa Barbara, Calif. 1971.
Pelikán, Jiří: The Czechoslovak Political Trials, 1950–1954. London 1971.
Pelikán, Jiří: Sozialistische Opposition in der ČSSR. Analysen und Dokumente des Widerstands seit dem Prager Frühling. Frankfurt 1974.
Perman, Dagmar: The Shaping of the Czechoslovak State. Diplomatic History of the Boundaries of Czechoslovakia, 1914–1920. Leiden 1962.
Přehled československých dějin. 3 Bde. Praha 1958–1960.
Preidel, Helmut (Hrsg.): Die Deutschen in Böhmen und Mähren. Ein historischer Rückblick. Gräfelfing 1950.
Raschhofer, Hermann: Die tschechoslowakischen Denkschriften für die Friedenskonferenz von Paris 1919–1920. Berlin 1937.
Rechcigl, Miloslav Jr. (Hrsg.): Czechoslovakia. Past and Present. 2 Bde. The Hague 1969.
Riese, Hans-Peter (Hrsg.): Bürgerinitiative für die Menschenrechte. Die tschechoslowakische Opposition zwischen dem »Prager Frühling« und der »Charta 77«. Köln-Frankfurt 1977.
Ripka, Hubert: Czechoslovakia Enslaved: The Story of the Communist Coup d'Etat. London 1950.
Ripka, Hubert: Munich: Before and After. London 1939.
Rönnefarth, Helmuth K. G.: Die Sudetenkrise in der internationalen Politik. Entstehung–Verlauf–Auswirkung. 2 Bde. Wiesbaden 1961.
Sculc, Tad: Czechoslovakia Since World War II. New York 1971.
Seibt, Ferdinand: Bohemica. Probleme und Literatur seit 1945. Historische Zeitschrift, Sonderheft 4. München 1970.
Selucký, Radoslav: Reformmodell ČSSR – Entwurf einer sozialistischen Marktwirtschaft oder Gefahr für Volksdemokratien? Hamburg 1969.
Seton-Watson, R. W.: A History of the Czechs and Slovaks. London 1943.
Šik, Ota: Das kommunistische Machtsystem. Hamburg 1976.
Smelser, Ronald M.: The Sudeten Problem 1933–1938. Volkstumspolitik and the Formulation of Nazi Foreign Policy. Clinton, Mass. 1975.

Socialistickou cestou 1945–1975. Sborník statí k 30. výročí osvobození Československa. Praha 1975.
Statistická ročenka Československé Socialistické Republiky 1976. Praha 1976.
Steiner, Eugen: The Slovak Dilemma. Cambridge 1973.
Stránský, Jan: East Wind over Prague. London 1950.
Strauss, Emil: Die Entstehung der Tschechoslowakischen Republik. Prag 1935².
Suda, Zdeněk: The Czechoslovak Socialist Republic. Baltimore 1969.
Táborský, Edward: Communism in Czechoslovakia 1948–1960. Princeton 1961.
Thomson, S. Harrison (Hrsg.): Czechoslovakia in European History. Princeton 1953².
Tschechoslowakei. Länderberichte Osteuropa Bd. 3. München 1977.
Urban, Zdeněk: Příručka k dějinám Československa v letech 1918–1948. Praha 1959.
Veselý, Jindřich: Prag Februar 1948. Berlin (Ost) 1959.
Vondráček, Felix John: The Foreign Policy of Czechoslovakia 1918–1935. New York 1937.
Wallace, William V.: Czechoslovakia. Boulder, Co. 1976.
Wandycz, Piotr S.: France and Her Eastern Allies 1919–1925. French-Czechoslovak-Polish Relations from the Paris Peace Conference to Locarno. Minneapolis 1962.
Wheeler, G. S.: The Human Face of Socialism. The Political Economy of Change in Czechoslovakia. New York 1973.
Willars, Christian: Die böhmische Zitadelle. ČSR – Schicksal einer Staatsidee. München-Wien 1965.
Windsor, Philip und Adam Roberts: Czechoslovakia 1968: Reform, Repression and Resistance. New York 1969.
Wiskemann, Elizabeth: Czechs and Germans. A Study of the Struggle in the Historic Provinces of Bohemia and Moravia. London 1938.
Zinner, Paul E.: Communist Strategy and Tactics in Czechoslovakia, 1918–1948. London 1963.

Personenregister